考古隊長

現場說

中華何以五千年？

四大流域
十八處遺址
近百道未解謎團
深度挖掘文物古蹟
透澈還原先民足跡

高江濤，李平 著

平日在家裡追古裝劇，對上古文化感到無比好奇嗎？
想要一窺史前住民活動，可不是只能透過文獻記載！

今天就讓 18 位考古隊長帶著你，走訪中國四大流域，
穿越回五千年前的史前遺跡，「挖掘」華夏文明的精髓！

目 錄

目錄

城子崖遺址

淮河流域

禹會村遺址

龍虬莊遺址

目錄

長江流域

石家河遺址

凌家灘遺址

良渚遺址

廣富林遺址

目錄

遼河流域

牛河梁遺址

遺址千年文明書香萬里中國

　　我是一名考古人，由於專業的原因，經常與距今數千年的古遺址零距離接觸。我們知道，考古遺址是傳統文化的載體，是祖先智慧的結晶，是古代社會的窗口。簡單來說，它們承載著博大精深的中華文明。

　　近幾年來，考古這個以往的冷門學科逐漸熱了起來，與此同時，社會上一些不當和錯誤的認知伴生而來，如「考古就是盜墓」、「考古就是挖寶」等甚囂塵上。考古需要以寬廣的胸懷面向大眾，讓大眾正確、科學地認識考古，甚至適時地體驗、參與考古工作。於是，越來越多的考古學者推動了大眾普及工作，愈來愈多的考古遺址推動了公共考古活動。恰逢契機，政府推廣「文化」與「旅遊」融合，有了「詩」與「遠方」，更有了「研學」。

　　何為「研學」？我認為，研學是旅行，更是教育；研學對象不僅僅是學生，還應包括我們這些家長。一切有探索需求者，都是學而研者。可見，研學旅行與公共考古在內容與理念上是有相通之處的。

　　進一步而言，千年、萬年歷史歲月留下的文明遺址是研學旅行的絕佳之地，是中華文明傳承不可或缺的內容。因此，我們提出了「遺址研學」的理念。

　　那麼，所謂的「遺址研學」，與其他的研學有什麼不同或獨特之處呢？大家肯定會有這種靈魂式追問。我覺得至少有以下三個方面的魅力。第一，遺址研學在田野。考古遺址大多在野外，這類室外研學貼近自然，非常接地氣。第二，遺址研學在心間。這類研學可以讓大家體驗考古發掘，透過遺跡、遺物與古人交流，似有穿越時空之感，也可以製作、復原鍾愛的「古器」和「聖物」，體會祖先的高超技藝，感知文明的古老與輝煌，讓每個人心間都有滿滿的民族自豪與文化自信。第三，遺址研學在祕境。遺址是一個逝去的存在，可能是一個文明，可能是一個聚落，也可能是一個墓地。

　　探索這些神祕，正是研學之「研」的主題。有時，消失也是一種存在，只是需要我們去探尋。

　　2021 年是中國現代考古學誕生一百年。對於中國文明起源和形成的探索是百年中國考古最為重要的熱點之一。2002 年，中國啟動了「中華文明探源工程」，

期間雖有短暫間歇，卻一直進行到今天。這一工程收穫了許多重要的考古發現與豐碩的研究成果。我們選取了 18 處與之密切相關的典型大遺址或都邑遺址，由發掘它們的考古隊長們親自撰寫遺址故事，編寫研學教材，充任研學導師。這 18 處遺址是山西襄汾陶寺、山西絳縣西吳壁、甘肅臨夏齊家坪、陝西神木石峁、河南陝縣廟底溝、河南偃師二里頭、山東章丘城子崖、安徽蚌埠禹會村、江蘇高郵龍虬莊、四川新津寶墩、湖南洪江高廟、湖南澧縣城頭山、湖北京山屈家嶺、湖北天門石家河、安徽含山凌家灘、浙江餘杭良渚、上海松江廣富林、遼寧凌源牛河梁。

　　18 處遺址，18 種文化或文明；18 處遺址，18 位考古隊長；18 位隊長，18 路諸侯，十八般「武藝」，述說 18 處遺址獨特的文明知識與故事。因此，這一研學書籍或教材，必將帶給您不一樣的感悟、不一樣的體驗。

　　郭沫若的〈殘春〉言：「我們對於生的執念，卻是日深一日。」

　　我們對遺址研學的執念，年復一年。我們只有對探索的執著，沒有那佛家所說的怨念。研學在路上，永無止境！

高江濤

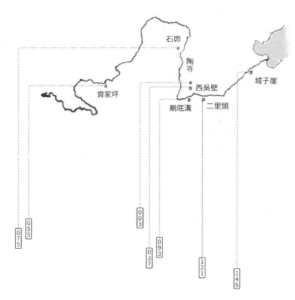

黃河流域

黃河流域

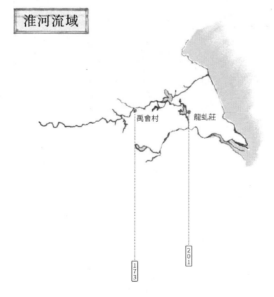

淮河流域

淮河流域

長江流域

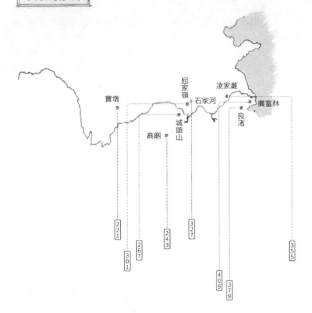

寶墩
屈家嶺
凌家灘
石家河
廣富林
高廟
城頭山
良渚

221
301
267
243
327
409
379
355

長江流域

遼河流域

牛河梁

431

遼河流域

地區	小區	新石器時代早期	新石器時代中期（裴李崗時代）	新石器時代晚期（仰韶時代）				銅石並用時代（龍山時代）	
		10000 B.C. ～ 7000 B.C.	7000B.C. ～ 5000B.C.	5000B.C. ～ 3000B.C.				3000B.C. ～ 2000B.C.	
				一期	二期	三期	四期	早期	晚期
黃河中上游地區	關中、漢中		大地灣文化	北首嶺類型	半坡類型	泉護類型	半坡晚期類型	案板三期	客省莊二期
	豫西、晉南			棗園類型（文化）	東莊類型	廟底溝類型（文化）	西王村類型（文化）	廟底溝二期文化	三里橋文化、陶寺文化
	豫中	李家溝文化	裴李崗文化（裴李崗、賈湖類型）	石固類型	後崗類型（後崗一期文化）	閻村類型	大河村類型	大河村五期文化	王灣三期文化
	豫北、冀南		磁山文化	下潘汪類型	後崗類型（後崗一期文化）	釣魚台類型	大司空類型	孟莊早期龍山文化	後崗二期文化
	豫西南、鄂西北			大張莊類型	八里崗類型	下王崗類型	朱家臺類型（文化）	屈家嶺青龍泉二期類型	石家河青龍泉三期 ／ 王灣三期亂石灘類型
	甘青地區						馬家窯文化	齊家文化	
	甘青地區						馬家窯類型	半山類型 ／ 馬廠類型	
	內蒙古西北、河套、陝北地區				阿善類型	三關類型	海生不浪類型	阿善三期文化	
黃河下游地區	魯中南		後李文化	北辛文化		大汶口文化		典型龍山文化	
	魯中南			北辛類型		王因類型（早）	大汶口類型（中）	西夏侯類型（晚）	尹家城類型
	魯西北		後李文化	苑城類型			五村類型	尚莊類型	城子崖類型
	膠東半島			白石類型		紫荊山類型	北莊類型	楊家圈類型	楊家圈類型
	蘇北			大伊山類型		劉林類型	花廳類型	趙莊類型	龍山文化
長江中游	洞庭湖		彭頭山文化（皂市文化）	大溪文化				屈家嶺文化	石家河文化
	洞庭湖			大溪文化（三元宮類型）				屈家嶺文化（劃城崗類型）	石家河文化（太山廟類型）
	鄂西南、峽江地區		（城背溪文化）	大溪文化（關廟山類型）				屈家嶺文化（關廟山中層類型）	石家河文化（季家湖類型）
	江漢平原			邊畈類型文化		大溪文化（油子嶺文化）		屈家嶺文化（屈家嶺類型）	石家河文化（石家河類型）

		新石器時代早期	新石器時代中期（裴李崗時代）	新石器時代晚期（仰韶時代）			銅石並用時代（龍山時代）	
		10000 B.C. ～ 7000 B.C.	7000B.C. ～ 5000B.C.	5000B.C. ～ 3000B.C.			3000B.C. ～ 2000B.C.	
長江下游地區	寧紹平原		跨湖橋文化	河姆渡文化第三、第四層	河姆渡文化第二層	河姆渡文化第一層	良渚文化	
	太湖流域			羅家角文化	馬家濱文化	崧澤文化	良渚文化	廣富林文化
	江淮地區			侯家寨文化	黃鱔嘴文化	薛家崗文化	薛家崗文化第四期遺存	
北方地區	內蒙古東南、遼河流域西北部		興隆洼文化	趙寶溝文化	紅山文化		小河沿文化	
	遼河流域東南部、遼東半島		新樂文化	小珠山下層類型文化	小珠山中層類型文化		小珠山上層類型文化	
	松嫩平原		左家山第一期文化	昂昂溪文化、新開流文化				

黄河流域

陶寺遺址

高江濤
中國社會科學院考古研究所

「上窮碧落下黃泉，兩處茫茫皆不見」本用來形容對愛情的極力追尋，被著名歷史學家傅斯年先生改為了「上窮碧落下黃泉，動手動腳找東西」，這是對中國考古學注重實踐，講究物證，著力以田野調查對中國歷史與文明進行探導的具體概述。考古學從來就不是「書齋裡」的學問，它離不開野外的調查與研究。山西襄汾縣陶寺遺址就是在田野中被發現而聞名於世的。

太岳山脈餘脈，崇山（俗稱塔兒山）北麓山前向汾河谷地過渡的緩坡狀黃土塬上，有一個不起眼的村莊 —— 陶寺村，隸屬於山西省襄汾縣，是著名的陶寺遺址的所在地。

陶寺遺址東依崇山主峰塔兒山，南、北分別被崇山的小支脈所夾，西面向廣闊的汾河谷地和臨汾盆地敞開，形成三面環山（「懷抱狀」）、一面臨水（「南北通」）的山川形勢（圖1、圖2）。這種地形、地貌在風水學中被稱為「太師椅」與「龍興地」。

圖 1 陶寺遺址所在地山川地理

圖 2 陶寺遺址衛星圖

　　莫非在 4,000 多年前，陶寺人已經懂得了風水學？抑或是陶寺人不自覺的選擇，給後世的「風水地勘」做了一次完整的佐證？

　　不知道，古人留給我們的神奇，太多了。

一、是外星訪客嗎？

　　2003 年春。

　　山西，襄汾，陶寺。

　　這是一個普普通通的晉南村莊，依偎在塔兒山下的黃土塬上（圖 3）。此時，穀雨剛過，乾旱的黃土塬正渴望著一場春雨。然而，連日來「窩窩」（當地方言，發音「堯王」，意為太陽）明晃晃的，讓這個小村莊的農民們焦躁不已。穀雨前後，種瓜點豆。靠天吃飯的農民們，多麼希望有一場春雨，能夠讓他們順利地播種希望。

　　和農民們一樣焦躁的，還有一群考古人。他們是由中國社會科學院考古研究所山西工作隊、山西省考古研究所、臨汾市文物局共同組成的聯合考古隊，在隊長何努博士的帶領下，準備對這片土地再一次進行深入的考古研究。

圖 3 陶寺遺址地貌

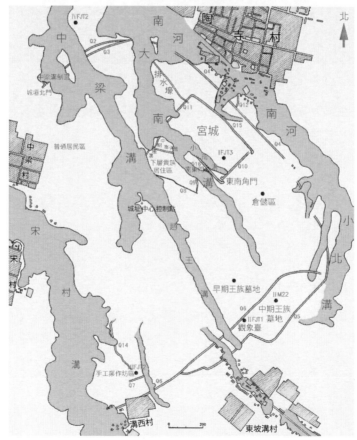

圖 4 陶寺城址平面圖

其實之前，經過多年的考古發掘，在這片土地上，一座大型城址的輪廓已經漸露端倪。但讓考古學者感到蹊蹺的是，這座大型城址的東南部又有一座刀把形的單獨小城（圖4）。他們認為這應該是一個很特別的區域，所以，從2002年開始，聯合考古隊對這一片區域進行了考古鑽探，發現了大量墓葬。剛開始以為是墓地，但在它南面的一小片區域，洛陽鏟竟然還鑽探出了夯土。在考古勘探中，夯土的發現就意味著建築類遺跡的存在。莫非，地底下還沉睡著一座大型建築？它是什麼樣子呢？「獵物」隱約出現，觸動了考古隊員的興奮神經，然而，興奮的點還沒有完全找到，一瓢涼水就潑了下來。

隨著鑽探的持續進行，考古隊員發現，這一片夯土的範圍、形狀、結構不是十分清楚，而且夾雜著灰坑、路土、生土（沒有人工擾動過的原生自然堆積土層）等各種遺跡現象，簡直可以用一個「亂」字形容。這是一個完全陌生的地下世界，這裡到底隱藏著什麼樣的祕密呢？亟待大家做進一步發掘，以解心中的謎團。

然而，讓何努博士糟心的是，春季，晉南正是春雨貴如油的季節，黃土一乾，大體上是一個顏色，這讓依靠溼潤土面的土質、土色的微妙差別來作判斷的考古人簡直寸步難行。

冥冥之中，似乎有上天相助。4月21日，竟然下起了春雨。一天一夜小雨後，地面充分溼潤，考古隊員興奮無比，謎一般的現場在春雨的滋潤下，如同遇到了顯影液，露出了各種「端倪」。對於被戲稱為「福爾摩斯」的考古隊員來說，對這些「端倪」進行科學判斷易如反掌。

就在大家興奮地刮著夯土，想像著地下的奇妙世界時，又一道難題出現了。

當刮完整個地面後，考古隊員眼前出現的遺跡竟然那麼陌生 —— 地面上出現了至少兩道弧形的夯土帶。外側的弧形是什麼？是不是一道擋土牆呢？內側的那道更加神奇。看似規整的弧形夯土帶並沒有連貫在一起，而是被一段段割斷。如果原來是一道弧形牆的話，為何會有12道縫隙？如果不是牆，那又是什麼？最有可能的是立起來的柱子排列成弧形，但這又是什麼遺跡呢（圖5）？

這是一處從未見過的建築遺跡，完全超出了考古隊員最初的想像，一時間，考古探索陷入僵局。

所有的事恰如上天完美的安排，就像那場及時的春雨一般。就在大家苦思冥想、不得其解時，考古隊裡來了兩位「貴人」—— 中國科學技術大學科技史與科技考古系武家璧博士和石雲里教授。武家璧博士滿腦子的天文學知識，面對這個前所未見的遺跡，他自然地從天文學方面去思考。他注意到，如果是柱間縫隙，它們面對的恰恰是塔兒山，塔兒山位於東方，恰是太陽升起之處，那會不會是透過縫隙來觀測日出呢？

一語點醒夢中人，考古隊馬上開始製作帶縫隙的架子，準備豎在原址上以觀測日出，看看有無規律可尋。

經過無數次鍥而不捨的發掘、觀測和天文學計算，到 2004 年春季，考古隊員們逐步確認確實存在 12 道柱縫，並判斷這些縫隙是用來觀日出、定節氣的（圖 6）。

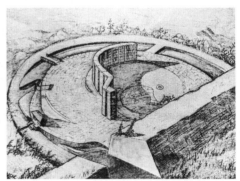

圖 5 陶寺觀象臺全景照　　　　　　　　圖 6 陶寺觀象臺復原圖

真是這樣嗎？ 4,000 多年前的古人已經可以確定節氣了嗎？我們熟知的「春雨驚春清谷天」，早在 4,000 多年前就被我們的祖先發明出來了嗎？

如果真是這樣，這一驚人的發現必定要轟動全世界！

因為，在此之前，喜歡天文學的人們一提起神祕的天文遺跡，總會說起巨石陣，那是歐洲著名的史前時代神廟遺址，也是英國最著名的代表之一。巨石陣位於英格蘭威爾特郡索爾茲伯里平原，被認為建於西元前 2550 至前 1600 年。在一大片草地上，橫著、豎著一些看似毫無規律地擺放著的大石頭。令人不可思議的是，巨石最高的有 8 公尺，平均重量近 30 噸，呈環形排布，直徑超過 100 公尺，極具震撼力。更讓人們驚奇的是，有不少重達 7 噸的巨石是橫架在兩根豎著的石柱上的。有人認為建造這樣宏偉的巨石陣是為了記錄太陽的軌跡，有人認為是墓

碑或是祭神所用。但這些巨石是如何搬運到這裡的，它們這樣擺放的真正目的是什麼，至今是個謎。甚至有人認為這裡不是人類的遺跡，而是天外來客的建築。

如果陶寺這個地方比巨石陣還早幾百年就湧現出謎一樣的天文建築，對世界來說，不啻為一場「考古大地震」。

真相到底是什麼呢？

探索的道路並不平坦，新的難題又來了。許多考古界的同行參觀、考察之後，對這個史無前例的遺跡提出了許多問題，主要集中在兩點：一是柱縫是怎麼形成的？二是用於觀測的圓心點是用現代天文學理論計算出來的，那麼 4,000 多年前的先民的觀測點在哪裡呢？

這些問題都是核心問題。不解決這些問題，這處遺址就無法圓滿地定性。

隨著考古工作的持續推進，透過對柱縫的解剖，考古隊員驚奇地發現，柱縫僅深幾公分到十幾公分，之下的夯土是一體的。這就告訴大家，古人應該是先夯築一道弧形的牆，再在地面規劃出必要的縫隙，之後築起柱子。第一個問題迎刃而解了。

觀測點是觀象臺的核心，相當於「心臟」或「大腦」。這裡如果真是觀象臺，那麼古代先民的觀測點在哪裡呢？當時，能發掘的地方基本都發掘完了，只留下當時用於觀測的土臺子，臺子上有學者找好的現代觀測點。只有把這個土臺子挖掉才能做完整的發掘，但是一旦挖掉土臺子，現代觀測點也就隨之消失了。怎麼辦？考古隊員想到一個好辦法，在觀測點上用洛陽鏟打一個洞，洞裡灌上白石灰，等於將這個觀測點移到了地下，這樣，即使土臺子被挖掉，還能找到發掘面上的觀測點。

土臺子挖掉後，來陶寺進行考古實習的博士生高江濤開始發掘這一部分。他用手鏟刮平面的時候發現了弧線，之後在何努先生的指導下，刮出四個近圓形的圈組成的圓形夯土臺子，而移下來的觀測點恰恰落在直徑約 25 公分的最內圈的中心上，與正圓心僅有 4 公釐的誤差 —— 古今觀測點重疊在一起，在場的人瞬間沸騰了。

就陶寺遺址的出土遺跡是否為古代的觀象臺這一問題，2004 年 11 月 13 日，在北京召開專家論證會，會中雖然還有些不同意見，但這一結論得到了許多專家，尤其是天文學家的認可。

那麼神奇的觀象臺是怎麼運作的呢？

觀象臺的使用離不開三個部分，即塔兒山、觀測柱（縫）、觀測點。

塔兒山是天然條件。塔兒山非常奇特，它位於觀象臺的東面，是太陽升起的方位。

塔兒山山勢大體呈南北向，最高峰向南北兩側展開，似一個人張開雙臂作懷抱狀，所以又稱「大尖山」、「臥龍山」等（圖7）。它不僅是太陽升起的地方這麼簡單，因為，在不同的時間，太陽會從山脊不同的地方升起。古人經過長期觀察，發現太陽從塔兒山不同的地方升起，與物候之間有著一定的連繫。而這一玄機，透過觀象臺這一大型建築「儀器」，是可以有規律地展現出來的。所以，塔兒山成為 4,000 多年前陶寺遺址建有觀象臺的自然而獨特的原因。

觀測柱形成 12 道觀測縫，觀測縫匯聚到觀測點。這樣，我們站在觀測點，透過觀測縫就可以看到太陽從塔兒山露出並離開山脊的神奇時刻，之後，太陽便被柱子遮擋看不見了。或者說，太陽升起，一道光柱透過柱縫打在觀測點的神奇時刻，就是一個 4,000 多年前的節氣。今天我們知道，2 號縫的神奇時刻對應的是冬至，12 號縫的神奇時刻對應的是夏至，7 號縫對應的是春分和秋分，這樣，冬至→春分→夏至→秋分→冬至，一來一回，正好是一年（圖8）。據多年的實地觀測，我們發現存在 20 個節氣，這些都應該是 4,000 多年前的重要節令，用於指導當時的農業生產。這些節氣有些保留到了今天，如二分二至，如 3 月 28 日是當時的清明節（圖9）。有些節氣雖然能感受到物候的變化，但與今天已經不同。然而可以肯定的是，這是中國傳統的二十四節氣的祖源。

圖 7 陶寺塔兒山

圖 9 太陽出山，透過 8 號縫，
形成光帶，打在觀測圓心上

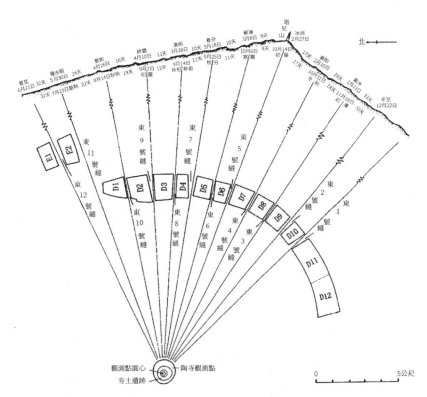

注：觀測點至崇山距離為示意。E1、E2、D1-D11為夯土柱基礎。

圖 8 陶寺觀象臺節氣

今天，節氣對我們來說，是如此的簡單和普通，但遙想 4,000 多年前的人類社會，能夠擁有這樣的知識體系，無疑是掌握了最先進的尖端科技與核心技術，堪比今天的航空航太技術。

二、薪火相傳 40 年

神奇的觀象臺遺址只是陶寺考古的一部分成果。說起陶寺考古，其實已經有 40 多年的時間了。

1958 年，山西開始在晉南開展文物普查工作。山西省文物工作委員會的丁來普先生在陶寺村的南溝與趙王溝之間發現了面積可能有數萬平方公尺的史前遺址，這是陶寺遺址的最早發現。

　　1959 年，中國科學院考古研究所（即今天的中國社會科學院考古研究所）組建了山西隊，由張彥煌任隊長。時任考古所所長的夏鼐先生交給山西隊一個重要課題，即「夏文化探索」與「商文化研究」。1959 年至 1963 年秋冬，張彥煌帶領山西隊在晉南地區進行了 4 次大規模的考古調查，發現了仰韶文化至北朝時期的遺址 306 處。尤其是 1963 年冬季，在陶寺村南、李莊東南、中梁村東北和溝西村北又發現了 4 處遺址。

　　1973 年，山西隊的張彥煌、徐殿魁、高煒以及山西省文物工作委員會的葉學明再一次對陶寺遺址進行調查時，敏銳地發現，之前的 4 處遺址基本連成一片。這樣一來，遺址面積達數百萬平方公尺，成為一個巨無霸型的大遺址。他們認知到陶寺是一處龍山文化時期的重要遺址，便將晉南地區指定為首選挖掘區域。

　　1978 年 4 月初，陶寺遺址開始正式發掘，陶寺考古的科學研究拉開了大幕（圖 10）。

圖 10　1970 年代末的發掘現場照（左起：張煒、張岱海、高天麟）

　　時至今日，40 餘年轉瞬即逝，幾代陶寺考古人孜孜探索，陶寺遺址的考古呈現出四個明顯的階段。

　　第一個階段是從 1950 年代末發現遺址到 1978 年正式發掘遺址之間，是陶寺的初識階段。

　　第二個階段是從 1978 年至 1985 年的連續發掘時期。這一階段取得了突破性的收穫，特別是宏大的墓地的發現和發掘，震驚了全國考古界。隨著墓地和居址

的發掘，高煒、高天麟、張岱海等先生提出的「陶寺文化」，有了初步的內涵、特徵、年代，並建立起陶寺文化早、中、晚期的發展順序，這在考古學上被稱為「考古學文化序列」，為以後的研究奠定了堅實基礎。隨著研究的不斷深入，學界意識到，陶寺遺址對於探討中國文明的起源和古代國家的形成具有重要的意義。

第三階段是從 20 世紀末至 21 世紀初，以梁星彭為隊長的陶寺考古進入一個新的時期，最重大的成果就是發現了當時黃河流域最大的城址，一座面積達 280 多萬平方公尺、沉睡了 4,000 多年的大城逐步露出「廬山真面目」。

第四階段是 21 世紀以來，隨著中華文明探源工程的推進，陶寺遺址的重大發現層出不窮，主要有觀象臺遺跡、中期墓地及中期王級大墓、城北夯土建築基址、手工業區官署基址、宮城及其門址以及現在正在發掘中的宮城內的大型宮殿基址等。各方面的研究工作如年代、古環境、動物、植物、手工業、食物等，陶寺先民生活的各個方面，包括吃、喝、拉、撒、睡等，都全面展開，並推向深入。陶寺遺址是史前一處重要的都城聚落的地位逐漸確立了。這座與文明先祖「堯」密切相關的聖都的神祕面紗被考古人揭開了。

三、4,000 多年前的古城給紫禁城的啟示

經過持續的發掘和研究，考古工作者確定陶寺遺址的存在時間達四五百年。在碳 14 定年等高科技的輔助下，它被分為早、中、晚三個時期，其中，早期為西元前 2300 至前 2100 年，中期為西元前 2100 至前 2000 年，晚期為西元前 2000 至前 1900 年。這是陶寺遺址的主體年代。有些定年數據顯示陶寺遺址早期為距今 4,400 多年，實際年代應該更早；有個別定年數據顯示它進入了西元前 19 世紀，延續時間或許更晚些。因此，具體的年代還需要今後新的定年數據來進行校正。

目前測得的陶寺遺址面積達 400 多萬平方公尺。在這個範圍內，考古隊員發現一座面積至少有 280 萬平方公尺的古城廢棄在黃土之下。隨著 40 多年持續的鑽探和發掘，這座古城的面貌逐漸展現在世人面前。

城址平面大體呈圓角長方形，整體上由外圍大城與內部宮城組成。城址東北部是宮城和宮殿群所在的核心區。宮城西南部為下層貴族居住區，南部是倉儲

區。城址南部偏東是早期墓地,墓地往南,單獨圍出一個「刀把」形的小城,作為特殊的宗教祭祀區,著名的觀象臺遺跡和陶寺中期的墓地就發現於這個區域內。城址西南部為手工業作坊區,西北部是普通居民居住區(見圖4)。

宮城的發現,堪稱一項改寫歷史的重大發現。當我們今天暢遊北京故宮,體會明清兩代皇宮的宏大與莊嚴的時候,誰會想到,早在4,000多年前的陶寺,就已經有了它的雛形。

2012年秋季,聯合考古隊在領隊高江濤博士的帶領下,對宮殿區進行進一步的發掘。之前,在這一片區域中就鑽探出一些大型夯土建築,推斷可能是宮殿一類的遺跡,但沒有進行過系統發掘,所以整體面貌並沒有搞清楚。

10月19日,考古隊老技師張官獅在遺址的一個沖溝內,突然發現前方的溝崖斷面上有一層層非常明顯的夯土。這一現象瞬間觸碰到了他的職業敏感神經。他馬上喊來領隊高江濤。兩人沿溝尋查,發現在斷崖上有50多公尺長的夯土層。高江濤立刻意識到它的重要性,因為如此長度或寬度的夯土遺跡存在於宮殿區,代表的可不僅僅是大型建築基址,還有可能是城牆一類的遺存。於是,所有探工馬上被調集到這裡,全力追尋夯土的走向。結果,夯土延伸100多公尺仍不見斷。考古隊員全都興奮起來,因為之前的判斷被證實了——它就是牆垣一類的建築(圖11)。

圖11 2012年,宮城遺址鑽探工作照

在隨後的鑽探中,一座封閉的長方形城址展露出來,圍合的面積近13萬平方公尺,恰恰是以前被稱為宮殿區的區域,極有可能就是宮城之所在。經過長達

5 年的發掘，2018 年，考古專家們最終確認這裡就是陶寺古城的宮城，是目前發現的全國最早的宮城。

宮城平面大體呈長方形，四面原來應是高高夯築起來的城牆。城牆南北長約 270 公尺，東西長約 470 公尺，面積近 13 萬平方公尺（圖 12）。城牆復原高度 8 公尺以上。牆體為梯形，底部復原寬度約 10 公尺，頂部寬約 8 公尺。

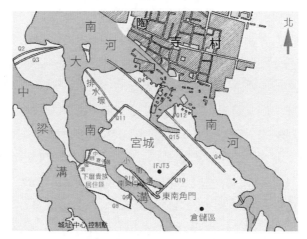

圖 12 陶寺遺址宮城平面圖

十分重要的是，宮城的南牆上發現了兩處門址，一處是南牆偏東的門址，叫南東門，可以在大南溝斷崖看到其地基部分的剖面。這個門結構特殊，在南牆上東、西兩側各向外伸出兩道短牆，中間為門道，復原以後有點像故宮的午門，其實這種門被稱為「闕樓式」門址。隋唐時期，洛陽城的「應天門」就是這樣的（圖 13、圖 14）。

圖 13 陶寺遺址宮城南東門遺跡

圖 14 陶寺遺址宮城南東門復原圖

在宮城南牆與東牆相接的地方，發現了一處形狀特殊的門址。南牆向內拐折了一下，使進城的門偏向了一側，這被稱為「甕城」，實際上是個「半甕城」。東牆內側門口牆上接出一個臺子，是墩臺。這個門最大的特點就是不容易進入，具有較強的防禦性，這是中國古代都城城門常有的特性（圖 15）。

宮城內超過 1,000 平方公尺的宮殿建築目前發現了 12 處，其中最大的夯土建築基址，面積約 8,000 平方公尺。夯土臺基上發現了一座 540 多平方公尺的大殿堂。殿堂已遭廢棄，支撐屋頂的柱子的柱洞和柱礎石留了下來。臺基之上還發現了疑似附屬建築，如廚房之類的房子（圖 16）。

宮城內的各種設施和要素還是比較齊備的。它的發現意義重大：一是陶寺宮城保存較為完整，自成體系，規模宏大，形制十分規整，並具有突出的防禦性質，是目前考古發現的中國最早、最大的宮城。二是宮城歷經的時間較長，始建於陶寺文化早期；陶寺文化中期繼續使用，並因陶寺大城的修建，成為真正意義上的宮城；陶寺文化晚期有重建的現象，在其偏晚階段被徹底廢棄。三是陶寺宮城的發現，使得陶寺遺址既有大城（郭城），又有宮城，形成雙城的「城郭之制」。陶寺很可能是中國古代都城制度的源頭或最初形態。四是陶寺宮城南東門遺址形制特殊，結構複雜，具有較強的防禦色彩，十分罕見，對後世宮城城門的修建影響深遠。陶寺宮城開創了中國古代宮室制度的先河。

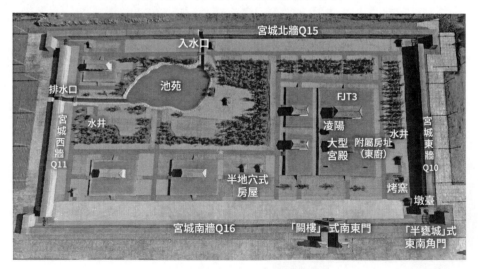

圖 15 陶寺宮城微縮景觀航拍圖

圖 16 陶寺遺址最大宮殿

圖 17 陶寺文化早期墓地

圖 18 陶寺墓地墓葬分布示意圖

從陶寺 4,000 多年前的史前宮城、闕樓式門址，到大唐盛世時期的洛陽城，再到明清紫禁城，一座城，一座中國古代的建城標本，綿綿不絕。

四、神奇的陶寺墓地

1978 年春季，考古隊在對陶寺遺址進行調查時發現，在地頭斷面和梯田斷崖面上，竟然有人的殘骨，而且數量不少。這是存在大型墓地的特徵。因此，當年秋季，對這片區域的發掘正式開始了。此後，一處面積達 4 萬平方公尺的墓地呈現在世人面前。考古隊發掘了其中的 1,309 座墓葬，轟動全國（圖 17）。

經過對所發掘墓葬的整理、研究，我們發現陶寺墓地展現出了四大特點。

第一，密密麻麻的墓葬聚集在一個區域（圖 18），這就是考古上常說的「聚族而葬」。「事死如事生」的觀念由來已久，一個家族、一個大宗族，生前生活在一起，死後也要葬在一處，以血緣關係為紐帶的「族墓地」傳統延綿至今。陶寺墓地集中展現了這一點。然而，值得我們思考的是，當時怎麼會有如此大的家族，需要占用 4 萬多平方公尺的墓地。考慮到當時這裡是一處都城，匯聚眾多不同的族群，所以管理者統一進行了規劃，墓地應該包含不同的家族，並且相對集中地埋在了一起。

第二，墓葬不僅「聚族而葬」，而且像排兵布陣似的成排成列地布局（圖

19）。透過對早期墓地的發掘，我們發現，至少在陶寺文化早期，陶寺先民就對墓葬進行了規劃。它們東西成排，南北成列，一排排、一列列地排列著。更令人驚奇的是，幾乎所有的墓葬頭向都朝向其東南方位的塔兒山。換句話說，塔兒山成了當時人們死後的「嚮往」之處。我們據此推斷出兩點：一是先民事先就對墓地做了嚴謹而統一的規劃，二是先民存在明顯的山川崇拜。這也從一個間接說明，塔兒山是當時人們心中的「聖山」或「神界」！

第三，墓葬「聚族而葬」，成排成列地布局，且大小不一（圖20）。陶寺遺址的墓葬明顯分為大、中、小三個等級。大墓一般長3公尺左右，寬2公尺左右；中型墓一般長2.5公尺，寬1.5公尺；小墓一般長2公尺以下，寬1公尺以下，僅能容身。大墓雖然面積大，數量卻極少，目前僅有9座，其中5座是最大一級的。小墓雖然面積小，卻數量眾多。

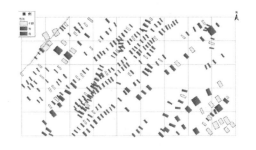

圖19 陶寺墓地墓葬成排成列分布示意圖

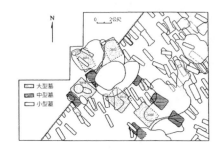

圖20 陶寺墓地不同等級墓葬分布圖

就數量而言，三種類型的墓葬整體上形成了一種如金字塔般的結構分布。大墓數量雖然少，卻在墓室中隨葬大量珍貴物品（圖21）；而數量眾多的小墓，大多空無一物，偶爾會有一件隨葬品，也是日常生活使用的陶器。這種現象說明，嚴重的「不平等」已經存在於當時的社會中，社會上很可能已經有了不同的階層，甚至階級，而不再是「平等的社會」。階級的存在，折射出「國家」這一社會組織形式的存在。「國家是文明社會的概括」，可見這又是「文明」社會的象徵。陶寺遺址墓地讓我們透過蛛絲馬跡初見「文明」社會和「國家」的端倪。

第四，墓葬出土了數量不少的禮器，如彩繪龍盤、鼉鼓、土鼓、漆木器、玉器等。禮器的出現反映了禮制的逐步形成。「禮樂文明」是古老的中華文明最大的特點之一，中國一直以「禮儀之邦」來定義自己。彩繪龍盤上有一條盤曲形態的

龍，龍是中華民族古老的圖騰。鼉鼓是用鱷魚皮蒙面的鼓，土鼓是陶質的鼓。直到今天，遠近聞名的「威風鑼鼓」依然是山西臨汾地區特有的民間藝術形式之一。

圖 21 陶寺文化早期大墓

五、陶寺出土的寶貝

　　直至今日，陶寺遺址的發掘面積尚不足遺址總面積的千分之五，但是這千分之五不僅為我們呈現了讓人嘆為觀止的 4,000 多年前的神奇觀象臺，結構複雜的最早宮城、宮殿，還讓我們得以窺探 4,000 多年前古人使用的各種生活用品，其中很多已成為「國家寶藏」。

　　陶寺遺址迄今出土了陶器、石器、骨器、蚌器、玉器、銅器、木器等各類文物 5,200 多件。在眾多文物中，彩繪龍盤、文字扁壺、鼉鼓、玉獸面、貜豕之牙等重器值得給予特別的關注，這些都是真正意義上的「國之重器」。

▎彩繪龍盤

彩繪龍盤是陶寺遺址出土的最為典型的「國之重寶」。我們今天常說中華兒女是龍的傳人，龍是中華民族的象徵。陶寺遺址出土了 4 件帶有龍形彩繪圖案的陶器，我們稱之為「龍盤」。

1980 年，春季發掘快結束時，在陶寺 3016 號大墓的平面清理中，發現了一個圓盤形的陶器，模模糊糊有一些圖案。據考古隊高煒先生回憶，因墓葬面積較大，進一步發掘比較耗時，根據工作整體進度的安排，考古隊員們撤出工地，把這個陶盤留在原處，留待下半年發掘時進一步清理。下半年的發掘啟動後，考古隊員才發現，那個陶盤竟然是龍盤。它好像故意在我們暫時撤離現場前出來先跟大家打個招呼，幾個月後才讓我們見到它的真容。也是，好東西豈是那麼容易見的（圖 22）。它成為陶寺遺址發現的第一個龍盤，之後在 3072 號、3073 號和 2001 號大型墓中又出土 3 件龍盤（圖 23）。

陶寺出土的 4 件龍盤大小基本相同，盤口直徑 35 ～ 40 公分，盤底直徑 12 ～ 15 公分，高 7 ～ 12 公分。仔細觀察陶寺的龍盤，會發現：第一，它們均是蟠龍，盤曲如蛇；第二，身體上有鱗狀斑紋，似鱷；第三，頭部兩側似耳，為方形，但眾所周知，蛇無耳，頭呈三角形，因此，又非蛇頭形象；第四，長頷，有鋸齒狀牙齒；第五，口銜枝狀物，十分罕見。

這些龍的形象是現實中不存在的多種靈獸的組合體，這正是「龍」的最大特點。陶寺龍是真正意義上的「龍」的雛形，是與夏、商、周及後世的龍最有淵源關係的龍的形象。

M2001:74　　　M3072:6　　　M3073:30

圖 22　蟠龍紋陶盤　　　　　圖 23　蟠龍紋陶盤
　　（M3016:9）

龍形圖案多出現在水器上，與水、雲、雨相關，後世常常認為龍是主管雨水的神祇。龍與風調雨順相關，意味著豐產、豐收。有學者認為陶寺龍口中所銜的枝狀物或許就是禾穗之類的東西，帶有豐收之意，所表現的是「澤被四方，心繫萬眾」之情。這些正是中華民族的精神和美德。

朱書扁壺

扁壺是陶寺最常見的汲水器，其中有一件朱書扁壺，因陶器上用硃砂書寫兩個文字而聞名於世（圖 24）。

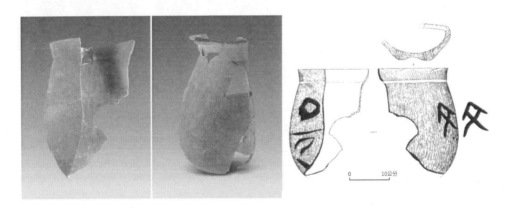

圖 24 朱書扁壺

朱書扁壺的發現是偶然，也是必然。1984 年春，考古隊負責人高天麟先生除了發掘分配給自己的探方以外，還經常去其他探方查看和討論。一天早晨，他看到李健民先生的探方中一座編號為 3403 的灰坑口部堆了不少大塊陶片，就蹲在坑邊「對陶片」。「對陶片」就是將破碎的陶片按照陶器原本的形態黏對在一起，以便復原。高天麟先生「對陶片」的技術在考古隊中是最厲害的。他發現幾塊陶片表面有鮮紅的「道道」，高先生敏銳地意識到這個「道道」不普通，就趕緊把陶片收集起來，帶回灶房，找來刷子和水盆，洗刷掉紅色筆跡周邊的泥巴。果然，扁壺鼓的一面顯現出像是「文」字的字形，平的一面有一處近似圓圈的痕跡，下有一橫，橫下又是一個近似「人」的形象。經過辨認，大家一致認為這些是軟筆朱書無疑。「文」的字形可以明確釋讀為「文」字，另一字則不易釋讀。

如果真是這樣，這些文字將比甲骨文早近 800 年。這一發現讓考古隊的同仁異常驚喜。李健民先生這樣形容當時的氣氛：「血液凝固了……空氣凝固了……」當時「對」出來的扁壺是殘缺不全的，於是，考古隊員們又將這個灰坑出土的陶片一一檢視，把土全部過篩，卻無新的收穫。再反過來仔細審視扁壺殘器，見邊沿的斷裂處一周都塗有硃砂。大家這下恍然大悟了，原來塗朱時就是殘斷的器物。出於謹慎，考古隊員暫時稱這兩個朱書文字為兩個「符號」。

1985 年秋，哈佛大學教授張光直先生到北京訪問時，大膽提出會不會是字呢，為研究指出了一個新的思考的線索。1985 年冬，張政烺先生見到該扁壺的照片和臨摹圖後，指出，它與殷墟甲骨文和現在通行的漢字屬於同一個系統。之後，學者們紛紛考釋這兩個字。其中的一個字被多數學者認定為「文」字，爭議不大。另一個字則頗有爭議，目前有三種看法：一是「命」字，與大禹有關；二是「易」字，與太陽崇拜有關；三是「堯」字，與「堯王」有關。我認為，這個字上部表示太陽，中間一橫表示地平線，下面是「人」形，組合起來表示「人長期觀測從地平線上升起的太陽」，自然就發現了太陽運轉的規律，進一步創造性地發明了觀象臺。就字本身而言，最有可能是「易」字，也就是「唐」字。綜合來說，這個字與觀日授時、唐堯密切相關。

一件殘破的朱書文字扁壺，折射出中國文字的起源、形成與演變的歷史。

▍鼉鼓

鼉鼓就是用鱷魚皮蒙面的鼓。「鼉」又稱「揚子鱷」、「鼉龍」、「豬婆龍」，它的皮可以蒙鼓。《詩經》中的「鼉鼓逢逢，蒙瞍奏公」，可能是對鼓的最早描述。古代文獻中的宮廷廟堂樂器竟然在 4,000 多年前的陶寺文化時期就已經存在了。

鼉鼓只出土於陶寺遺址的王級墓葬中，據此，我們推測當時有專門的製作者（繪師）。因為這 5 座大墓都曾被陶寺文化晚期的人破壞，從殘留的鼉鼓復原物看，其直徑一般在 50 公分左右，高 1 公尺以上。我們進一步研究還發現，如果不是被破壞的話，每一個王墓中都有 2 個鼉鼓（1 對）和 1 個石磬的組合，而且它們在墓室裡的擺放位置也是固定的。顯然，鼉鼓、石磬等已經成為當時的禮樂

圖 25 鼉鼓

器，或兼為祭器。距今 4,300 年的陶寺文化時期已經出現了明顯的樂器組合，由此可以窺視當時的「禮制」。《詩經》也說「既和且平，依我磬聲」，鼉鼓與磬的組合更是傳繼至商周時期，成為身分高貴的王侯特有之器。禮制是中華文明的特質之一，而禮制，甚至是禮樂文明，在陶寺文化中已經初步形成（圖 25）。

‖ 玉獸面

　　玉獸面出土於陶寺文化中期偏晚階段的 22 號王級大墓中，距今 4,000 年左右。它不同於陶寺文化中常見的玉鉞、玉璧、玉琮、玉環、多璜聯璧、玉戚等，是陶寺玉器中最有特色的，整體呈現出獸面的形狀。它的頂是「介」字形冠，中間是臉部，似有口與眼，兩側似雙翼。玉獸面尺寸很小，高 3.5 公分，寬 6.4 公分，厚 0.3 公分，可能是佩戴的飾品之類（圖 26）。

　　陶寺文化具有匯聚周邊文化的特點，玉器是最能展現這一特點的器類。從這些玉器的身上能夠見到東南方「良渚文化」、北方「紅山文化」、東方「大汶口——龍山文化」、西北「齊家文化」等新石器時代各地域文化的因素。遠在長江中游江漢平原的石家河遺址，也有形態基本相同的玉獸面。北方的陶寺文化與南方的石家河文化、後石家河文化的交流由此可窺一斑。一件小小的玉器，真實地反映出 4,000 多年前中國不同區域文化和社會之間存在著廣泛的交流與互動。

　　有社會學家認為玉獸面展開的兩翼似大角，與上古傳說中的戰神蚩尤的形象十分相近，佩戴它可以驅凶避邪。這可備一說。

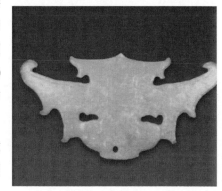

圖 26 玉獸面

‖ 豶豕之牙

豶豕之牙，通俗來說，就是被閹割過的公豬的獠牙。在陶寺 22 號王墓東壁中央最顯眼的位置，擺放著一個帶牙的公豬下顎骨，十分少見（圖 27）。更令人難以思索的是，這個下顎骨兩側分別對稱擺放了 3 把代表軍事武力的玉石兵器 ——鉞。這顯然是有意如此擺放的，那麼它要表達的是什麼意思呢？我們無法穿越時空，只能透過這些現象盡力去尋找答案。

圖 27 豶豕之牙

何謂豶豕之牙？翻閱古文獻，我們發現，《易·大畜》中說：「六五，豶豕之牙，吉。」馬王堆漢墓出土的帛書〈昭力〉篇中說：「豶豕之牙，何胃（謂）也？子曰：『古之伎強者也，伎強以侍難也。上正（政）衛兵而弗用，次正（政）用兵而弗先，下正（政）銳兵而後威。……上正（政）陲衣常（裳）以來遠人，次正（政）橐弓矢以伏天下。』《易》曰：『豶豕之牙，吉。夫豕之牙，成（盛）而不用者也，又笑而後見，言國修兵不單（戰）而威之胃（謂）也。』」大意是說我們很強大，但是我們陳兵不戰。這就是常說的「不戰而屈人之兵」，這才是最好的施政策略（上政）。我們突然明白了，王墓東壁正中陳列「豶豕之牙」，那牙兩側的 6 把兵器不就是「陳列的兵」嗎？墓主人 —— 這位主政者或領導人，想要透過隨葬品的陳列表達他「衛兵弗用、修兵弗戰、崇尚文德」的和合思想。

眾所周知，堯舜時代的政治理念強調的是和善、多元、包容、融合，是和合思想產生的重要時期。這在很多文獻典籍和出土文字資料中都有一定的反映。《尚書·堯典》就直言「協和萬邦」。這也是我們說陶寺遺址是偉大祖先堯的都城的一個間接證據。直到今天，我們在國家治理方面還經常說要建立和諧社會。4,000 多年前的簡單的文物組合，傳達出中華民族傳承數千年的一種治國理念和思想！

六、陶寺證實了什麼？

陶寺遺址的重大發現對於我們探索中華文明起源、形成和發展的演進過程有什麼重要意義呢？或者說它在中國歷史長河中處於什麼樣的地位呢？這是我們必須回答的問題，也是我們抽絲剝繭想要知道的答案。

陶寺遺址被發掘之後，考古學家發現它周邊還有近 100 處與之物質文化相同的其他遺址，主要分布於晉南地區的臨汾盆地，即峨嵋嶺以北，汾河下游及其支流澮河、滏河流域。陶寺遺址是它們的典型代表，且發現較早，所以就以「陶寺」這個地域名字為考古學文化命名，稱其為「陶寺文化」。陶寺文化是中原地區龍山時代的著名區域考古學文化，有著自己特有的器物群和文化面貌，主體年代距今約 4,300 至 3,900 年，分為陶寺早、中、晚三期，屬於新石器時代末期，早於我們常說的中國第一個王朝 —— 夏代，並與之大體銜接。

在今天中國的地域範圍內，與陶寺文化大致同時期的考古學文化主要是海岱地區（主要是山東）的「大汶口 —— 龍山文化」、主要分布於河南的「王灣三期文化」、晉陝高原的「石峁文化」、甘青地區的「齊家文化」、長江中游江漢平原的「石家河與後石家河文化」、長江下游的「良渚文化最晚期」等。各個區域都有自己社會與文化的發展過程。眾多的區域文化被著名考古學家蘇秉琦稱為「滿天星斗」，嚴文明先生稱之為「重瓣花朵」。無論如何，陶寺文化都是「滿天星斗」中最亮的星星之一，是「重瓣花朵」的花心部分之一。

根據現在的考古研究，我們發現，陶寺文化時期的社會具有以下四個特質：

- 陶寺文化時期，社會不是一個平等的社會，已經出現了嚴重的等級分化。比如前面提到的墓葬大、中、小的差別，就是墓主人社會地位高低的巨大差別；比如在居住上，王住在高大恢宏的宮殿裡，普通人住在 10 多平方公尺的小房子裡，更低下階層的人住在半地穴或窯洞式的房子內（圖 28）。

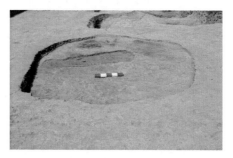

圖 28 陶寺遺址半地穴式房子

- 陶寺文化時期，社會出現了「王」這一最高統治者，意味著王權為主的國家的出現。早期的 5 座大墓（如 3015 號墓）和中期的 22 號墓都應該是王的墓葬。
- 陶寺社會是講「禮」的，就是禮制初步形成了，並成為社會制度的精髓，傳繼後世。
- 陶寺所建立的這個國家是初級國家階段，很原始，也很脆弱。

總之，陶寺社會已經不在部落社會階段，而進入了國家階段，這一時期文明已經形成。

同時，陶寺文化時期，社會具有以下優秀的特質：

- **重禮**：禮就是秩序，有了秩序，社會才能穩定發展。
- **務實**：用大量的人力、物力來興建城池，保護居民；建設觀象臺，指導農業生產，發展經濟。不像石家河、良渚等文化浪費大量人力、財力用於虛無縹緲的「神」的祭祀和非生產活動。
- **融合**：就是海納百川，把周圍文化和社會中先進的因素兼收並蓄，重新改進，為己所用，所謂「不積小流，無以成江海」。比如，它吸收了東方的玉禮器，將長江下游良渚文化的玉琮用於「通神」的神徽紋飾抹去，而用於世俗的佩戴；它吸收了北方過來的實用器陶鬲，西北過來的銅器等。總之，陶寺社會的特質是低調、沉穩、有內涵的，走的是永續發展的道路。這也正是陶寺社會的很多東西能夠傳承到今天的原因。

陶寺社會所創造的物質文化和精神文明多為夏、商、週三代王朝及其後世所繼承、發展，與之一脈相承。如果把中華文明比喻成一棵參天大樹的話，當我們追尋它「根」的部分的時候，發現密密麻麻的根系就像不同地區眾多的區域文化，都為這棵大樹貢獻了養分，但樹木總有一個「直根」或「主根」直接連通樹幹，陶寺文化創造的文明就是中華文明的主脈。

七、為什麼說陶寺是最初的中國？

中國人今天自稱「中國人」，其實這種認為自己所在地是「中心」、「中國」的觀念自從人類有了群居就自然而然地產生了。然而，這個「中國」被不同的人群或族群廣泛認可，則是從陶寺文化時期開始的。

西周初年的青銅器「何尊」最早提到「中國」二字，其銘文日：「余其宅茲中國，自之乂民。」意思是周武王意欲建都「中國」，以方便統治四方的人民。在周人意識中，「中國」處於四方之中。因此，周代初期的「中國」，可以肯定的有二：第一，「中國」為四方「地中之國」，或言「地中之都」；第二，「中國」是一個具體的地方，即大體指以洛邑或洛陽盆地為中心的中原地區，所以就有了許宏先生所說的處於洛陽盆地的二里頭遺址為「最早的中國」之說。簡單而言，「中國」就是兩個字，一個「中」，一個「國」，「地中之國」或「中土之國」即「中國」，這應該是其最原始的本意。

這樣一來，「中」或「地中」就成為問題的關鍵。「中」字在比西周更早的商代甲骨文中就已經出現，一般被解釋為與旗幟有關。但也有很多學者發現甲骨文中還常見「立中」，認為「立中」就是「立中測影」，即我們常說的立竿測影或立表測影，透過竿（表）的影子長短來確定春、夏、秋、冬四時。近幾年，著名的《清華大學藏戰國竹簡》被整理出來，其中〈保訓〉一篇提及舜的「求中」、「得中」和上甲微的「假中」、「歸中」四個「中」，由此引起學界的熱議。但是我們發現，這個「中」竟然可以求得，甚至可借可還，所以它顯然是一個具體的東西。

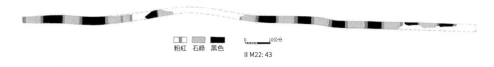

粉紅　石綠　黑色

0　　　10公分

II M22：43

圖 29　圭尺（復原線圖）

令人稱奇的是，陶寺 22 號王級大墓出土的一件帶有不同色帶的漆竿，正是立表測影的「圭」（圖 29）。2009 年 6 月 21 日，考古隊員與天文學家使用復原的漆竿進行了實驗考古。正午 12：40，漆竿最短的影子逐漸到達竿上一個特殊的

圖30 圭尺復原實驗測試（2009年6月21日）

色帶，這時影子長度約40公分，折合1.6尺（圖30）。《周髀算經》恰恰記載「夏至之日晷尺六寸」，規定夏至圭尺影長一尺六的地方是「地中」。因此何努先生說圭表測影確立「地中」，「圭尺」代表著「地中」，而陶寺一帶，或籠統來說，晉南地區至少應該是龍山晚期人們意識形態上的「地中」所在。

但是《周禮》中又有「日至之景（影），尺有五寸，謂之地中……乃建王國焉」的記載，說一尺五的地方是「地中」。元代著名的觀星臺所在的河南登封一帶，夏至晷尺影長約1.5尺。這樣，出現了兩個「地中」，看似矛盾，其實卻正好解釋這個問題。原來，人們最早普遍認同「地中」在陶寺所在的晉南一帶，之後逐漸轉移，到了西周時期，二里頭遺址所在的洛陽盆地一帶被當時的人們確定為「地中」。

我們前面已經說陶寺文化時期已經進入了「國家」時期，這樣既有「中」，又有「國」，比許宏先生認為的「最早的中國」的二里頭遺址早300多年，所以我們說，陶寺所在的地方才是「最初的中國」。司馬遷在《史記‧五帝本紀》中講到堯禪位給舜，但舜不得不避開堯的兒子丹朱去其他地方，最終舜「之中國踐天子位」。這裡所提到的「之中國」，就是回到了「中國」。這一記載也間接反映了堯都陶寺之所在是當時人們心裡認可的「中國」。

所以，陶寺在中國歷史長河中的地位可以概括為八個字——華夏主脈，最初中國。

陶寺都城經歷了數千年的滄桑巨變，已面目全非。今天的我們，豈能辜負偉大民族悠遠的文明？縱然不能重現其時的輝煌，也可以透過合理的開發與科學的展示，將「最初的中國」呈現給今天的人們和後人，所以，「陶寺遺址國家考古公園」已經在籌建中了。未來，我們將行走在遺址沖溝中的人行道路上，沿途體

驗古觀象臺、22 號王墓、大型墓地、宮城及宮殿、城牆剖面等文化遺產。穿越回
4,000 多年前的「最初的中國」，那將是怎樣的一種體驗（圖 31、圖 32、圖 33、
圖 34）！

圖 31 陶寺遺址公園總圖

圖 32 陶寺遺址公園觀象臺與王墓

圖 33 陶寺遺址公園中梁溝中的大城城門斷面

圖 34 陶寺遺址公園中的博物館

未解之謎

1. 陶寺都城為什麼廢棄了？之後的人去哪裡了？

2. 陶寺遺址從早期到晚期經歷了 400 多年的歷史，陶寺真的是堯的都城嗎？

3. 觀象臺有 12 道觀測縫，但是 1 號縫卻無節氣可觀測，它是做什麼用的？

4. 觀象臺一年可以觀測到 20 個節氣，嚴格來說，除了夏至與冬至，其他節氣為什麼和今天的二十四節氣大多對應不上呢？

5. 陶寺晚期的人為什麼去搗毀早期與中期的大型墓葬？

6. 陶寺文化之後，直到漢代，陶寺遺址之上才開始有少量的人居住、生活，這期間將近 2,000 年的時間為什麼一直沒有人在此居住？

西吳壁遺址

田偉

中國國家博物館考古院

夏商王朝鑄銅作坊中的銅料從何而來？

夏商先民在中條山採得的銅礦石，除少量在礦山冶煉之外，其餘為何不知所蹤？

山西絳縣西吳壁遺址的發掘為上述問題提供了答案。

西吳壁遺址的發掘，首次在中原地區揭示出大規模的夏商時期冶銅遺存，彌補了從銅礦石開採到集中鑄造之間所缺失的冶煉環節，填補了中國冶金考古的一個重要的學術空白。夏商先民在礦山開採到銅礦石後，將大部分銅礦石運送至西吳壁這樣的冶銅地點進行冶煉，得到純銅後，再送至都邑鑄造銅器。西吳壁遺址為了解夏商王朝的崛起與控制、開發、利用銅礦資源之間的關係提供了珍貴的實物資料，具有重要的學術意義。

2020 年 5 月，西吳壁遺址被評為「2019 年度中國十大考古新發現」。

西吳壁遺址位於山西省絳縣古絳鎮西吳壁村南，地處涑水河北岸的黃土臺地上，東、南被沖溝環繞，遺址總面積約 110 萬平方公尺，其中夏商遺存分布範圍均在 70 萬平方公尺左右。

一、從找銅說起

中國最早的幾個王朝是夏、商、周，合在一起常被稱為「三代」，所處的時代是「青銅時代」。青銅時代最引人注目的器物是青銅器。著名考古學家張光直先生認為：「對三代王室而言，青銅器不是在宮廷中的奢侈品、點綴品，而是政治權力鬥爭上的必要方法。沒有青銅器，三代的朝廷就打不到天下；沒有銅錫礦，三代的朝廷就沒有青銅器。」銅在當時的重要性不言而喻。

那麼，三代的銅從何而來？

自然界的純銅很少，要想得到銅，先得找到銅礦。

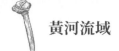

《史記‧封禪書》載：「昔三代之居皆在河洛之間。」「河洛之間」很好理解，大體是指今天以洛陽盆地為中心的區域。距離河洛地區最近、銅礦資源豐富的礦山是中條山（圖1）。很早就有學者提出三代王朝的銅料來源於中條山的假說。理由很簡單——近。這個理由幾乎無法反駁，相當符合邏輯。

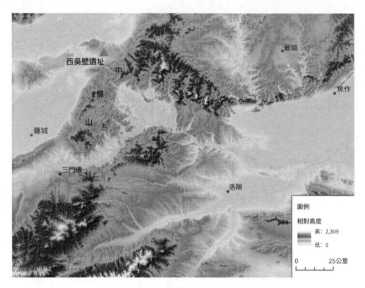

圖1 中條山與河洛地區相對位置圖

符合邏輯的假說，大都會被事實所證明。

1958年，安志敏、陳存洗兩位先生在中條山西北的運城發現了一處漢代採礦遺址。1987年，李延祥先生專程赴中條山調查，發現多處戰國到漢代的礦冶遺址。這些調查雖然沒有找到夏商時期的採礦遺址，但他們的工作為後人提供了重要借鑑。

第一次鼓動人心的成果出現在1990年代初，垣曲縣的文物工作者在中條山內的大漢溝撿到夏商時期的繩紋陶片，這一成果迅速引起考古學家佟偉華的重視。

佟偉華任職於中國歷史博物館（今中國國家博物館，以下簡稱國博）考古部，當時正在垣曲率隊發掘古城南關商城遺址。她認為，商王朝興建垣曲商城的主要目的是控制中條山腹地的銅礦資源，並保證運輸銅料的路線暢通無阻。佟偉華曾長期關注垣曲境內的礦冶遺址，多次派人前往中條山銅礦峪、箅子溝等地尋找礦冶遺址。她相信大漢溝與夏商王朝到中條山採銅有關。

經過數代國博考古人的不懈努力，加上山西省考古研究院、北京科技大學等單位考古工作者的辛勤耕耘，迄今已在中條山腹地及周邊發現了幾十處礦冶遺址。

這些遺址大致可以分為兩類，第一類位於中條山內，屬於採礦遺址；第二類一般在礦山附近，是專業冶銅遺址。

2011 年到 2012 年，中國國家博物館與山西省考古研究所對聞喜千斤耙採礦遺址進行了發掘，這是考古工作者首次在中條山內發掘的夏商時期的採礦遺址，取得了豐碩的成果，但也產生了新的問題（圖 2）。其中最重要的問題就是，千斤耙遺址開採的銅礦石數量很大，但似乎只有小部分在礦山冶煉，其餘去向不明。

千斤耙及周圍採礦點開採到的礦石都去了哪兒呢？

古往今來，中條山風景秀美，空氣清新，尤其是秋天的紅葉，美得讓人心醉。但這種環境只適合旅遊觀光，長期居住並不舒服。尤其是在使用原始工具的早期農業社會，山中進行農業生產的條件極差，還要隨時應對各類毒蟲猛獸，非常不適合人類定居。

如果不是因為採礦，一般人不會選擇在山中長期生活。山中很少發現早期遺址就是最好的說明。

圖 2 聞喜千斤耙遺址周邊地貌

採礦必須進山，屬於情非得已。採到銅礦後，直接把礦石運到首都太費勁，需要冶煉成銅錠才便於運輸。而在山中冶煉，除了燃料方便，其他什麼都不方

便。於是,礦山附近的專業冶銅作坊應運而生。它們承接從礦山運出的礦石,煉出純銅,源源不斷地送到首都的鑄銅作坊,成為支持早期國家發展的策略資源。這些冶銅作坊的爐火,照亮了處於上升時期的青銅時代。

目前,中條山腹地及周邊已經發現幾十處冶銅遺址,西吳壁就是其中規模最大、內涵最豐富的一處。

二、發現西吳壁

辛苦是對考古發掘工作的概括,實際上,考古調查更艱辛,尤其是區域系統調查。所謂區域系統調查,首先要做的是選定一個區域,再由若干考古隊員根據地形排成隊形,步行走遍那個區域。一邊走,一邊觀察地面和斷坎上的古代遺存,尋找古人活動的點點滴滴,並隨時進行採集、測繪、記錄。迄今為止,區域系統調查仍是發現考古遺址最有效的方法。

2001 年,當時的中國歷史博物館整合撰寫「十五」規劃,將晉南列為探索早期國家與文明起源的重要地區,並計劃開展考古調查工作。2003 年,中國歷史博物館已更名為中國國家博物館,但在晉南做一番事業的計畫卻未改變。是年秋季,中國國家博物館與山西省考古研究所(現山西省考古研究院)、運城市文物保護研究所合作,選定運城盆地東部,開展了持續 4 年、覆蓋面積超過 1,000 平方公里的區域系統調查。

戴向明先生在後來出版的《運城盆地東部聚落考古調查與研究》一書中寫道:「橫亙於(運城)盆地南部的中條山脈蘊藏著豐富的銅礦資源,最晚至夏商時期可能已經加以利用。這些重要的策略資源究竟早到何時開始被利用和控制,其在本地區文明化進程中究竟扮演了什麼角色,這也是我們尤感興趣的一個問題。」李延祥教授在〈中原與北方地區早期青銅產業格局的初步探索〉一文中記錄了他與戴向明、李剛先生關於尋找礦冶遺址的經驗交流,他的建議為國博考古工作者提供了幫助。

一開始有準備,過程中得到益友相助,想法上加以重視,工作不辭辛苦,回報就是發現了多個堆積豐富的冶銅遺址,西吳壁就是其中之一。

三、認識西吳壁

　　第一次聽到西吳壁這個名字，是個偶然，但我卻記憶猶新。2012 年初春，在絳縣周家莊遺址忙碌一天後，考古隊一行駕車行駛在返回駐地的鄉間小道上。領隊戴向明先生說附近有個西吳壁遺址，早期銅煉渣在那裡隨處可見。因為我的主要研究方向是青銅時代考古，銅煉渣對我的吸引力不言而喻。從此，「西吳壁」這個名字便刻在了我的腦海中。

　　次年初，一場春雨暫時中斷了周家莊遺址的發掘工作，我們藉機造訪了西吳壁。在西吳壁，遺址地面隨處可見的陶片、斷崖上豐富的銅渣讓人激動不已。從那以後，我們經常去西吳壁，不僅看銅渣，還注意觀察各類早期遺物，對西吳壁遺址的認知逐漸深入。2018 年，我們將發掘工作正式轉向西吳壁。3 月，由中國國家博物館、山西省考古研究所及運城市文物保護研究所組成的聯合考古隊進駐西吳壁村。

　　西吳壁遺址地形東北高、西南低，據年長的村民回憶，東、南部的沖溝內在1980 年代前有較大的泉水，向西南流向涑水河。平田整地的痕跡在西吳壁仍然非常清晰，自東北向西南的許多臺地逐次降低，宛如逐級向下的臺階。遺址東部「臺階」的立面上暴露著許多早期遺跡，不少遺跡中都可以輕易找到綠色的銅煉渣，有的乾脆附著在殘碎的爐壁上，向路過的人們講述著這裡曾經的輝煌。

　　不是每個人都能讀懂這些輝煌，即使是經驗豐富的考古隊員們，也需要透過艱苦、認真的工作以及不斷改進的科技方法，才能翻閱湮沒於塵土中的無字天書，獲取令人興奮的歷史訊息。

　　西吳壁遺址總面積達到 110 萬平方公尺，包含史前和夏、商、周、秦、漢、宋等時期的遺存，其中夏商遺存分布面積大約 70 萬平方公尺。這是什麼概念呢？就是說，它的面積大大超過了著名的夏縣東下馮遺址和垣曲商城遺址，是目前所知的晉南夏商時期最大的遺址。

四、挖到了什麼？

　　從 2018 年春季到 2019 年秋季，聯合考古隊透過發掘，揭開了西吳壁遺址的神祕面紗，各時期的發現接踵而至，層出不窮，而夏商時期冶銅遺存的發現與確認，更讓我們興奮不已（圖 3 至圖 5）。

圖 3　西吳壁遺址東部發掘區航拍圖（上為北）

圖 4　領隊戴向明先生（左）在西吳壁考古現場指導發掘工作

圖 5　西吳壁遺址考古發掘現場

∥ 冶銅爐殘跡

考古現場揭露出的古代遺存包括遺跡、遺物兩部分。不同考古遺址發現的遺跡與遺物既有共同性，也有個別性。夏商周時期考古遺址的一個共同性是會揭露出灰坑、房址、窖穴、灰坑、墓葬等遺跡，出土陶器、石器、骨器、銅器、玉器等遺物。當然，不同的遺址有不同的個別性，如有些遺址陶窯多，可能以製陶為主業；有些遺址墓葬多，內涵主要是墓地。

西吳壁遺址的個別性展現在發現了很多夏商時期的冶銅遺存。其中，最重要的遺跡是冶銅爐。我們沒有挖到完整的冶銅爐，這與當時的冶銅方式有關。

當時的冶銅爐是內加熱的。簡單說，就是先做好爐子，將選好並粉碎的礦石和燃料（木炭）放進爐中並點燃，同時鼓風，令其充分燃燒，在高溫條件下產生氧化還原反應，煉出純銅。

夏商時期利用的銅礦石主要是表層的氧化銅，深層的硫化銅需要經過焙燒才能煉銅，而我們在西吳壁沒有發現焙燒礦石的現象。直到周代，先民們才具備了冶煉深層硫化銅的能力。

冶銅完畢後，需等待銅爐降溫後毀爐取銅。

因此，在今天的遺址中，我們很難發現完整的冶銅爐。如果真發現的話，只能說明，那個爐子或者沒有被使用過，或者冶煉完了還沒來得及取裡面的銅，銅爐就被丟棄掉了。這兩種的可能性都不大。

幸運的是，我們發現了兩座冶銅爐的殘爐底。我們來看看其中被稱之為「一號冶銅爐殘跡」的具體情況。

一號冶銅爐殘跡靠近一座大坑的生土壁，今天仍然可以清楚地看到操作面上反覆踩踏的痕跡。透過仔細的發掘，我們對爐子的構造及冶煉過程有了初步的了解。

我們不妨設想一下當時構築冶銅爐的場面：

工人們首先選擇一處斷崖，向下挖掘出一座不規則的坑，在坑底向靠近生土的一側橫挖，形成壁龕。冶銅的從業者們一定相信，想要提高冶銅生產的成功率，就必須舉行某種祭祀儀式。而這個祭祀儀式的一個可能的環節就是「殺人」。

3,000 多年後的今天，我們在一號冶銅爐殘跡的正下方見到了那個被殺死作為犧牲者的遺骨。他（她）大口圓張，左手捂胸，身體略微扭曲，那個瞬間，他（她）的心有不甘一覽無遺。屍體在祭祀儀式後大概就被掩埋了。埋葬他（她）的地方成了冶銅爐基（圖 6）。1 號冶銅爐殘存的爐體呈半環形，爐壁的內側和爐底粗糙，已經沒有明顯的燒結面，大概是在毀爐取銅時被破壞了。

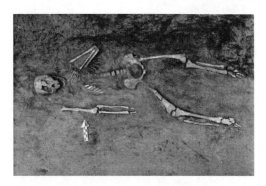

圖 6　西吳壁遺址商代早期 1 號冶銅爐奠基坑內的人骨

爐體最初的形制雖然已無法復原，但貼近斷崖的築爐方式與早期陶窯的選址異曲同工。蘇榮譽先生等人注意到，古文獻中常將陶、冶並提，如《孟子·滕文公上》：「以粟易械者，不為厲陶冶，陶冶亦以其械器易粟，豈以為厲農夫哉？」直到今天，我們還經常說陶冶性情。中國古代的製陶業非常發達，據研究，新石器時代晚期，許多陶窯的溫度都超過了 1,000℃，已經具備了冶鑄銅器的技術水準。因此，冶銅爐借助或模仿燒製陶器的工藝是順理成章的。

木炭窯

除了冶銅爐殘跡，木炭窯也較為特殊。木炭窯的發現過程也挺有意思的。

木炭窯位於夏代遺跡較為豐富的東部發掘區。2018 年春季，木炭窯的一部分──半個操作間和一個木炭窯室首先被發現了。這部分看上去非常怪異，就像一個地穴式房子長了一個圓形的瘤。圓形的瘤不大不小，還沾著一層厚厚的炭黑，給人的第一感覺是煙囪，但又太粗了。經過反覆驗證，整個遺跡是一個底面，底部在使用時被踩得很硬，手鏟刮起來很困難。「這是什麼情況？」我把這份怪異感暫且埋到心裡。

　　2019 年秋季的一天，東區的發掘工作即將結束，唯有一座大型灰坑的剖面留著，等待領隊戴向明先生查看後再做清理。一直留在心中的「怪異」，讓我又走到了那處怪異的遺跡前。那天有點冷，看著炭黑，我想起了木炭，想起了火鍋，想起了燒烤……一個念頭突然竄入腦中：這個怪異的遺跡會不會是燒製木炭的木炭窯？於是我反覆觀察，越看越覺得自己的想法有道理。可是怎麼證明呢？

　　帶著這份疑惑，我到西部發掘區向師傅尋求幫助。這些師傅之中有退休主管，有泥作師父，有修理工人，個個身懷絕技，而且生活經驗非常豐富。令人驚喜的是，他們之中真的有人年輕時以燒製木炭為生。這位師傅姓侯，名興智。侯師傅向我講述他年輕時燒炭的經歷後，我帶他來到疑似木炭窯的遺跡前。侯興智師傅非常肯定地告訴我，這個就是木炭窯。我立即決定擴方發掘，並請經驗豐富的技工申紅俊師傅現場清理。最終，我們非常幸運地清理出一組疑似二里頭文化時期的木炭窯遺跡。

　　但我還不完全放心，就請侯師傅另外再擇地造一座窯來燒製木炭，以驗證這種形制的遺跡是否具備燒製木炭的功能。結果，燒炭試驗非常順利。我們利用各類儀器，全程監控了木炭窯的燒製過程。

　　首先選擇一處斷面，向內橫掏成窯室，並在窯室後面向上掏煙囪直至地面。之後往窯室裡放入木料，點燃木料後封住窯門。木炭窯的煙囪起初冒著黑煙或白煙，待轉為青煙後，封閉煙囪，靜等窯溫降低後，開窯取炭（圖 7）。

1.木炭窯窯門、煙囪示意圖

2.木炭窯室裝柴後的情形

3.點火

4.燒製好的木炭

圖 7　燒製木炭的實驗

當第二爐木炭燒製成功後，我對那組遺跡是木炭窯就深信不疑了。燒製成功的木炭很多，其中一些成為我們後來吃火鍋和燒烤的燃料。

我們來看看這組目前國內的最早木炭窯的結構吧！

這組木炭窯由中央的操作間，位於北、西、南部的木炭窯室，東部的通道等部分組成。中央操作間底部有三個柱洞，說明這裡曾經是燒炭工人的工棚。操作間東側有一處被火多次灼燒的紅燒土面，可能是燒炭引火之處（圖8）。這座木炭窯燒成的木炭無疑就是冶銅活動的燃料。

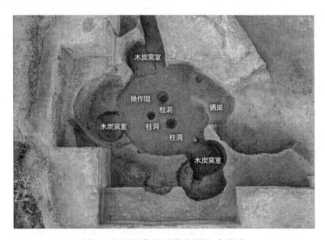

圖 8 西吳壁遺址夏代晚期的木炭窯

‖ 窖穴

常見的遺跡如果數量很多，並湊在一起，也會形成個別性，例如西吳壁遺址集中分布的窖穴。

2019 年春天，我們計劃了解一下遺址核心區內的堆積狀況。西吳壁村村主任閆利明非常仗義，主動邀請我們去他承包的地裡發掘，表示願意挪走剛栽種幾年的蘋果樹。他的地也在核心區內，不久，我們在那裡布設了一條 3 公尺 × 80 公尺的探溝。

起初，探溝內的發現不盡如人意。因為那裡地勢較低，自地表向下 1 公尺多深都是晚期細沙土堆積。這種細沙土像極了生土，一度讓我們有些氣餒。經過對比後，我們堅信那不是生土，隨即繼續向下清理。直到第三層清理完畢後，一個

個圓形遺跡的開口線才顯露出來。後來我們才知道，這些圓形遺跡基本都是口小底大的袋形窖穴，年代均屬於早商時期。這些窖穴集中在探溝的中東部，在探溝內 100 多平方公尺的狹長範圍內發現了十幾個窖穴，密度相當大。個別窖穴的底部還發現了疑似糧食的遺存。緊鄰窖穴集中分布區的西部發現了深度超過 15 公尺的水井，時代與窖穴基本相同。集中分布的窖穴暗示這裡可能屬於一處規模較大的商代早期物資存儲區。

▍冶銅遺物

冶銅遺物是西吳壁遺址最具特色的發現，主要包括銅礦石、殘爐壁、鼓風嘴、銅煉渣以及各類石質冶銅工具等（圖 9 至圖 12）。

圖 9 西吳壁遺址夏代晚期灰坑中出土的銅礦石

圖 11 西吳壁遺址夏代晚期的殘爐壁

圖 10 西吳壁遺址夏代晚期房址中出土的銅煉渣

圖 12 西吳壁遺址夏代晚期的殘坩堝壁

圖13 西吳壁遺址商代早期的銅煉渣

圖14 西吳壁遺址夏商時期的冶銅工具

銅礦石當然來自附近的中條山。我們沒有發現儲存銅礦石的倉庫，只是在冶銅廢棄物中發現了一些銅礦石。即便如此，出土的銅礦石個頭都不大，應該是經過挑選的結果。如果用於冶煉，礦石的顆粒會更小。內蒙古翁牛特旗頭牌子曾發現一件商代的青銅鼎，其中就有不少經過處理的金屬（錫）礦砂。

殘爐壁是毀爐取銅後的遺留。這些殘爐壁的內壁一般都附著銅煉渣，證明當時冶銅的加熱方式是爐內加熱。

鼓風嘴是連結冶銅爐內膛與外界的重要媒介，透過鼓風嘴對冶銅爐進行鼓風，以提高爐溫，保證冶銅活動能夠順利進行。

銅煉渣是冶銅過程中產生的爐渣，毀爐取銅時，用石質工具將爐渣與銅分離開來，純銅留下，爐渣丟棄（圖13）。

石質工具包括石錘、石砧等，大部分都是用來敲砸東西的（圖14）。砸碎銅礦，砸爐取銅，透過敲砸分離銅和爐渣。

除了冶銅活動的遺物，還有一些特殊遺物。例如商代的石磬。郭明博士認為石磬屬於高級禮器，主要發現於商王及其他高級貴族的墓葬之中。換言之，石磬在商代是高等級的象徵，只有身分很高的人群才能使用。石磬的發現，間接說明西吳壁遺址在商代具有較高的等級，很可能是當時一處區域政治、經濟中心，其中或許設立了管理機構，擔負著協調區域內冶銅等事務的重任。

五、說明了什麼？

　　西吳壁遺址的考古工作，解決了很多問題，我們選其中重要的兩點簡單說明。

▎當時的銅是怎麼煉出來的？

　　這方面缺乏文獻記載，但各類冶銅遺存的發現，讓我們對夏商時期的冶銅工作形態有了大致的了解。

　　石錘、石砧上殘留的礦石痕跡，說明礦石被運到西吳壁後，工人們首先要砸碎礦石，以方便後續冶煉。實驗考古成果顯示，西吳壁遺址發現的木炭窯可以為冶銅活動提供足夠的燃料。選擇好冶煉地點後，夯實基礎，再構築冶銅爐。

　　築爐完畢後，將礦石和木炭投入其中進行冶煉。待銅與其他元素分離後，再毀爐取銅。之後平整地面，一些冶煉廢棄物被壓在下面，成為新的冶銅爐基礎，再繼續築爐煉銅。如此反覆多次。

▎夏商王朝是怎麼控制、開發、利用中條山銅礦的？

　　成熟的青銅器生產包括採礦、冶煉、鑄造三個環節。因為資料原因，以往的考古發掘與研究更多關注鑄造環節，而對採礦、冶煉環節關注較少。中國國家博物館早年發掘的聞喜千斤耙遺址是一處採礦遺址，讓我們對夏商時期的採礦環節有了一些了解，同時也發現了一些問題，就是採到的大部分礦石去了哪兒？西吳壁遺址的發掘，首次在中原地區揭示出大規模的夏商時期的冶銅遺存，彌補了從銅礦開採到集中鑄造之間所缺失的冶煉環節，填補了中國冶金考古的一個重要的學術空白。夏商先民在礦山開採到銅礦石後，將大部分銅礦石運送至西吳壁這樣的冶銅地點進行冶煉，得到純銅後，再送至都邑鑄造銅器。

六、西吳壁遺址為什麼在商代晚期就不煉銅了？

　　根據現在的發現可以知道，西吳壁冶銅作坊的爐火在商代的某個時刻熄滅了，同時停工的還有中條山南北的幾十處冶銅作坊。這是為什麼呢？我個人推斷有兩種可能。

　　第一，可能與大環境有關。商代早期，王朝的影響力東至於海，西抵甘青，北達幽燕，南及湘贛。到了商代晚期，王朝的勢力在北、西、南三面均大幅度收縮。位於商王朝中心西部的臨汾、運城盆地，晚商遺存稀少，幾乎成了無人區。學術界對商人勢力退出晉南的原因有很多種說法，比如這裡成了常年打仗的地區，人們都被嚇跑了；比如這裡可能爆發了可怕的疾病，人們都逃離了。我最近專門研究了這個問題，發現在商代晚期，商王朝在西方的勢力大大收縮，放棄了晉南臨汾、運城盆地的核心地帶，在盆地的東部邊緣地區布設了多個據點。近年發現的浮山橋北、絳縣周家莊、聞喜酒務頭等商代晚期遺址就是其中重要的組成部分。如此布置的目的，是積聚力量，應對來自西方的威脅，與位於王朝腹心地帶西部的諸勢力形成東西對峙的局面。晉南地區，經常作為戰場，成了危險區域，當然不再適合進行礦冶生產。

　　第二，可能與礦產資源的特點有關。銅礦最初都是硫化礦，所有屬於金屬硫化物的礦床，在其靠近地表部分都要發生表生變化，使礦體結構、礦物及化學成分發生改變，形成一層鐵帽，包含自然銅和一些氧化銅礦石，如孔雀石、藍銅礦等。在鐵帽之下是一層比較薄的氧化礦層。氧化礦層之下是次生富集層，其中的銅礦石含銅量很高，但均為硫化礦。在次生富集層之下，便是原生的硫化礦床了。

　　劉莉和陳星燦先生指出，西周之前，中原地區的先民們還不具備冶煉硫化礦的技術，只有將淺層氧化銅冶煉成純銅的能力。中條山的銅礦經過夏商兩代數百年的開採，易於尋找和利用的表層氧化銅礦可能已被開採殆盡。這一情形應該在商代早期就已經顯現出來，所以商王朝將尋礦的觸角伸向了南方。正是在商代早期偏晚階段，長江中游地區出現了多個商王朝用於採銅的據點，比如江西瑞昌銅嶺遺址。相對而言，南方銅礦具有產出率高的特點。銅陵和銅綠山等地的銅礦，分布地域廣大，礦床淺，有些甚至是露天礦，便於開採。

各種因素交織，商王朝暫時放棄了中條山，轉而向南方尋找銅礦資源。中條山銅礦進入了近千年的沉寂期，直到東周及以後方才再現輝煌。

未解之謎

1. 中條山銅礦最早何時開始被利用？成熟的銅器生產產業鏈何時開始出現？

2. 考古工作者已在陶寺、周家莊等大型遺址發現了龍山時期的銅器。在鄰近中條山的豫西地區也有不少龍山時期的銅器被發現。這些銅器是否在本地鑄造？鑄造這些銅器使用的銅是否來自中條山？

3. 冶銅爐到底長什麼樣？

   我們發現了冶銅爐的奠基坑，看到了冶銅爐的殘底，但還沒有看到完整的冶銅爐。有學者指出，冶銅術的開始與製陶技術關係密切，筆者深以為然。中國的鑄銅技術最大的特點就是使用陶範，這無疑與發達的製陶技術關係密切。前文已經說過，中國新石器時代中晚期的燒陶溫度等技術指標已經可以滿足冶銅的需求。從情理上來說，冶銅爐沒有理由不借鑑陶窯。實際上，我們在西吳壁遺址發現的爐壁都比較薄，用這些爐壁煉銅顯然是不行的。我個人認為，這些所謂的爐壁應該是貼附在冶銅爐內壁的爐襯，完整的冶銅爐或許有不少方面類似同時期的陶窯。我的猜測是否正確，有待於今後的考古發現來證明。

4. 西吳壁人群與王朝的關係。

   西吳壁遺址發現的夏商冶銅作坊應該是王朝的官辦作坊，屬於王朝的派遣機構，有點像計劃經濟時代的國營企業。夏商時期，在西吳壁冶銅的工匠類似於今天的公營企業員工，是職業冶銅生產者。他們煉出的銅最終被運往偃師二里頭、鄭州商城、偃師商城這樣的都邑鑄銅作坊。不僅是因為西吳壁距離上述都邑近，而且晉南地區在夏商時期的考古學文化面貌與都邑相比，雖然存在差異，但基本可以歸入同一文化系統之中。

   儘管如此，還是會有人提出疑問，即西吳壁的銅有沒有被其他勢力利用？西吳壁的冶銅工人也得吃飯，他們的食物來源是什麼？他們是專職冶銅生

產者,還是亦工亦農?他們冶煉出來的銅,是無償運往首都,還是存在一定程度的貿易?

齊家坪遺址

魏美麗

甘肅省文物考古研究所

　　約 3,700 年前的某一天，一位尊貴的首領去世了，人們為了埋葬他，舉行了一場神聖而莊嚴的祭祀活動。墓葬中，被捆綁在一起的一對母子，被丟在逝者的腳邊。不一會兒，他們將作為祭品被活埋，在另一個世界為逝者服務。可憐的母親大聲呼喊著，她希望放了孩子，給孩子一個活下去的機會，然而⋯⋯

　　數千年後的今天，當齊家坪遺址重現於世的時候，當年那對可憐的母子絕對沒有想到：他們和齊家坪一起不朽了！

　　青藏高原和內蒙古大草原之間的過渡地帶，因為特殊的地理位置，造就了特殊的生態環境。這裡自古就是多民族雜居的地區，人們過著美好的定居生活。這其中就有富足的仰韶和馬家窯文化先民。他們生產出了精美的彩陶，創造了燦爛的文明。

　　距今約 4,000 年，西北地區的環境發生了急遽的變化，氣候變得乾冷，土地變得貧瘠，燦爛輝煌的馬家窯彩陶未能在後來雄踞於此的齊家文化中得到傳承，但成就了別具一格的齊家文化。作為齊家文化的命名地，位於甘肅省臨夏回族自治州的齊家坪遺址，揭開了黃河上游地區史前文化研究的序幕。

一、西方學者錯誤的「中國彩陶西來說」

　　1914 年，瑞典地質學家安特生博士辭去瑞典烏普薩拉大學教授職務來到中國，開始了他夢寐以求的中國探險考察之旅。

　　當時，西方學者普遍認為中國沒有石器時代，中國的遠古文化都是從西方傳入的。為了證明中國的彩陶是從西方傳入的，西元 1923 ～ 1924 年，安特生在中國的大西北進行考察，發現了 49 處古遺址，並對甘肅馬家窯、齊家坪、辛店、寺窪山等地進行了考古發掘。

　　安特生把他在中國西北地區發現的史前文化分作六期，從距今 5,500 年至距今 3,700 年，每期約 300 年，從早到晚依次為齊家期、仰韶期（包括馬家窯、半

山）、馬廠期、辛店期、寺窪期和沙井期，進而提出「仰韶彩陶西來」的假說。

安特生按照先有素陶後有彩陶的邏輯，即事物的發展規律是由簡單到複雜的邏輯，將齊家期列為甘肅六段遠古文化之首。後來他又提出中華民族是在仰韶時期從新疆遷徙至黃河流域的，新疆是中國人種和遠古文化的發祥地，而新疆又是受中亞和西亞文化的影響。這樣一來，他就勾畫出了一條中國彩陶自西向東傳播的完美路線。

就這樣，悠久而燦爛的中華文化被貼上了「西來」的標籤。直到 1940 年代，中國考古學者在西北地區試掘了臨洮寺窪山遺址和廣河陽窪灣遺址。

二、撥亂反正 —— 中國彩陶本土起源說

為了證明「中國彩陶西來說」是荒謬的，1940 年代，中國學者做了大量工作，中國多家單位組成「西北科學考察團」，在西北地區進行了多次調查。夏鼐先生在廣河縣陽窪灣發掘了 2 座齊家文化的墓葬。他在填土中發現了馬家窯文化的彩陶片，根據地層學原理，糾正了安特生的錯誤推斷，因而認定齊家文化晚於馬家窯文化。至此，安特生關於齊家文化早於馬家窯文化的錯誤觀點才得以訂正。以後，裴文中先生在渭水、西漢水、洮河和大夏河流域調查了約 90 處史前遺址，並對齊家坪、寺窪山和鴉兒溝等遺址進行了試掘。大量的事實都證明馬家窯文化早於齊家文化，最終證明了中國的彩陶文化就是本土起源的土著文化，「彩陶西來」的說法不攻自破，甘肅考古學文化序列也得以修正，即仰韶期、馬家窯期、齊家期、辛店期、寺窪期和沙井期。

安特生得知中國學者的考古發現後，公開承認了自己的錯誤：「當我們歐洲人在不知輕重和缺乏正確觀點的優越感的偏見影響下，談到什麼把一種優越文化帶給中國的統治民族的時候，那就不僅是沒有根據的，而且也是丟臉的。」

隨著現代科技方法在考古學中的運用，考古學家們以田野發掘和實驗室定年數據為依據，最終形成了準確的西北地區史前考古學文化序列。

由於西北地區特殊的地理環境，即使是同一個考古學文化，在這一地區也存在著差異。甘肅就可以分為東部和西部兩個大的文化區域。這裡我們僅列出甘肅東部地區的史前考古學文化序列：

- 大地灣文化（距今 7,800 至 7,000 年）
- 仰韶文化（距今 7,000 至 5,300 年）
- 馬家窯文化（距今 5,300 至 4,200 年）
- 齊家文化（距今 4,200 至 3,600 年）
- 辛店文化、寺窪文化（距今 3,600 至 3,000 年）。

三、上下探索 —— 齊家文化的探索

　　齊家文化東起涇渭流域，西至河西走廊中部及青海東部，南抵白龍江流域，北達內蒙古西南部、寧夏南部，橫跨甘、寧、青三省區，是黃河上游地區新石器時代晚期至青銅時代早期的一支非常重要的考古學文化。齊家文化主要呈現了這一地區原始氏族公社解體和文明誕生的歷史進程、社會經濟形態急遽變化的狀況，也反映了文化交流的早期情況。

　　目前發現的齊家文化遺址有 1,100 多處，已發掘的主要有：甘肅永靖大何莊、秦魏家、張家嘴，武威皇娘娘臺，廣河齊家坪、陽窪灣，秦安寺嘴坪，天水師趙村，臨潭磨溝，青海貴南尕馬臺以及樂都柳灣等處。最新的研究成果顯示，齊家文化是本地的土著文化，它的主要來源是菜園文化，西部的馬廠文化為其帶來了彩陶，東部的客省莊文化則帶來了少量的空三足器。

　　當中國大地上，尤其是中原地區的古文化正在向古國階段邁進時，偏居西北的齊家人也跟隨著時代的步伐蓬勃發展著。雖然齊家文化還屬於史前時期，但是它已經具備了向更高的階級社會邁入的能力。人民的壽命增長了，生產工具更加先進了，糧食出現了剩餘，家畜畜養能力提高了，陶器製作更加精美了，先進的冶金產品出現了。「倉廩實而知禮節」，齊家人開始更加注重禮儀和祭祀，重大事件會透過占卜來問吉凶。

　　下面以齊家文化的命名地 —— 廣河齊家坪遺址為例，我們來領略一下齊家文化的風采。

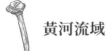

▍齊家坪遺址的發掘

齊家坪遺址位於甘肅省臨夏回族自治州廣河縣，東臨洮河，西傍二坪山，南臨水溝晏子坪，北靠軍馬溝。三水一山的自然小環境為人們提供了得天獨厚的生存條件（圖1）。

1975 年，甘肅省博物館考古隊對遺址進行了兩次科學發掘，發現了墓葬、房址、灶址、灰坑、窯址、建築基址、祭祀遺跡等。2008 年，甘肅省文物考古研究所對齊家坪遺址進行了系統鑽探，確認遺址的範圍達 50 萬平方公尺，幾乎遍布整個齊家坪臺地。

鑽探發現，齊家坪人群已經形成了較科學的選址理念和較強的區域規劃能力。他們將生活

圖1 齊家坪遺址全景照

圖2 齊家坪遺址平面圖

區、墓葬區、手工業區進行了統一的規劃。生活區分布在齊家坪村所在的北部臺地上，位置較高；墓葬區分布在南部臺地上，地勢稍低；製陶區分布在墓葬區的東南面（圖2）。

▍齊家坪遺址的公共墓地

齊家坪遺址的墓地也像多數典型的齊家文化的墓地一樣，是專門規劃的公共墓地。齊家坪遺址的公共墓地由南向北依次排列著。

早期墓葬大多數為正北向的豎穴土坑墓，少量為東西向的豎穴土坑墓和不

規則的橢圓形坑。單人仰身直肢葬最多,隨葬品數量比較少。大部分單人墓葬有規律地排列著,每座墓之間幾乎距離相等,隨葬品的數量也相似。合葬墓較少,隨葬品數量多於單人墓葬。

　　時代較晚的墓葬,合葬墓和亂葬坑比早期的要多,隨葬品出現了多寡不均的現象。合葬墓中約有一半是成年男女雙人合葬,男性多為仰身直肢葬,女性則為側身屈肢葬,面向男性(圖3、圖4)。男性左側腰身處隨葬石斧和白色小碎石,女性隨葬的多是骨匕。陶器多放置在兩個墓主人的腳前方,隨葬品數量也出現了明顯的差異。這種一男一女的合葬方式應該是一夫一妻制的展現。

　　石斧是生產工具,骨匕是生活工具。透過這些隨葬品的擺放位置,我們判斷男女在社會生產方面已經出現了明確的分工。男主外、女主內,男人耕田打獵、女人煮飯縫衣的性別分工已經形成。

　　葬俗、葬式的不同以及隨葬品數量的多少,反映了墓主人占有社會資源的不同,不同的社會階層已經出現了。亂葬坑在甘青寧地區的史前遺址中是普遍存在的。亂葬坑中的死者肢骨不全,他們可能是因戰爭而死亡,或者是被用來殉葬的奴隸。

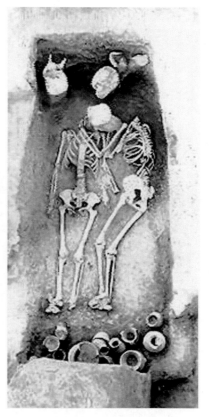

圖3 M36墓葬圖

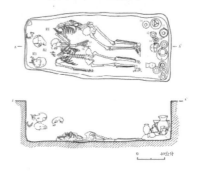

圖4 M36平、剖面圖

特殊墓葬

　　整個墓地中,一座大型合葬墓最為特殊。它位於整個墓地的中心位置,墓坑內共埋葬了13人,有男有女,年齡在10歲到60歲(圖5、圖6)。

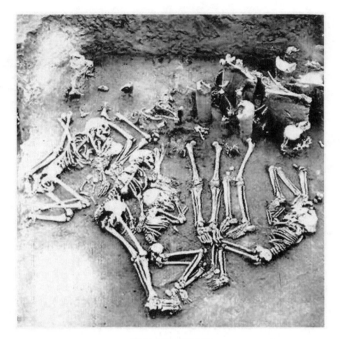

圖 5　M42 墓葬圖

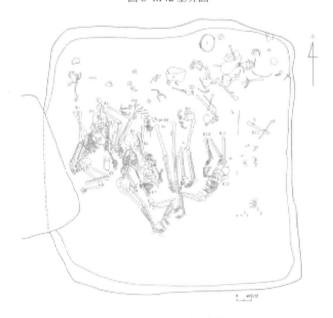

圖 6　M42 平、剖面圖

　　真正的墓主人是一位中老年男性，他上半身及盆骨被擾動或者遷出了，僅留了下肢骨部分，但依然能推斷出他是仰身直肢葬，而且也是這個墓坑內唯一一個仰身直肢葬的人，其他人都是側身屈肢葬，圍繞在他的兩側或者腳部下方，臉部朝向他。這種埋葬方式，凸顯了墓主人尊貴的身分與地位。

　　他的頭部位置有許多長方形小骨片，可能是冠。他的右小臂處有長方形小綠松石片，可能是臂釧。他是整個墓地唯一一個頭戴冠、臂有釧、身體周圍還撒有褚石粉的人。

　　墓主人的腳部下方有一對母子，母親側身屈肢，環抱著幼兒，口大張，呈現出驚慌失措、大聲疾呼的樣子。這對母子的遺骸，讓人不禁浮想聯翩：約 3,700 年前的某一天，一位尊貴的首領去世了，人們為了埋葬他，舉行了一場神聖而莊嚴的祭祀活動。墓葬中，被捆綁在一起的一對母子，被丟在逝者的腳邊。他們將作為祭品被活埋，在另一個世界為逝者服務。可憐的母親大聲呼喊著，她希望放了孩子，給孩子一個活下去的機會，然而……

　　當時雖然還沒有文字記載，但是同一族群的人是有共同的信仰和生活方式的。隨著生產力的發展、物產的增多，社會就會產生貧富分化。我們從墓葬葬俗、葬式和隨葬品的變化上，可以推測出齊家坪人群的社會關係正在發生著變革。富人和窮人，剝削者和被剝削者，奴隸主和奴隸，被分成兩大對立的階層。奴隸們被奴隸主當成會說話的工具，像牲畜一樣被主人支配和殺戮。

隨葬白石

　　隨葬白石就是墓主人腰旁或多或少都會放置一堆小白石子。這種特殊的葬俗在齊家文化遺址中比較普遍，齊家坪墓地的單人和合葬墓中都出現過。白石塊有的是天然小石塊，有的是被人為砸碎的。石塊大小均勻，稜角和石面都清晰可見（圖7）。

圖 7 齊家坪墓地隨葬的小白石

白石崇拜是羌人及同祖的其他少數民族共同的習俗。齊家人墓葬內隨葬白石，可能和白石崇拜有關。

相傳，古代羌民在岷江上游與戈基人惡戰，久而不勝。他們在夢中得到用堅硬的白石與木棍作為武器的暗示後，果然很快就戰勝了敵人。羌族人想答謝神恩，卻苦於不知神顏，於是他們便奉白石為最高天神，並為其舉行了隆重的祭祀儀式。

四川茂縣的羌族人就有白石崇拜的習俗，各家各戶的大門頂上或屋頂上都安放一塊白石，人們稱之為白石神。有不少地方還專門為白石修建了神廟。隨葬白石的現象也證明齊家人確實是古羌人的一支。

祭祀遺址

祭祀場所是舉行祭祀活動的固定地點。齊家坪遺址中的祭祀場所在坑底鋪滿了大小相似的鵝卵石。坑底散落著殘缺不全的人骨和狗骨，還有陶片和石器（圖8）。陶片雖然很殘破，但根據口沿、底部和足等殘片，可判斷這些陶器有鬲、盆和罐等。石器主要是刮削器。有鋬青銅斧也是在祭祀遺址中發現的。

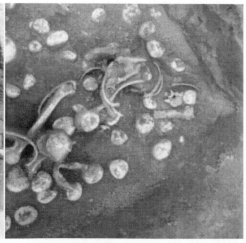

圖8 齊家坪遺址中發現的祭祀遺跡

‖ 白灰面居址

方形或長方形的半地穴式房屋、規整的灶、修造平整的白灰牆面和地面，是齊家文化房屋的基本特徵。白灰面房屋不但美觀，而且防潮效果非常好，居住起來舒適感很強。那麼齊家文化的白灰面技術是自創的，還是從別的文化傳來的呢？

考古發掘資料表明，早在新石器時代晚期，中國已經開始大量使用白灰面這種建築塗料。自 1931 年梁思永先生在河南安陽史前遺址中首次發現地面和牆面塗抹白灰面的建築遺跡後，陝西、河南、山西、安徽、甘肅等地陸續發現了許多仰韶時期至商代的白灰面建築遺跡。有學者對陶寺遺址和殷墟遺址的白灰面進行了科學分析，指出其很可能是人工燒製的石灰，中國古代先民在新石器時代晚期已經掌握了石灰燒製技術。顯然，齊家文化的白灰面技術來自中原。

‖ 珍貴器物

齊家坪遺址出土了豐富的器物，其中最具代表性的有雙大耳罐、高領腹耳罐、單大耳罐、侈口罐、豆和碗等（圖 9）。雙大耳罐的大耳大得誇張，從口沿一直延伸到中下腹部，是其他考古學文化所不見的。

圖 9 齊家坪遺跡出土的陶器

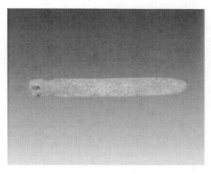

圖 10　齊家坪遺跡出土的骨匕

除了齊家文化本身的這些代表性器物外，齊家坪遺址還出土了一些器型特別的精美器物，如銅斧、銅鏡、玉璧、陶盉等。青銅器開始使用合範，製作工藝較冷鍛技術和單範法有了很大的進步，已擺脫了原始的鍛造狀態。玉器的雕琢上有著非常獨到的技藝，採用了薄片切割、鑽孔和管鑽技術。陶器雖然以素陶為主，但陶質細膩，器型多樣，是難得的佳品。彩陶數量極少，但圖案精美，線條規律、緊密，具有較高的藝術價值。骨器既耐用又精緻（圖 10）。

銅器

冶銅業在馬家窯文化中已現端倪，在西城驛文化中已經具備了完整的採礦、冶煉和加工技術。西城驛冶金遺址的發現，為河西地區冶金業的發展提供了清晰的脈絡。研究表明，齊家文化長期和西城驛文化共存，並作為冶金產品的傳播者，將冶金技術帶到了東部地區，甚至對中原文化產生了深遠的影響。

齊家文化共發現銅器 140 餘件，其中可以確定屬於塞伊瑪 —— 圖爾賓諾文化的器物有銅矛 3 件、銅斧 3 件、弧背銅刀 3 件、骨柄銅刀 3 件、銅牌飾 1 件（塞伊瑪 —— 圖爾賓諾文化是從芬蘭到蒙古的歐亞草原東部發現的一種青銅時代考古學文化，是歐亞草原東部地區最早的青銅文化之一。它的年代為距今 4,100 至 3,600 年）。這些新因素的出現，暗示了河西走廊與歐亞草原等地存在著交流。中國文明有獨立的起源，但中國文明的發展是中國文化與世界其他國家或民族的優秀文化不斷交融的結果。中國文明之所以可以發揚光大，就在於中國人兼容並蓄的文化傳統。

在齊家坪遺址的一處祭祀場內，發現了一件保存非常完整的有銎銅斧。銅斧整體較厚重，通長 15 公分，寬 4 公分，銎部通高 3.5 公分（圖 11）。銎為長方形，有雙耳，銎口部位裝飾凸稜狀的折線幾何紋飾，刃部尖銳、鋒利，銎內腔還有殘留的木屑。

圖 11 齊家坪遺跡出土的有盤銅釜

圖 12 齊家坪遺跡出土的銅鏡

這件銅斧在祭祀場所被發現，讓人不禁聯想到齊家坪遺址 42 號大墓的埋葬場景：尊貴又威風的首領或者長老，手持帶有長木柄的銅斧，嘴裡唸唸有詞，莊嚴地舉行著神聖的祭祀儀式。

這件銅斧是錫青銅合範鑄造的。合範就是在鑄造器物時需要兩塊及兩塊以上的範，與單範鑄造相比，已經有了很大的進步。早期銅器製作工藝中這種合範技術的發明，為以後青銅鑄造業的高度發展奠定了重要基礎。

齊家坪遺址一個兒童墓葬中出土了一面銅鏡，素面無紋飾，鏡面平滑，鏡背中央有橋形鈕，是用來穿繩、繫掛的（圖 12）。這面銅鏡放於兒童的身邊，此外再無其他隨葬品。這個兒童墓僅是一個橢圓形的坑，甚至沒有規整的墓壙，這不禁讓人對這個墓主人生前的身分產生了好奇。如果能知道這位墓主人的身分，那麼銅鏡的功能也就清楚了。

除了製作精美的銅斧和銷鏡外，遺址還出土了半個殘銅環和殘銅刀，但卻未見銅渣、礦石或者煉銅工具。它們最大的可能就是從更西邊的絲綢之路通道上的西城驛文化傳播過來的。

玉器

齊家文化的玉璧不僅數量多，分布範圍廣泛，而且往往與「同料同工」的玉琮形成了固定搭配，成為齊家文化的代表性玉器。與中國東北地區、長江流域相比，黃河中上游地區的玉璧出現得比較晚。齊家文化的玉璧有著鮮明的地域特色，是黃河上游的典型玉器之一，成為與遼河流域的紅山古玉、江浙地區的良渚玉器並列的中國三大古玉之一。

圖 13　齊家坪遺跡出土的玉璧

　　齊家先民在玉器的雕琢上有著非常獨到的技藝，他們掌握了玉器的薄片切割、鑽孔和管鑽技術。特別是鑽孔技術，經過這種技術加工的玉器，會留下細細的螺旋紋。這種技術在玉器的加工史上有著承前啟後的作用，是夏商周古玉加工技術的源頭（圖 13）。

綠松石手環飾品

　　愛美之心，自古有之。目前發現的綠松石器幾乎全都是裝飾品，主要用作人體和器物的裝飾。距今 8,000 年左右，綠松石器就出現在中原地區。大約距今 6,000 年，在海岱地區、長江中游地區出現。北方地區在稍晚的紅山文化晚期出現。長江下游地區在距今 5,300 年左右的凌家灘文化時期出現，華南地區更晚些。甘青地區在距今 5,300 年左右的馬家窯早期類型中出現。

　　齊家坪遺址出土的由長方形綠松石薄片組成的飾品，出自 42 號墓墓主人右臂旁。雖然薄片附著物殘朽不存，但這些綠松石薄片和骨片散落在手臂旁，根據出土位置推斷，應為手環類飾品（臂釧）（圖 14）。

陶盉

　　陶盉是一種器型比較複雜的器物，由三個袋足、器身、管狀的流組成，頂部或封閉而另開小口或大口、有鋬。封頂陶盉在黃河中游的中原地區發現最多。目前所知最早的封頂陶盉出自河南、湖北和陝西等地的龍山文化遺址，逐漸向西北地區蔓延。

　　齊家坪遺址出土的這件陶盉卻與眾不同，它雖然也有封閉的頂部、管狀流和另開的小口，但是不同於黃河中上游和長江流域的陶盉（圖 15），因為這些地區的盉都有三個袋足，而齊家坪遺址的這件盉卻是平底的，管狀流居中，看起來更像是直口的帶鋬葫蘆瓶（圖 16）。

圖 14　齊家坪遺跡出土的綠松石手環飾品

圖 15　齊家坪遺跡出土的陶盉

圖 16　齊家坪遺跡出土的陶盉

蛇紋陶罐

蛇紋器是一種在器物表面貼塑細泥條附加堆紋的陶器。蛇紋器廣泛地分布在中國北方的長城沿線和俄羅斯的外貝加爾地區，先後延續了 1,500 年之久。但是，令考古學家困惑的是，生命力這麼頑強的蛇紋器卻在每一個遺址中都非常稀少，齊家坪遺址僅出土了 3 件蛇紋罐（圖 17）。這種貼在器物表面的細泥條花紋大部分呈現出彎曲的樣子，就像是爬行的蛇一樣，考古學家具體地把有這種紋飾的陶器稱為蛇紋器。考古學家初步得出這樣一個結論，在距今 4,000 年前後，生活在這裡的各民族人民，由於氣候、環境的變化，不得不過著半農半牧甚至是游牧生活。流動性的生活方式促進了這一地段諸多民族間的頻繁接觸和相互交往，使他們在文化面貌上呈現出越來越多的相似性。蛇紋器廣泛而零星地出現在這一地區也說明了這一點。蛇紋器在中國西北至鄂爾多斯一帶出現，並迅速在長城沿線蔓延開來，向東、向北發展，約到距今 2,500 年才消亡。

圖 17 齊家坪遺跡出土的蛇紋罐

彩陶罐

彩陶最早出現在距今 8,000 至 7,000 年的老官臺文化時期，起初僅在器皿口沿內外用紅彩繪製寬窄條帶紋，或在器內壁繪水波、蛇形、波折、螺旋花卉、箭頭、＋等圖案。彩陶在後來的仰韶文化中得到

圖 18 馬家窯文化彩陶

發展。西北地區的馬家窯文化將史前彩陶工藝推向巔峰。馬家窯文化的彩陶不僅數量超乎尋常的多（比例高達 30%），彩繪工藝也發展到了極致（圖 18），流行用直線、弧線、圓點、三角、網格等組合成的幾何紋，構圖繁縟，畫面流暢，布局有序，代表了中國史前時期彩陶工藝的最高水準。後來的齊家文化發現的彩陶極少，主要出現在洮河以西地區，特點是繪紅色單彩，構圖簡練，常見網格條帶

紋、倒三角紋、對三角紋等（圖19）。齊家坪遺址僅發現3件彩陶罐，構圖繁縟，通體繪密集的折線三角紋、水波紋（圖20），與齊家文化其他遺址出土的彩陶在紋飾上大不相同。

卜骨

卜骨是古代先民占卜用的獸骨，通常用羊、豬、牛的肩胛骨作為材料，巫師在選好的獸骨面上進行火灼、鑽、鑿，然後根據骨面上出現的痕跡紋路來判斷吉凶。目前的資料顯示，用骨占卜起源於新石器時代，至商代興盛起來。

齊家坪遺址出土了5件卜骨（圖21），均由羊的肩胛骨灼燒而成，骨頭上正反兩面都留下4至10處數量不等的灼燒痕跡，這些痕跡大部分未穿孔，只有一件卜骨從灼燒點斷裂開，形成一個不規則的鏤空圖案。司馬遷曾說：「三王不同龜，四夷各異卜，然各以決吉凶。」中國少數民族地區還有各式各樣的占卜方法，例如草卜、雞蛋卜、雞骨卜、手卜、石卜、泥包卜等。

四、發現的重要性和意義

舉世聞名的「絲綢之路」形成前，東西、南北方文化已經有了交流和融合，齊家文化就扮演著「絲綢之路」奠基者的角色。在發展過程中，齊家文化以隴東地區為中心不斷向四周擴張，逐漸演變成以洮河、大夏河流域、渭河

圖19 齊家文化彩陶

圖20 齊家坪遺跡出土的彩陶罐

圖21 齊家坪遺跡出土的卜骨

上游、青海東部和河西走廊為中心的強勢主流文化。在這一發展過程中，齊家文化不僅吸收了馬家窯文化的文化因素、北方河套地區的文化因素，晚期還融合了俄羅斯南部草原地帶和中原二里頭文化的文化因素。多源的主流文化特徵，使齊家文化成為早期文化交流的見證者。

　　齊家文化延續時間長，文化影響範圍大，但並沒有和中原諸多文化一起進入早期國家階段。中原核心區文化是一種整合、集中、文明化和城市化的演進模式。齊家文化晚期則呈現出逐步分化、不斷分裂、各自割據的狀態，一支廣域、強勢的主流文化逐步分化成多支獨立的區域性青銅文化，最終走向和中原龍山時代文化相反的發展方向。齊家文化的發現和不斷的探索、研究，為我們認知中國西北地區的文化演進提供了另類視角，並不是所有高度文明的文化都會走向城市化的發展道路，這再次驗證了「多線文化」的歷史規律。

未解之謎

　　考古人櫛風沐雨已有百年，雖然目前對齊家文化的面貌已經有了一定的了解，但遺址全貌和內涵尚未完全清楚，還有著太多未解之謎，目前至少有六大謎題需要一一破解。

1. 史前東西方文化交流的參與者，除了齊家坪這樣的大型聚落，也有許多中小型的聚落。在史前東亞與其他歐亞文明的連繫上，這些位於不同環境背景下的大小聚落分別發揮了什麼作用？

2. 齊家人所掌握的產業、手工業技術和交換體系有什麼差異？

3. 早期的齊家文化和中原同時期的文化發展程度相當，甚至最早出現了青銅器。但當中原文化發展到王國時代時，齊家文化卻依然處於史前時代，甚至文化面貌更加複雜，分化出多支具有強烈地方特徵的青銅時代文化來，產業方式更是從農業經濟逐步轉變成農牧並重的經濟狀態。這除了氣候環境的影響外，還有什麼重要的原因？

4. 齊家文化中比較特別的器物有花邊口沿罐、蛇紋罐、陶鬲、綠松石飾品、玉器和權杖等。這些器物到底是從哪裡來的？怎麼會出現在這裡？

5. 馬家窯文化中，彩陶工藝達到了登峰造極的境界，但是在之後的齊家文化中幾乎銷聲匿跡，在齊家文化之後的辛店文化（圖 22）中卻出現了曇花一現的狀態，這又是什麼因素導致？

6. 除了隨葬白石的特殊葬式外，我們還發現了頭高腳低、割體、二次擾亂（撿骨、遷出、遷入）等複雜的葬俗。這會不會與宗教信仰或者部落家族血親關係有關？

「江山代有才人出，各領風騷數百年」。齊家文化的重重迷霧有待更多的有志仁人前來破解。

圖 22 辛店文化彩陶

石峁遺址

邵晶

陝西省考古研究院

石峁，黃土高原上再普通不過的一座小山村，如今被各大主流媒體爭相報導，甚至還以紀錄片的形式出現在美國、英國、法國的電視節目中。究其緣由，是 4,000 多年前的石峁遺址充滿了各種神奇和驚嘆；考古十載，石峁大地上每天都有驚喜出現。石峁城下，禿尾河靜靜地流淌，日夜不息，見證並記錄著石峁的過去、現在和將來……

一、初見石峁

1928 年，天津《大公報》上刊登了一則〈陝北發現漢匈奴古物〉的報導，石峁初見影蹤。

……陝北地處邊陲，與內蒙（古）接壤，古昔夷夏戰場，多在此間。……近有新由該處來京者云，陝北神木縣高家堡東十里許有崔家峁山頭，四邊隱有朽腐石牆，中有亂石陶片、牛馬朽敗骨片。該處農人往往撥搜得鐵片、鐵箭頭、玉片、銅帶鈕、鐵馬鐙等物……北大考古學會得此消息後，業已轉囑神木學生韓益生旋里調查。候得確實報告後，將派人前往考察……

然而國家式微，那些來自陝西「榆林府」的以黑色牙璋為代表的中國古玉，同彼時其他大部分文物一樣，如同漂泊的浮萍，流於海外，出現在博物館、美術館、大學等機構中。直到 1958 年，在第一次中國文物普查工作中，陝西考古工作者記錄了「石峁山遺址」，也就是今天的石峁遺址，它才有了正式的專業紀錄。1963 年，陝北長城沿線調查時，再次記錄了「石峁山遺址」，判定它為龍山文化遺址。1981 年，西安半坡博物館對石峁遺址進行了試掘，發掘者認為石峁遺址存在兩種不同時期的文化類型，早期與客省莊二期文化同時，晚期與內蒙古大口二期文化同時。2011 年，石峁遺址考古調查工作全面啟動。2012 年，石峁遺址考古發掘工作獲得中國國家文物局批准，系統考古發掘正式開始。

　　說起石峁遺址的系統考古發掘，其中還有一件讓人無奈但卻有趣的事情。2011 年，我的同事楊利平帶隊，對石峁遺址進行了區域系統考古調查，調查成果令人振奮。2012 年初，我所在的黃陵寨頭河戰國戎人墓地的發掘工作結束，考古隊轉戰同在葫蘆河畔的史家河墓地，主要工作交由我的同事孫戰偉負責。因為我接到院裡通知 —— 立即北上，前往神木石峁遺址開始發掘。那時正當年少，果毅幹練，對於工作單位指派，我從不曾有一星半點的猶豫。但在此時，卻著實為難，內心五味雜陳，不知該如何告知大家。畢竟，寨頭河一年，我們已經吃了很多苦、受了很多罪。寨頭河墓地的發掘緣起於延安南溝門水庫的修建，由於南溝門水庫庫區施工前期的移民搬遷，寨頭河墓地所在的葫蘆河河道成為無人區，屋漏窗頹，水電無常，生活不便。休整、換個好環境，是多麼令人期待啊！但是，從我所知道的情況來看，北上石峁，無異於將大家所有美好的願望推入深淵，摔得粉碎。

　　學生時代，我在靖邊、橫山一帶參加過發掘實習。剛參加工作不久，在府谷、神木兩縣跑過考古調查，對於榆林地區的工作條件也算略知一二，加上 2011 年底去石峁村的先期「偵察」，更是對石峁的工作環境感觸較深，縱使找來各種標準衡量，石峁的條件也比不過寨頭河。倘在此時將真實情況和盤托出，勢必影響人心，不利於北上開展工作。此種境地，如之奈何？我實在難以說出「雖然石峁條件很艱苦，但我們還是要打起精神好好做」一類加油打氣的空話。愁了幾天，終於決定編一個小小的謊言。

　　出發前日，一頓豐盛的大餐後，我向大家宣布了北上的消息，並說：「替大家找了一個有山有水的好地方。」酒酣耳熱之際，大家來不及詳加考證，便興致勃勃地討論起在那個「有山有水的好地方」將要怎樣工作、怎樣生活。時機成熟，趁熱打鐵，我隨即宣布，明日一早先頭部隊動身，奔赴那「有山有水的好地方」。那夜，我輾轉難眠，因為不知明日到達石峁後該如何應對？

　　第二日清早，雖已立夏好幾日，但空氣中似乎仍帶有冬天的味道，寒意料峭，我們一路向北，去往那「有山有水的好地方」。

　　車輪滾滾，越過白於山區，駛進毛烏素沙地的時候，已能望見塞上明珠 —— 榆林城周邊的能源設施了。看著一路由綠轉黃的蒼茫大地，大家對那個

「山水之家」的討論也由多變少，即使我的美好描述再生動，也改變不了「曲高和寡」的尷尬。在榆林市文物部門順利備案，與相關人員接洽後，我們繼續趕路，到達石峁村時，已是傍晚時分。石峁山上的夜裡比葫蘆河谷底要涼得多，大家來不及細加打量，便匆匆忙忙將大大小小的行李從車上卸下來，擠進事先談好的屋裡避寒。不一會兒，天漸黑，開燈，沒電。也好，天黑看不見大家臉上的疲倦，或許還有狐疑和失望；正好，天黑看不清石峁的模樣，我的山水謊言今天夜裡便不會被拆穿。將就睡吧，在陝北的大炕上擠著睡，暖和！大約凌晨，大家不約而同地被寒意逼醒，可是帶來的被縟已無多餘，窸窸窣窣、難以成眠，銀盤似的大月亮照進屋裡來，才發現窗戶上的玻璃已無蹤影。朦朦朧朧中，屋裡的白月光變成了溫柔的晨光，慢慢地，寒氣被一點點逼退，起床，看看我們的「山水之家」。

趙先生早已完成了四周巡查，與我面對面的第一句話便是：「你說的山和水呢？」說話間露出戲謔的笑意。我故作嚴肅，指著背後的黃土梁子和屋前的乾溝，用十分蹩腳的陝北話說：「你看這一道道山來一道道水。」大家和我一樣，都被我的「山寨」陝北話逗樂，笑聲中透著無奈、失望，但更多的是團結和希望。隨著我輕輕一聲「我們整理吧」，大家便分頭忙開了，灑掃庭院、接水拉電、安門配窗，來石峁的第一天在忙亂中日沉西山，這座被廢棄了 20 年的窯洞小院迎來了特殊的新主人 —— 石峁考古隊。當屋後升起那久違的炊煙時，天邊又掛起那輪大月亮，但此刻新裝的玻璃擦得反光發亮，映著屋裡通明的燈火，今夜，絕不會再冷，明日，石峁遺址將迎來新的開始。

二、重要發現

▍華夏第一門 —— 石峁外城東門

外城東門

我們最先揭露的遺跡是外城東門（圖1），它位於石峁城址外城的東北部，是遺址內的最高處，地勢險要，那時還叫做「石牆陰窪」，因遍布石牆且地處陰坡，是當地百姓不太喜歡的「下等地」。正因為如此，城門本體雖多被掏去石塊，但整體結構保存較好，輪廓清晰。石峁遺址系統發掘的第一次布方、第一次

清表、第一次刮面都是從外城東門開始的。究其原因,要感謝 2011 年的航拍。航拍照片顯示,外城東門處的結構「曲裡拐彎」。實地踏查,發現中間地勢低窪,在南北兩側的「高堆」之間形成過道,隱隱約約似一座城門遺跡,但這座疑似城門的規模要比以往所知的史前和大部分歷史時期的門址大得多。與石峁村王主任協調好發掘用地和用工後,我的內心被無數個疑問和忐忑填滿。外城東門年代如何?這座城門下隱藏著多少祕密?

圖 1 石峁外城東門遺址及周邊城牆

隨著工作的有序進行,我們一點一點揭開了它的神祕面紗(圖 2)。2012 年 10 月,我們有了一個宏大的概念 —— 這裡,是 4,000 年前的一座巨大城門!內外甕城、南北墩臺、門塾、門道以及兩翼的馬面、角臺等城防設施保存良好、形制完備,雖歷 4,000 年風雨,仍巋然矗立,向我們訴說著曾經的輝煌。這些設施之間又以門道連接,總面積約 2,500 平方公尺,周邊地層及遺跡中出土了玉鏟、玉鉞、玉璜、牙璋、陶器、壁畫和石雕頭像等遺物。

甕城

甕城是在城門外修建的半圓形或方形的護門小城,是古代城市的主要防禦設施之一。外城東門的外甕城平面近「U」形,與兩座墩臺間未完全連接,兩端留有進入城門的缺口;墩臺以門道為中心對稱建於南北兩側,形制相似,均為長方形;門道寬約 9 公尺,是東門的主門道,朝向門道一側的墩臺牆上分別砌築出三道平行的南北向短牆,隔出四間類似門塾的區域,南北各兩間,兩兩對稱;進入

門道後，南北墩臺西北繼續砌築石牆，形成門址內側的「曲尺形」內甕城結構；在墩臺外側地面之上有一條與牆體走向一致的砌石條帶，狀似散水；外城東門還集中規劃了附著於牆體之上的馬面，間距約 40 公尺。這是中國史前城建史上規劃最複雜、設施最齊備的實例。面對這樣一座史前城門，有學者用「石破天驚」讚譽，有作家以「華夏第一門」形容。石峁考古隊的領隊孫周勇博士說：「歷史時期常見的甕城、馬面等重要城防設施在 4,000 年前的石峁城已顯現出它們最初的樣子，看得見、摸得著，是影響中國城防建設的實物證據。」外城東門讓石峁初露崢嶸，一個寒暑，我們已能穿行於門道之中，兩側是高大的墩臺和規整的門塾，腳下是平整、堅實的地面，除了「穿越」，我實在想不到更好的詞語去描述當年的感受。直到現在，「穿越」的感受從未消減，反而更加強烈和真實。

圖 2　石峁外城東門遺址發掘現場

圖 3　石峁外城東門遺址出土玉鉞

藏玉於牆

外城東門最引人入勝的祕密當屬「藏玉於牆」（圖 3）和「人頭坑」。發掘前，有白鬍子村民告訴我們，「石頭牆裡有玉片片」。怎麼可能？這是當時的第一反應。因為我們知道，石峁的玉器很薄，最薄處只有一兩公釐，放在石頭牆裡，不怕被壓碎嗎？不過後來的發掘證實了白鬍子村民的說法。開始發掘不久，我們便在東門石牆的倒塌堆積中發現了一些玉器，多為鏟、鉞、刀等片狀玉器。這些玉器的原生位置在哪裡？怎麼會在石牆的倒塌堆積中呢？諸如此類的疑問迎面而來。後來，外甕城東北角的牆體裡發現 2 件玉鉞（鏟）平放在石頭縫中，被石塊與石塊之間的草拌泥包裹。此刻，我們恍然大悟，村民所說不虛，石峁的石頭牆裡有片狀器，這些玉器是石峁先民在修建石牆的過程中有意放置在牆體內

的。現在，我們將這樣的現象稱為「藏玉於牆」。我們知道，玉在傳統文化中一直有避邪、通靈的功用，或許這樣一個世代沿襲的觀念早被石峁先民所尊崇，並以「藏玉於牆」的形式來表達。古代文獻中提到的「玉門瑤臺」也許就是修建中放置玉器的門址和高臺。

圖 4 清理人頭坑

人頭坑

最「駭人聽聞」的發現莫過於「人頭坑」了（圖 4）。100 餘個森森顱骨靜靜地躺在外城東門的門道內、甕城外和城牆下。雖稱為「坑」，但只為表述方便，這些頭顱實際是埋放在城門和城牆修建之前的「基礎土」內的，一般成堆埋放，數量 6 到 24 個不等。經過鑑定，這些「可憐人」以年輕女性居多，頭顱被硬生生砍下，她們的枕骨部位，就是後腦勺連接脖子的地方，有明顯的砍斫痕跡。頭顱被砍下後，似乎還經過「燎祭」，因為在枕骨或是下顎骨底部，有一些火燒痕跡。將上述跡象一一串聯後，我們將這些頭顱判斷為東門及周邊城牆修建前的奠基和祭祀之物。當這些頭顱的祕密被我們逐步探明時，村民又告訴我們，在東門不遠處，農業社耕地時發現過不少骨殖，像人的，有腿、身、手臂，但沒有頭。可憐的人啊，身首異處，躺在石峁的城牆下，不必再等孟姜女的哭訴了，你們在考古發掘中「重生」吧！

陝北無玉礦，東門和石峁的玉來自何方？被如此殘忍地對待，東門的人恐非石峁之民，那他們又來自何方？這些問題接踵而至。根據目前的礦物元素測定和鍶同位素分析，玉來自西北、人來自東北的可能性比較大。當然，想要塵埃落定、一錘定音，還需要更多的考古資料和科學證據支持。但無論如何，玉和人都是石峁先民營建精神屏障的重要實物。

┃石峁城址

　　外城東門的發掘打開了探祕石峁遺址的大門，這扇大門之後隱藏著多少未知的祕密，深深地牽動著我們小心思。得隴望蜀、再進一步一定是對待重要考古發現該有的態度和想法準備。2012 年底，當我們初步了解外城東門整體結構的時候，對整個石峁城址還僅僅只有模糊的三重城垣的概念，於是我們對石峁遺址開展了區域系統考古調查和重點複查，用腳步丈量石峁大地。

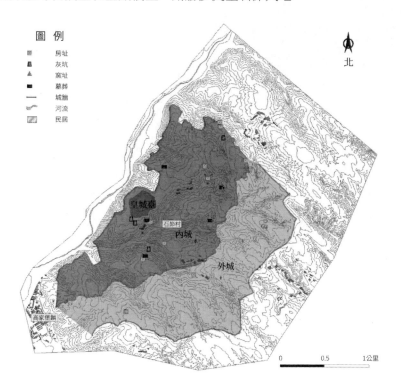

圖 5　石峁遺址城垣分布圖

　　透過丈量，我們知道，作為石峁遺址的主體內涵 —— 石峁城址，面積超過400 萬平方公尺，以皇城臺為中心，內、外城以石砌城垣為周界向內拱衛，巍峨壯觀，氣勢恢宏，結構清晰（圖 5）。但石峁城有幾座城門？城內的功能區劃如何？各類設施怎樣布局？它們又是如何發展、演變的？……帶著這些問題，2015年，我們又開展了為期一年的石峁城址的專門性調查工作。考古的一個主要目的

就是「手鏟釋天書」，用手上的各類工具，發掘出古人的點點滴滴，推測出先民的社會生活。腳步丈量之後，就該出手了！於是在隨後的幾年內，石峁考古隊對內城後陽灣、呼家窪、韓家圪旦、樊莊子、皇城臺等地點都進行了發掘，揭露了房址、墓葬等遺跡，也發現了一批陶、玉、石、骨等材質的遺物（圖6、圖7）。

圖6 石峁皇城臺出土的陶鷹

圖7 石峁皇城臺出土的玉鉞

韓家圪旦地點

韓家圪旦地點位於皇城臺東南一處橢圓形山峁上，是內城的一處居葬遺址，清理出了房址 31 組（座）、墓葬 41 座（包括石棺葬）、灰坑 27 座、灰溝 4 條。發掘的墓葬多為豎穴土坑墓，規模在 2 平方公尺以上。大中型墓葬結構相似，墓主位於墓室中央，仰身直肢，棺外有 1～2 個殉人。墓葬北壁均設壁龕，用於放置陶器等隨葬品，規模差異較為明顯。該地點早期作為居址使用，晚期時廢棄，作為墓地使用。

後陽灣和呼家窪地點

後陽灣和呼家窪地點試掘的主要遺跡包括房址和墓葬。房址均為地穴式，墓葬包括豎穴土坑墓和甕棺葬。其中呼家窪 2012F3 出土的鬲、斝、甗、豆、尊、喇叭口折肩瓶（罐）等是石峁遺址開展系統考古工作以來最豐富的一組陶器組合；後陽灣 2012F2 內出土了鱷魚骨板、2012M1 發現了女性殉人。

樊莊子哨所

樊莊子哨所位於城外的東南方向，從發掘情況看，係在自然土峁頂部墊土找平後再修構石砌建築，石砌建築分為內、外兩重石圍。除西牆外，其餘三面牆體保存較完整。內圍裡外均未發現踩踏層面或用火跡象，但在石牆內側有均勻分布的凹槽，應是在牆體內側立柱所用的壁柱槽。從發現的遺跡看，基本不見與祭祀相關的其他遺物或現象，但根據壁柱槽分析內方外圓的兩重石圍結構，或應為一座用柱子架撐的哨所，其功能或與登高望遠、觀敵瞭哨有關。它與其他四座同類遺跡共同構成城外的「預警系統」。

皇城臺

外城東門西南望，有一座孤立的臺城，村民叫做「huang 城臺」。調查工作伊始，我們便著實為難，哪個 huang？「皇」或「黃」？思籌多時，加上「石峁女王」的傳說，當天的調查日記中我們便以「皇城臺」記述這座高大的臺城。現在的發現證明，此臺確有皇者之氣。這一切，都將在發掘後始見真章。

皇城臺位於石峁城中部偏西，為內、外城重重拱衛之核心，是一處四圍包砌

石砌護牆的高阜臺地。除東南一側以「皇城大道」與外面相接外，其餘各面均為深溝、陡崖，頂小底大。頂部平整、開闊，面積約 8 萬平方公尺。四周以石砌護牆包砌，最高處約 70 公尺。整座皇城臺巍峨壯觀，頗具平頂大金字塔之勢。站在皇城臺下，人們很容易發出「一片孤城萬仞山」的感慨（圖 8）。對於皇城臺的發掘，我們做了五年準備（2011 ～ 2015），在經歷了外城東門遺址、內城韓家圪旦居址和墓地、城外樊莊子哨所的發掘，內城後陽灣、呼家窪地點的試掘以及同處禿尾河流域的寨峁梁龍山石城的規模性揭露之後，皇城臺的系統發掘正式排入日程。

圖 8 石峁皇城臺發掘場景（2018）

2016 年 5 月，我們終於開始了在皇城臺上的輝煌之旅。連續多年的全面複查及反覆比對航拍資料，我們基本了解了皇城臺的結構及周邊臺體的構建方式。經過多方考慮與論證，我們最終決定選擇皇城臺通往內城的唯一通道 —— 一個疑似門址的區域進行發掘。皇城臺與外相連只能透過東南側的山體馬鞍部，此處宛若一大坑，鄉人稱呼為「地牢壕」。相傳，「石峁女王」審判嫌犯時，會將嫌犯從皇城臺頂部投入下方的地牢壕，如果這個人清白，就可以從「歡喜梁」逃出生天；如果有罪，那麼走到「恓惶梁」後便再無生路。後來的發掘證實，這是皇城臺的門址，也是唯一一處門址。到 11 月中旬，我們已經全面揭露了地牢壕，清理出一座規模宏大、結構複雜、保存較好的門址。門址由廣場、南北墩臺、甕城、

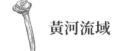
石板道路等組成。這座門址與外城東門大同小異，修建年限要早於外城東門，或許它們的建造理念具備一定的承襲關係。對於大遺址的發掘，保證其共時性非常重要，門址內發現的道路無疑是連繫皇城臺眾多重要遺跡的紐帶。

而此時，這座沉默的高臺還在悄悄醞釀著一場轟動世界的發現。2018 年 9 月，完成皇城臺門址和東護牆北段上部的發掘後（圖 9），根據現場情況和學術需求，我們沿門址主門道內的路面繼續向上「追蹤」，在皇城臺頂部發現了一個大型臺基，夯土內芯、砌石包邊，其上分布著多處大型房址和池苑類遺跡。當考古工作集中在大臺基南護牆處時，那「重磅炸彈」才逐漸露出引信，並被最終引爆 —— 30 餘件石雕！

圖 9 石峁皇城臺東護牆北段上部牆體

從出土情況來看，這些石雕原本大多是鑲嵌在南護牆牆面上的。雕刻手法以減地浮雕為主，多為單面雕刻。內容豐富，大致可分為符號、人面、動物、神面、神獸等。除此以外，南護牆附近還發現了個別的圓雕人像或神像，規模很大，比如其中一根圓雕柱，和成年人蹲下時一樣高（圖 10）。

圖 10 石峁皇城臺大臺基南護牆石雕

石雕一經出土，立即引起各界的重視，來參觀、考察的專家與學者絡繹不絕，討論熱烈。我們認為，這些石雕中的一部分可能來自其他更早的高等級建築，屬於「舊物新用」，也許與修築外城東門時的人頭奠基坑有相同的精神內涵，石峁先民賦予皇城臺大臺基獨特的精神力量。縱觀歷史，放眼中國北方，皇城臺石雕與東北地區的興隆窪文化、紅山文化遙相呼應，共同構架了北方地區的石雕傳統，在中國史前文明中形成了獨具特色的文化風格，或許還影響了商周青銅禮器的藝術構思和紋飾風格。那咧至雙耳的嘴角、飛入鬢角的眼尾、捲若浮雲的鼻翼和額上不知名的花紋，似乎都與青銅器上那些浪漫詭譎的紋樣一脈相承。

「篩了兩年半土，出了萬把個針」，當地村民這樣真實樸素地評價東護牆北段上部的發掘工作。而對於我們來說，這是「鉛華褪盡留本色，大浪淘沙始見金」。在那數以萬計的骨製品中，最為重要的莫過於石峁口簧的發現和確認。這是目前世界範圍內發現的年代最早的一批口簧，距今約 4,000 年，考古背景明確，製作過程清晰，是世界音樂史上的重要發現。與之共存的骨製管哨、陶製小球哨等音樂文物，是還原皇城臺居民日常生活的重要證據。樂器的發現，展現出皇城臺居民身分和地位的特殊性。結合皇城臺在城垣結構中的核心地位，其性質不言而喻。

皇城臺具備早期宮城的性質，或可稱為「王的居所」。於是，再一次，深沉而又富含爆炸性能量的石峁遺址皇城臺入選「2019 年度中國考古新發現」、「2019 年度中國十大考古新發現」，不斷刷新我們對中華文明起源的認知。

2018 年，歷經 3 年的發掘與清理，撥開層層雲霧，皇城臺在我們眼中不再模糊，門址初露全貌，東護牆彰顯巍峨，大型宮室展露崢嶸。

三、向「十大」出發

艱苦的條件和高負荷的工作幾乎是每個考古工地的標準配備，石峁發掘工作開展以來，我們每年在外工作的時間超過 300 天，與家人聚少離多是日常狀態，雖多被理解，但難免愧疚和苦悶；陝北雖富甲陝西，但特殊的自然和社會條件給石峁考古工作帶來了諸多不便，就連現代社會難以或缺的水、電和通信訊號都成了「奢侈品」，收音機、電視淪為擺設，手機只能掛在窯洞門口的樹杈上尋求信

號,「別人下雨收衣服,考古隊下雨收手機」,曾經一度成為石峁村民的飯後笑談。窯洞雖說冬暖夏涼,但蠍子滿牆的窯洞何談舒適!每年夏天,晚上睡覺前,石峁考古隊的必修課就是集體清理窯洞內的蠍子,但百密終有一疏,大家無一不被螫傷……

艱苦工作數年,終於迎來了石峁遺址的第一次全國專家論證會,會議決定於 2012 年 10 月底召開。我們只有兩週時間去準備。這兩週期間,大家都化身為拚命三郎,拼對和修復陶器、挑選標本、整理匯報資料、清理發掘現場。考古隊加班不停歇,白日發掘 10 小時,夜裡整理 5 小時,大家彷彿都憋著一口氣,想把最好的石峁展現給來自全國的專家們。連日的超負荷運轉,我們的身體不約而同地發出警報。有一夜,我拿著正在拼對的單把鬲,上一秒還在尋找可能拼接的碎片,下一秒便覺眼皮沉重,竟然睡著了。有一天,趙先生和我討論一處重要的剖面,刮了畫、畫了刮,不知不覺蹲了好久、看了好久,收工時,只覺頭暈眼花,腦袋裡全是各種線條。但沒有人喊苦,大家只是咬緊牙關,披星戴月,廢寢忘食。10 月的陝北,大地已經穿上了蕭瑟的外衣。2012 年,石峁的雪來得也早,會議之前,已下過兩場。但任憑窗外寒風再凜冽,考古隊的工作依舊熱火朝天。就這樣,我們迎來了專家論證會,石峁遺址第一次震驚了學界,石峁考古發現有了「石破天驚」的美譽。除了石峁考古隊每一個人的努力,還有石峁遺址本身。它遼闊而深邃,所蘊含的無窮祕密,讓人情不自禁,甘願苦苦地求索、追隨。石峁城址的石砌城垣總用石量巨大,動用的勞動力資源遠超過本聚落人群,不僅具有完備的防禦性設施,還具有神權或王權的象徵意義。它的出現,暗示在公權力的督導下修建公共設施等活動,已經成為新石器時代晚期石峁所在的中國北方地區早期都邑性聚落的重要特徵,石峁或已邁入早期國家階段。氣勢恢宏、巍峨壯觀的皇城臺的修建亦傾注了建設者大量的心血,在此發現了國內已知最早的銅器範。大量陶瓦的發現,對探討中國早期建築材料及建築史具有重大意義。出土的口簧是目前世界範圍內年代最早的,是世界音樂史上的重要發現。30 餘件石雕可能與石峁先民砌築石牆時「藏玉於牆」或修築時以人頭奠基的精神內涵相同,代表了先民對皇城臺的精神寄託……凡此種種,皇城臺當已具備了早期宮城的性質,或為高等級貴族或王居住的核心區域。被稱為「華夏第一門」的外城東門遺址及內外甕城、馬面等遺跡,係國內確認的最早的同類城防設施,是東亞地區土

石結構城防設施的最早的實物資料。或許不是我們使它揚名，而是它成就了我們。

如今，皇城臺下開滿金露梅，花叢後灰瓦白牆的院子便是我們的石峁之家，門闊庭廣、窗明幾淨，與當初的窯洞駐地相比，何止天壤之別？住在皇城臺下，開門見山，啟窗聞香，沉澱著 10 年來的石峁過往，回味最深處總是被滿滿的幸福和甜蜜包裹著。

窯洞駐地就在不遠處，步行大約十來分鐘，有意無意，我都會踩著石峁特有的黃米之路，從這頭到那頭，邊走邊想，細細品味這 10 年的幸福和甜蜜。10 年來，習慣了看石峁的風起雲湧、雲卷雲舒，風住雲歇後，面對雄偉東門、巍巍皇臺，時常忍不住去猜想那 4,000 年前的石峁的過往，但思緒過後，往往只留下「寥落古行宮，宮花寂寞紅」的無盡感慨，而難有「白頭宮女在，閒坐說玄宗」的娓娓道來；10 年來，都是帶著「理荒穢」的心情醒來，到了「荷鋤歸」的夜晚仍不願睡去，只因想對石峁的祕密知道得多一點，再多一點；10 年來，從東門到皇城臺，邊發掘邊解讀，石峁考古早已變成了生活的習慣；10 年來，有歡笑、有苦痛、有興奮、有哀嘆，但我從不曾後悔。下一個十年，我還想留在石峁；再多個十年，我都想留在石峁。當我凝視皇城臺的時候，只想輕聲地說：與你相遇，是我一生的榮耀。

未解之謎

石峁遺址有著如此重大的發現，但仍然存在很多謎題，至少有以下待解：

1. 4,000 多年前，石峁所在地的自然環境如何？為何會在現今北方長城沿線出現這樣大的城址？

2. 石峁遺址和周邊地區包括中原和歐亞草原地區的文化存在何種關係？

3. 石峁先民的經濟形態是農業，還是游牧，甚至是其他？

4. 石峁的文明社會有什麼特殊性？

5. 它在早期中國文明中處於什麼地位？

……

廟底溝遺址

樊溫泉

河南省文物考古研究院

在河南省三門峽市韓莊村北有一塊較為平坦的黃土塬，處於黃河支流青龍澗河和蒼龍澗河的交會地帶，屬於陝、豫之間的黃河峽谷（圖 1）。這裡三面環溪溝、一面臨高崖，優渥而穩定的自然環境，為廟底溝先民提供了賴以生存的條件，形成了我們今天所看到的廟底溝遺址（圖 2）。遺址總面積約 36 萬平方公尺，平面略呈菱形，有廟底溝文化（距今 5,900 至 5,600 年）、仰韶文化西王村類型（距今 5,600 至 4,900 年）、廟底溝二期文化（距今 4,900 至 4,600 年）三類文化遺存。廟底溝先民借助溝通東西的黃河谷地，將這裡先進的文化，特別是以花卉紋為代表的彩陶文化傳播出去，為中國古代文明的起源和統一國家的形成做出了偉大的貢獻。

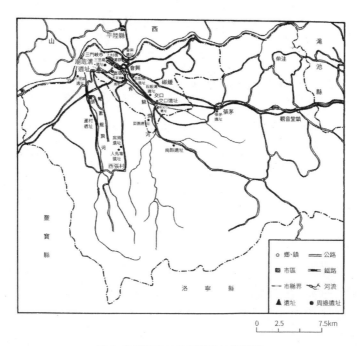

圖 1　廟底溝遺址及周邊遺址位置圖

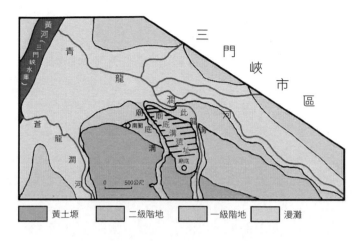

圖 2 廟底溝遺址環境考古圖

2001 年，廟底溝遺址被中國中國國務院公布為第五批全國重點文物保護單位。

「只是因為在人群中多看了你一眼，再也沒能忘掉你容顏」，每當李健的歌聲響起，我的腦海裡總會浮現考古學家安志敏先生發現廟底溝遺址的傳奇瞬間。那是 1953 年 11 月的一天，中國科學院考古研究所的安志敏先生和他的同伴們乘坐火車到豫西進行考古調查。列車已經放緩了腳步，向著陝縣南關車站滑行，在大家都起身收拾行李的瞬間，安志敏先生又扭頭望了一眼窗外。就是這一眼，廟底溝遺址暴露在斷崖上的古代灰坑的剖面落入了安老的眼睛。從此，廟底溝遺址的容顏便再也沒有離開他的視線……

一、望三門，三門開

順著安志敏先生所發現的古代灰坑這一線索，經過一系列考古工作，考古學家確認這是一處 36 萬平方公尺的新石器時代聚落遺址。

1955 年 10 月，為配合三門峽水庫建設工程（圖 3），文化部和中國科學院聯合組成了黃河水庫考古工作隊，由中國科學院考古研究所副所長夏鼐任隊長，安志敏副研究員任副隊長，開始有引導、有組織地對黃河水庫庫區內古代文化遺存的分布情況進行大規模的調查和發掘，並對廟底溝遺址進行重點勘探。

　　1956 年，十一慶典的前一天，廟底溝遺址的第一次發掘工作正式拉開了序幕。

　　據安志敏先生回憶，這次發掘「在個人的考古生涯中也是一次重要經歷，至今回憶當時的情景仍興奮不已」。它成為當時考古工作中參加的主要工作人員人數最多、工作規模最大的一次，僅工作人員就達 75 人，來自各省的文博單位。

　　田野考古工作歷來都是艱難、辛苦的，更何況當時處於一窮二白、百業待興的時期。為了修建黃河大壩而剛剛成立的三門峽市，「馬路不平，電燈不明，夜晚狼嚎，風沙滿城」。就是在這樣惡劣的環境下，考古隊員們憑著對中國考古工作的熱愛，克服了種種困難，圓滿完成了這次中國考古史上具有里程碑意義的發掘工作，並取得了極為重要的學術成果。考古隊共開了 280 個 5 公尺 ×5 公尺的探方，發掘面積達 4,480 平方公尺，發現仰韶文化時期灰坑 168 座、房基 2 座、墓葬 1 座，廟底溝二期文化墓葬 145 座、灰坑 26 座、房基 1 座、陶窯 1 座等（圖 4）。

圖 3　三門峽大壩

圖 4　廟底溝遺址 1956 年發掘工作照

出土的仰韶文化時期的陶器以泥質紅陶和夾砂紅陶為主，泥質灰陶僅占少數。陶器表面的紋飾以線紋為主，其次是劃紋、附加堆紋等。陶器器型主要有碗、缽、盆、罐、杯、釜、灶、器蓋、器座、尖底瓶、鼎等。在復原的 690 多件陶器中，彩陶比例達 14.02%，這在其他同類遺址中是很少見的。出土的仰韶文化時期的石器以打製石器為主，磨製石器僅占很少的比例。打製石器中，最常見的是盤狀器，但用途不明（圖 5）。磨製石器中刀、鏟數量最多，還有少量斧、錛（古代開墾土地或刨修木料的工具）、磨棒等。骨器數量不多，種類也較簡單，主要為針、錐、簪、鏃等。

H11:24　　　　　　　T301:15

圖 5　廟底溝遺址 1956 年發掘出土的盤狀器

出土的廟底溝二期文化的陶器較少，共復原了 60 餘件器物。這一時期的器物特徵與仰韶文化時期的區別很大。在陶質、陶色上，這一時期的陶器，夾砂灰陶和泥質灰陶數量最多，紅陶和黑陶數量極少。在器表紋飾上，這一時期以籃紋為主，表面磨光的次之，還有少量的繩紋和方格紋等。在器型上，這一時期除了沿用以前的碗、杯、罐、鼎外，新出現了雙耳盆、豆、斝等器型。

出土的廟底溝二期文化的石器以磨製石器為主，打製的比較少。石斧的數量增多，新出現了石鐮、石鏃等器物。骨器變得豐富起來，數量和種類都超過了以前，主要有針、錐、簪、鏃、梳等。蚌製的刀、鐮也開始出現了（圖 6）。

圖 6 廟底溝遺址 1956 年發掘出土的生產工具

二、黃河明珠花怒放

　　2002 年，廟底溝遺址迎來了第二次發掘。這次發掘的規模遠遠大於首次，面積達 1.8 萬平方公尺，共發現廟底溝文化、仰韶文化西王村類型及廟底溝二期文化的灰坑和窖穴 800 多座，陶窯 20 座，保存較為完好的房基 10 餘座，壕溝 3 條，數處殘破的房基硬面，同時還清理了 200 餘座唐、宋、元、明時期的墓葬，出土了大量陶、石、骨、蚌及銅、瓷等材質的文物。

　　這些發掘成果，說明廟底溝遺址早在廟底溝文化時期就已經初步形成了聚落結構的雛形：

- 遺址東西兩面有壕溝相環，它們不僅具有防禦性質，還兼具防洪、排水的功能。

■ 主要分布於遺址中部和西部的居住區，有圓形的半地穴式和方形的淺地穴式房址，其間又有大量窖穴和灰坑。

■ 遺址的西部集中著製作陶器的陶窯，說明當時已經有了專門的製陶作業區。

從廟底溝遺址出土的生產工具的種類來看，當時仍以農業生產為主，這一點，遺址出土的炭化植物遺存初步分析情況也可以印證。粟和黍應該是當時最重要的農作物，水稻和大豆也占一定的比例，表明廟底溝遺址的農業結構是以旱作農業為主、稻作為輔的混合型模式。石鏃、骨鏃、石球和陶網墜等工具的發現，說明漁獵仍是一種輔助性的生業模式。紡輪和陶器器耳上的布紋，證實當時已經開始了簡單的紡織生產（圖7至圖11）。

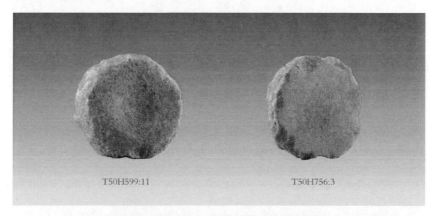

T50H599:11　　　　　　　　T50H756:3

圖 7　廟底溝遺址 1956 年發掘出土的盤狀器

石斧　　石鏟　　石鐮　　石錛

圖 8　廟底溝遺址 2002 年發掘出土的農業生產工具

圖 9 廟底溝遺址 2002 年發掘出土的漁獵生產工具

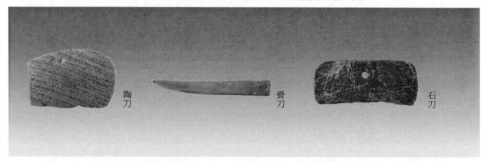

圖 10 廟底溝遺址 2002 年發掘出土的採集工具

圖 11 廟底溝遺址 2002 年發掘出土的手工業生產工具

出土的廟底溝文化時期的彩陶，在器物數量、繪彩種類、圖案結構上都大大超出了以前。廟底溝文化的彩陶圖案煩瑣，色澤明豔，變化多端，雖然有極少量蜥蜴、蟾蜍等寫實類的動物圖案（圖 12），但更多見的還是各類幾何形圖案。這類圖案的主要元素為圓點和弧線三角，類似植物的花蕊和葉片，所以廟底溝文化彩陶的典型圖案就是花瓣紋，有雙瓣花、四瓣花，也有五瓣花和六瓣花，其中四瓣花最為規律，最具代表性（圖 13）。當然，廟底溝文化的彩陶圖案中，也有鳥紋，圓點的鳥首和弧線三角的雙翼是花卉紋的演變（圖 14）。魚紋已與半坡文化的魚紋有著明顯的區別，是廟底溝先民們自己創造的一種抽象的簡體魚紋，也就是橫「X」紋，似取材於魚的尾部（圖 15）。彩繪的顏色不僅有黑彩，還出現了紅彩、赭彩及少量復合彩。我們初步判斷，這些顏色應該來源於礦物原料。

圖 12　廟底溝遺址出土彩陶上的龜紋和蜥蜴紋

圖 13　廟底溝遺址出土彩陶上的花瓣紋

圖 14 廟底溝遺址出土彩陶上的鳥紋

圖 15 廟底溝遺址出土彩陶上的魚紋

彩陶盆上的連體花瓣圖案很有特色，兩兩相連的五瓣紋花朵，彼此之間共用一片花瓣，我們把這種圖案稱之為「華夏之花」。蘇秉琦先生曾提出「花卉紋彩陶可能就是華族得名的由來」。同時，共用花瓣的構圖形式，也充分

圖 16 廟底溝文化花瓣紋

展現了中華文化在傳播過程中你中有我、我中有你的交融狀態（圖 16）。

　　仰韶文化西王村類型遺存，特別是西王村三期文化遺存，雖然從遺跡到遺物都不是很多，但其意義卻非同一般。它從文化內涵上證實了其仍屬於仰韶文化晚期遺存，但是其中的一些文化因素，如灰陶、籃紋等，卻開了廟底溝二期文化的先河，具有很明顯的過渡性質，填補了由廟底溝文化向廟底溝二期文化發展的空白。

三、構建聚落見思想

在廟底溝文化時期，已經形成了聚落結構的雛形，這主要從遺址所發現的防禦體系、居住房址、活動場所、製陶作坊等幾個方面展現出來（圖17）。

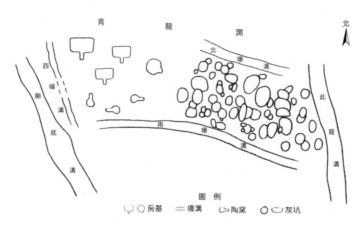

圖17 廟底溝遺址聚落布局圖

▍環壕

由於受自然環境的約束，古人對生存環境的選擇非常講究。

廟底溝遺址東、西部均發現了壕溝。東部壕溝是1950年代發掘時發現的。西部壕溝是2002年發掘時清理出來的，共有3條。壕溝口寬底窄，口部最寬處達12公尺，深5～8公尺。溝底不平，中部有凹槽，局部鋪有鵝卵石。從清理出來的100餘公尺壕溝來

圖18 廟底溝文化T19壕溝局部

看，壕溝的深淺程度依地勢而變，由東南向西北漸次變深。由此，我們推斷，除了防禦外界的侵襲外，壕溝還具有防洪、排水的功能（圖18）。

黃河流域

從幾次發掘的遺跡分布及勘探情況（南部壕溝是 2016 年勘探時發現的）觀察，這幾段壕溝有可能是一個連接在一起的環壕。因為西部壕溝以東的遺跡比較集中，而西部壕溝以西則很少發現早期的遺存。遺址東部當年發現的兩座房址（F301、F302）也均位於大灰溝之西（見圖 17）。

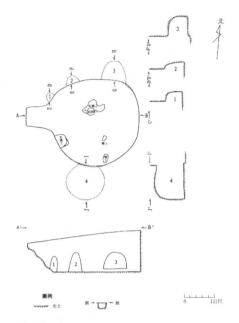

房址

廟底溝遺址的西北部是房址集中分布的地方，多為圓形半地穴和方形淺地穴式建築。

圖例　━━━ 生土　　0　　1公尺

圓形房址的直徑一般在 4～5 公尺，牆壁及底部修飾得平整光滑。灶臺大多設在中部，柱洞多分布在四周，數量不等。個別房子還帶有壁龕。如 F6（6 號房址），門道朝向西南，房址東西長 3.4 公尺，南北寬 3.25 公尺，南、北兩面共有大小四個壁龕。其中南面一個，龕口高 1.25 公尺，寬 0.9 公尺，進深 1.45 公尺，龕內的最大寬度 1.5 公尺；北面三

圖 19　廟底溝文化圓形房基 T69F6

個，最大的一個龕口高 0.82 公尺，寬 1 公尺，進深 0.8 公尺（圖 19）。這種現象在廟底溝遺址首次發現，其他地區極為少見。初步判斷，這些壁龕是為了分門別類地放置物品，當然也不排除有些較大的壁龕是作為「臥室」使用的。壁龕無疑增加了房內的使用面積。方形淺地穴式房址比較特殊，而且面積一般較大。它的建造方式可分為兩種。

　　一種是先在房子的四周挖出基槽，待基槽處理完畢，豎好支柱後，再在房內向下挖坑，然後填土，形成居住面，如 F3。F3 室內的硬面，東西長 8.6 公尺，南北寬 7.5 公尺。門道在房址的南部，長 4.4 公尺，寬 1 公尺。門道進入室內的部分比居住面低約 0.3 公尺，有一層臺階。圓形灶設在正對門道處，直徑 1.2 公尺，深約 1 公尺，朝著門道的一側有一個直徑為 0.2 公尺的圓形進風口。房內的硬面厚 0.03 公尺，硬面下有一層 0.3 公尺左右的草拌泥。牆體部分殘高 0.15 公尺，牆體厚度不均。基槽部分深 0.7 公尺，寬約 0.4 公尺（圖 20）。

　　另一種是先在房址的範圍內向下挖坑，之後填土，待填土處理好後，在坑的周圍挖出牆槽，豎起支柱，如 F8。F8 東西長約 9 公尺，南北寬 8.5 公尺，其門道也在南部。房址的硬面下有兩層墊土，第一層為草拌泥，厚 0.2 公尺；第二層為紅燒土，厚 0.2 公尺。從目前的清理結果看，F8 可能是四周帶迴廊式的建築，因為它的內圈發現了排列整齊的柱礎石，外圈還分布著同樣整齊的柱洞。中心柱礎石由於使用時間長，已磨出了光滑的圓窩。另外，門道的兩側還清理出對稱排列的護牆石。這種帶迴廊的建築形式是在廟底溝遺址首次發現，開了由淺地穴到地上建築的先河（圖 21）。

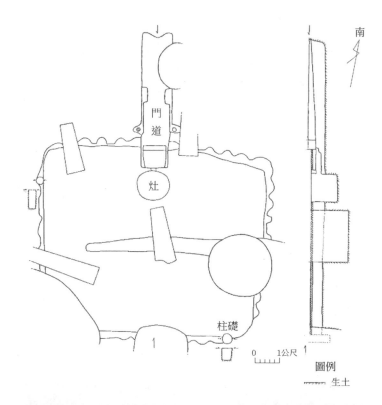

圖 20　廟底溝文化方形房基 T64F3

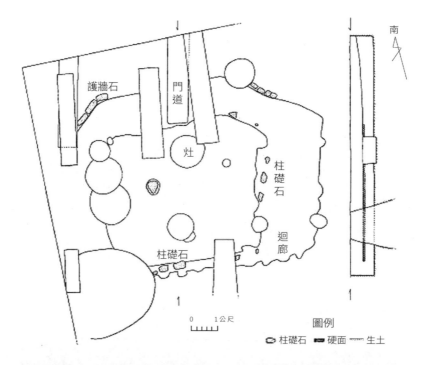

圖 21 廟底溝文化方形房基 T69F8

1950 年代發掘的 301 號房址，是一處方形淺地穴式房址。古建築專家透過對考古現場遺跡進行研究，將其復原為一座四面坡式的木架結構茅屋。其居住面和牆基經火燒處理後，造成了防潮的作用（圖 22、圖 23、圖 24）。到了廟底溝二期文化時期，房址多為圓形半地穴式，房內布置考究了許多。如 5 號房址，口徑 4.5 公尺，底徑 4.9 公尺。底部均勻地塗抹了一層白灰面，壁上施了三層厚薄一致的灰土面。設計精美的圓形灶置於房址中部，灶臺直徑 1.07 公尺，灶四周有一圈寬 0.03 ～ 0.05 公尺的凸稜，高出灶面 0.05 ～ 0.1 公尺。灶面內又有一個陰線刻的圓圈。門道在房址東部，長 1.2 公尺，寬 0.6 公尺（圖 25）。

　　第一次發掘出來的編號為 551 的房址，形狀和結構基本與 F5 一樣，由居住面中央的粗木柱支撐著屋頂的中心，周圍的木柱除了支撐屋頂以外，還發揮牆壁骨架的作用。古建築專家將其復原成一座尖錐頂狀的房屋（圖 26）。

圖 22　1956 年廟底溝文化房址 F301 復原圖

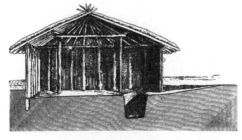

圖 23　廟底溝文化 F301 房子復原半剖圖

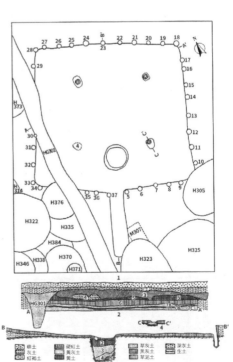

圖 24　廟底溝文化 F301 號房子平、剖面圖

圖 25 廟底溝二期文化房基 T92F5

圖 26 廟底溝二期文化 551 號房子復原圖

‖ 窖穴

　　廟底溝遺址出土的窖穴多為圓形袋狀，部分面積較大，坑壁及坑底明顯經過加工。

　　窖穴內時常有完好的動物骨架。在第一次發掘時，有 3 座灰坑發掘出了狗骨架，2 座灰坑發掘出了豬骨架。個別灰坑內還有隨意棄置的屍體。在第一次發掘時，有 4 座灰坑發掘出了人骨架（圖 27）；第二次發掘時，615 號灰坑也發掘出了人骨架（圖 28）。從骨架保存的情況判斷，他們都是非正常死亡。

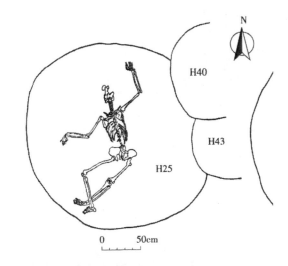

圖 27 廟底溝文化 H25 平面圖

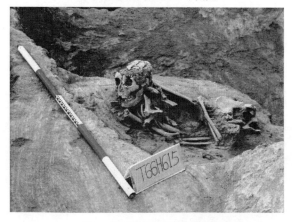

圖 28 廟底溝文化 T66H615

有的窖穴發掘出了大量陶器，如第二次發掘時的 9 號灰坑，僅復原的陶器就多達 100 餘件，其中不乏精美的彩陶（圖 29）。這種窖穴的功能很耐人尋味，需要我們做進一步的研究。

我們對一些窖穴和灰坑出土的炭化物遺存進行了環境考古分析，結果表明，廟底溝先民當時種植的農作物主要有粟、黍、大豆和稻，同時，他們也採集一些野生植物，如豬毛菜、紫蘇、草木樨等，作為時令蔬菜、家畜飼料或油料來源。當然，他們也有可能利用這些植物作為薪柴。野生植物莖葉和果類也是廟底溝先民食物資源的重要補充。

窖穴遺存中有糧食種子（圖 30），說明廟底溝文化時期已經有了剩餘糧食，這就為釀酒技術的出現提供了基礎條件。最新考古成果顯示，這個時期，人們確實已經開始釀酒。學者們仔細研究了一些陶器的殘留物，在其中發現了酒的痕跡。這些陶器中就有小口尖底瓶（圖 31）。以往的研究普遍認為尖底瓶是汲水器，現在我們可以推測，小口尖底瓶搭配遺址出土的陶漏斗，很有可能是這一時期典型的釀酒配套器物。

到了西王村類型時期，在袋狀窖穴的底部一般還會向下掘出口徑較小的袋狀小窖穴，最多可達三四個。由此我們推測，這些小窖穴有可能是為了放置不同種類的儲存物而挖的（圖 32）。

圖 29　廟底溝遺址 T1H9 出土的彩陶

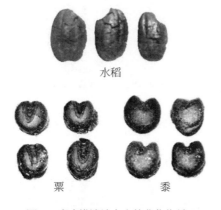

水稻

粟　　　　　黍

圖 30　廟底溝遺址出土的農作物種子

圖 32　西王村類型文化窖穴 T60H678

圖 31　廟底溝遺址出土的尖底瓶

‖ 陶窯

　　廟底溝遺址的西部集中分布著陶窯，T72 內就發現了 3 座，說明這裡應該是製陶作業區。廟底溝文化時期，陶窯的窯體一般較小，長 2 公尺左右，寬不到 1.5 公尺。陶窯由窯室、火口、火塘、火道及窯箅等構成。此時的陶窯均為環形火道（圖 33）。

　　到了廟底溝二期文化時期，陶窯較廟底溝文化時期有了很大的進步，窯體仍然很小，但有了半球狀的窯頂，火道也由原來的環形改進為「北」字形和「非」字形。窯底設有窯箅，箅上有 25 個火眼與火道相通，因而使窯室內火的燃燒更加充分和均勻，大大提高了陶器的硬度。如 T47Y6，殘長 2.3 公尺，寬 1.28 公尺，

殘深 0.7 公尺（圖 34）。

　　廟底溝二期文化時期，陶窯雖然在數量上沒有顯著增加，面積上也擴充不大，但是在燒造工藝上卻有了很大的變化。窯室密封程度的加強和火道的改進，不僅提高了陶器的硬度，而且縮短了燒製的時間，這樣無疑加快了陶器的製作速度，間接反映了廟底溝二期文化時期的製陶業向專業化、精細化的方向發展。

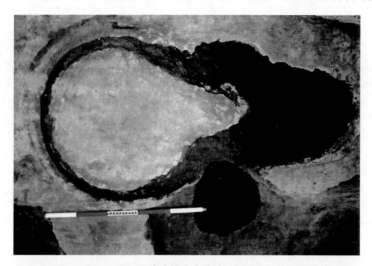

圖 33　廟底溝文化陶窯 T9Y2

圖 34　廟底溝文化陶窯 T47Y6

墓葬

　　廟底溝遺址出土的墓葬基本都是廟底溝二期文化時期的，共 145 座，均座落在廟底溝遺址的東部（圖 35）。屬於廟底溝文化時期的只有 1 座。

圖 35　1956 年，廟底溝遺址 T1 區廟底溝二期文化墓葬分布情況

　　墓葬多為長方形豎穴墓，墓壙比較清楚，一般長 1.8～1.9 公尺，寬 0.41～0.51 公尺，距地表 1～2 公尺。人骨大部分保存較好，均為單人葬。葬式基本為直肢葬（屈肢葬只有 2 座），南北向，頭南腳北，方向在 175°～190° 之間，可見這是當時比較固定的墓葬形式。這裡沒有仰韶文化時期的多人合葬墓。一般認為合葬墓是以氏族為中心時期的特殊葬俗，單人葬的盛行表明合葬制漸被淘汰，說明當時的社會組織正在發生著微妙的變化。

　　這一時期的墓葬幾乎沒有隨葬品，僅在 M72、M99 兩座墓葬中各出土了 1 件小陶杯（圖 36）。這一現象確實讓人費解，有待於進一步探討。

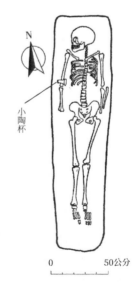

圖 36　1956 年，廟底溝遺址
廟底溝二期文化 M99

四、花開中國傳四方

　　廟底溝文化是中國分布範圍最廣、文化相似度最高、對後來文化影響最深的史前考古學文化。以廟底溝文化為核心的地區，也成為後來中國歷史演進的核心區域，所以廟底溝文化在早期中國文化圈中的地位舉足輕重。

　　廟底溝彩陶上的花卉紋是綻放在以黃河中游地區為中心的中原地區的中華文明之花，隨後向周邊擴散，北到塞外，東到大海，南到南嶺，西到甘青，在中華大地上次第出現。這是一個文化符號第一次傳播到如此廣闊的地區，說明在中國文明形成的過程中，第一次有了一個大範圍的文化認同。從某種意義上來說，廟底溝文化完成了中國史前時期的第一次文化整合，是早期中國文明在中原地區出現的第一縷曙光，對後來的中國文明具有非常重要的意義。

　　蘇秉琦先生認為，廟底溝彩陶上的花卉紋主要是以實際生活中菊科和薔薇科的花瓣為母體，這種母體圖案可能與「華」、「華山」和「華夏族」的得名有關。「花」、「華」、「華山」、「華夏」在遠古時代具有密切的關係。

　　著名美籍華裔考古學家張光直先生認為，廟底溝文化所在的時代，是「中國早期文化圈開始形成的時代……它們便是最初的中國」。

　　國家夏商周斷代工程首席專家、北京大學教授李伯謙先生也曾說過，「廟底溝是仰韶文化的一個重要階段，表現在它對外擴張和影響方面，可以說是東方文明研究中古國階段的典型代表」。

　　中國社會科學院考古研究所王仁湘研究員多次講到，「廟底溝文化對周圍文化產生過明顯的影響，其文化張力非常強勁，而集中展現這種張力的就是廟底溝文化彩陶……廟底溝文化彩陶所奠定的藝術傳統，還影響到後來古代中國藝術與文化的開拓發展。從這樣的意義可以說，廟底溝文化彩陶掀起了中國史前時代的第一次藝術浪潮」。

　　廟底溝文化正如它的文化符號一樣，以陝、晉、豫交界地帶為花心，如同花朵綻放一般，盛開在華夏大地上，並促使其他地區的考古學文化互相聯繫、交融。中原地區從此吸納各地區的文化成果，逐步崛起為光彩奪目的文明中心，成為中國之前的「中國」。

未解之謎

1. 創造了如此輝煌的彩陶文化的廟底溝遺址，雖然後面還有西王村文化和廟底溝二期文化時期的人們在這裡生活和居住，但是明顯走向衰退，這裡到底發生了什麼變故，是什麼原因造成的呢？

2. 廟底溝遺址的很多窖穴出土了數量眾多的彩陶，那麼遺址本身到底是一處製作彩陶的作坊中心，還是一處大型的部落祭祀場所，或是其他什麼性質的遺址呢？

3. 經過大規模的發掘和大面積的鑽探，截至現在，也沒發現更多廟底溝文化時期的墓葬，那些聰明的彩陶製作者在完成他們的作品後究竟去哪兒了？

4. 廟底溝遺址的先人們如此喜歡各式各樣的花卉，他們那麼執著地在陶器上描繪出心儀的花卉圖案，這是為什麼呢？是原始的圖騰崇拜？還是他們對花卉有一種特殊的情結呢？

5. 廟底溝文化的遺存中出土了大量製作簡單的盤狀石器，其中很多只是對鵝卵石的邊緣部分稍加修整，曾經有學者認為是尖底瓶的蓋子，也有人推斷是一種狩獵工具，您認為它是什麼工具呢？

6. 廟底溝文化的部分灰坑中發掘出了人骨架，有的還不止一具，從骨架保存的情況判斷，顯然是非正常死亡。那麼這些死者的身分如何？他們死亡的真相又是什麼呢？

7. 廟底溝二期文化發現了 145 座墓葬，均為單人葬，而且墓葬形制普遍偏小，僅有 2 座墓葬隨葬小陶杯，其餘均無隨葬品。這個現象實在有點反常，是廟底溝遺址這一時期特有的葬俗，還是其他什麼原因呢？

二里頭遺址

趙海濤

中國社會科學院考古研究所

張飛

山東大學文化遺產研究院博士生

這裡有著諸多「中國之最」—— 東亞地區最早的核心都邑聚落、最早的城市主幹道網、最早的車轍、最早的「紫禁城」、最早的中軸線布局、最早的多進院落或四合院式宮殿建築群、最早的青銅禮樂器群、最早的青銅器鑄造作坊、最早的大型官營作坊……這裡是距今 3,800 至 3,500 年前後東亞地區最早的核心文化、廣域王權國家都城 —— 大都二里頭。

提到洛陽，人們也許會想到「洛陽地脈花最宜，牡丹尤為天下奇」，也許會想到「北邙山頭少閒土，盡是洛陽人舊墓」，也許還會豪邁地吟一句「欲問古今興廢事，請君只看洛陽城」。洛陽作為十三朝古都，見證了中國文明的起承轉合，同時也見證了眾多王朝的興衰更迭。

洛陽作為十三朝古都，一般認為起於夏商週三代，《史記・封禪書》即說「昔三代之居皆在河洛之間」。然而，由於文字資料的缺乏，目前我們只能確定晚商至周的都邑所在，再往前則爭議紛紜，尤其是夏代，更是迷霧重重。為此，歷代史學家對夏代都於何處執念頗深。1920 年代，當考古學傳入中國之後，一些學者看到了解決這一問題的曙光。二里頭遺址的故事就起源於這樣的情結，起源於一位老人對傳說中「夏墟」的踏查。

一、念念不忘，必有迴響 —— 二里頭遺址的發現

1959 年，已經 71 歲高齡的古史學家徐旭生先生，根據他對古代文獻的整理與了解，奔赴豫西地區，開始了「夏墟」的實地踏查。這並不是他一時興起之為，其實早從 1939 年起，面對古史辨派對中國早期經典真實性的激烈批評，徐旭生先生就展開了對中國古史傳說的研究，並於 1943 年出版了被譽為中國學術史

上首部系統研究古史傳說的重要著作 ——《中國古史的傳說時代》。1957年秋，徐旭生先生為調查「夏墟」，進行了文獻資料的研究，系統分析了文獻中夏人活動的地理範圍，將豫西和晉南作為調查的重點。他堅信，古代經典包含著上古中國的口述記憶，強調要到遺址中去做發掘工作，拿出真實的證據給世人瞧瞧。

　　由於徐老的熱情與執著，二里頭遺址在塵封幾千年後重現於世。調查結束後，他寫出了〈1959年夏豫西調查「夏墟」的初步報告〉一文，並根據遺址中發現的陶器與石器，推測二里頭遺址的年代大約是商代早期。可以說，徐旭生先生的「夏墟」調查開啟了以考古學探索夏文化的漫漫征途，也讓二里頭遺址從此步入大眾的視野，因此他被譽為「夏史探索的總設計師」、「考古尋夏第一人」（圖1）。

圖1　徐旭生與考古所同事
（左起：蘇秉琦、徐旭生、黃文弼、夏鼐、許道齡、陳夢家、錢惠元）

二、鑑往知來，孜孜以求 —— 二里頭遺址的研究歷程

　　自徐旭生先生發現二里頭遺址以來，數代考古學家孜孜以求，艱辛探索，在遺物（包括文字與刻劃符號）、建築、墓葬、年代學、文明及國家演化進程、地理環境、聚落形態、考古學文化、夏文化探索和夏商王朝分界問題等方面取得了豐碩的研究成果。二里頭遺址的發掘過程大體可以分為三個階段。

　　第一階段，1959至1979年，是二里頭遺址考古從初創到迅速勃發的時期，由趙芝荃任隊長（圖2）。他們劃定了遺址的大致範圍，明確了遺址的文化內

涵，進行了文化分期，探明了遺址性質等。最主要的成果是將二里頭文化分為一期、二期、三期、四期，其中，一、二期為早期，三、四期為晚期，確立了二里頭文化在中國考古學文化、文明進程中的時間座標。考古隊員揭露了一號、二號宮殿基址，發現了青銅冶鑄遺存，發現了等級不同的若干墓葬和銅、玉禮器，肯定了遺址的都邑性質，為探索夏文化和研究商文化提供了極佳的論據。自此，二里頭遺址的都邑景象開始復現。

第二階段，1980 至 1998 年，在鄭光先生的領導下，對二里頭遺址進行了一系列的搶救性發掘，細化了二里頭文化分期，重點發掘了以鑄銅作坊為代表的遺址，證實了二里頭文化已經進入青銅文明階段（圖 3）。同時，發現多處祭祀性遺址和與製骨作坊有關的遺跡、遺物，發掘了數量可觀的隨葬銅器、玉器的高等級墓葬，為文化分期、年代以及遺址性質的研究提供了新的資料。這一階段，圍繞二里頭文化的性質，考古學界展開了史無前例的大討論，將二里頭及夏商文化問題的研究推向了更深層次。

圖 2 偃師商城考古隊早期成員（右二為趙芝荃）　　　　　　圖 3 鄭光

第三階段，1999 至 2019 年，考古工作由許宏主導（圖 4）。在城市（都邑）考古學理念指導下，這一階段著重探究遺址範圍與城市布局，禮制建築、中心遺址與周圍其他聚落的關係等。團隊廓清了遺址的實有範圍；找到了遺址中部的「井」字形道路，勾勒出城市布局的基本骨架；發現了宮城城垣，證實了宮城的存在；揭露了部分二、三、四期的宮殿建築基址，發現了中軸對稱的宮室建築群；發現了官營圍垣作坊區和綠松石器加工作坊；出土了包括大型綠松石鑲嵌龍形器在內的一批珍貴文物。隨著科技考古的快速發展，這一階段的二里頭遺址考

古邁向了多學科聯合作戰的新時期，大量自然科學技術介入，使得更立體、更鮮活的二里頭時代社會生活的圖景展示成為可能。

圖 4　許宏（左一）在考古現場

更重要的是，這 20 年間，二里頭工作隊發現了眾多「中國之最」——東亞地區最早的核心都邑聚落、最早的城市主幹道網、最早的車轍、最早的「紫禁城」、最早的中軸線布局、最早的多進院落或四合院式宮殿建築群、最早的青銅禮樂器群、最早的青銅器鑄造作坊、最早的大型官營作坊……這些「中國之最」，更充分地顯示了二里頭遺址豐富的文化內涵和重要的價值。

三代考古人像候鳥一樣往返於北京與洛陽，他們站在前人的肩膀上，傳承著二里頭遺址的考古事業。他們把最美的年華奉獻給了洛河岸邊的這座小村莊，書寫了一個充滿泥土芬芳的故事，故事的名字叫「堅守」。如今，在二里頭考古工作站的小院裡，第四代考古人仍在努力尋找著二里頭的輝煌，補充著這個未完待續的故事。

三、千呼萬喚始出來 —— 二里頭遺址的前世

歷經 60 餘年的發掘與研究，這座塵封於黃土之下數千年的遺址，終於得以重現。然而，在這片人口密集的土地上，面對著殘缺不全的地下遺存，想要復原二里頭遺址的完整面貌難如登天。儘管如此，考古人仍滿懷期盼，傾盡全力去勾勒二里頭時代的社會圖景，復原那個曾經燦爛奪目的王朝國家。

‖ 都城繁盛都成了土 —— 二里頭遺址發現的遺跡

　　二里頭的「王朝氣象」展現在遺址發現的大量遺跡中。如透過研究大型工程遺跡、手工業作坊、墓葬、祭祀遺跡、中小型房址、水井、灰坑等遺跡，我們可以了解到二里頭以 300 萬平方公尺的超大規模、嚴整有序的布局規劃、大型夯土宮殿建築為代表的宮室制度，貴族墓葬顯示出的喪葬禮儀制度，以祭壇為代表的國家祭祀制度，銅、玉禮器群及綠松石龍形器等重器展現的器用制度等（圖5）。

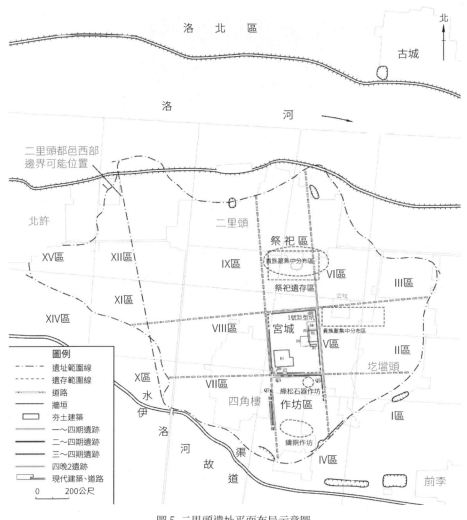

圖 5 二里頭遺址平面布局示意圖

道路網

在二里頭遺址中心區所發現的縱橫交錯的 4 條道路，形成了中國最早的「井」字形道路網絡。4 條道路現存長度 200 ～ 700 公尺，路寬 10 ～ 20 公尺，呈規整的「井」字形排列，構成了中心區主幹道路網絡系統。

「井」字形道路把都城劃分為「九宮格」，祭祀區、宮殿區和官營作坊區這三個最重要的區域恰好在「九宮格」的中路，宮殿區位居中心。

宮殿區南側大路上發現了中國最早的雙輪車車轍痕跡（圖 6）。

圖 6 二里頭遺址中心區的雙輪車轍痕跡（東─西）

宮殿區外圍、道路內側是中國最早的「紫禁城」── 宮城的城牆。

宮殿區的周邊有祭祀區、貴族聚居區和墓葬區、製造貴族奢侈品的官營手工業作坊區，再外圍則是一般性居住活動區域。

二里頭遺址中心區以「九宮格」為框架，形成了「宮殿核心區 ── 祭祀、官營作坊區、貴族聚居等中心區 ── 一般居住活動區」這樣層次清晰、等級有序的布局結構，完全符合「擇天下之中而立國，擇國之中而立宮，擇宮之中而立廟」的都城規劃特點，充分展現出二里頭國家都城等級分明、秩序井然、嚴格成熟的統治格局和禮儀、統治制度，是二里頭進入王朝國家最重要的展現。

宮殿區

宮殿區方正規整，布局嚴謹，面積約為 10.8 萬平方公尺，其內發現了數十處大型建築基址，是二里頭都城的核心區域（圖 7）。宮殿區內的中國最早的多進院落宮室建築群建成於二里頭文化早期。多進院落宮室建築以 3 號、5 號夯土建築為代表。兩者東西並列，中間以通道和暗渠間隔。它們外圍無圍牆，多進院落，院內有貴族墓葬。這些特點與宮殿區外圍無圍牆的布局一起構成了二里頭文化早期宮室建築、宮殿區格局的獨特特徵。其中 5 號基址是目前所知年代最早、保存最好的多進院落大型夯土基址，是中國後世多院落宮室建築的源頭，將多進院落建築模式的源頭上溯到 3,700 年前。

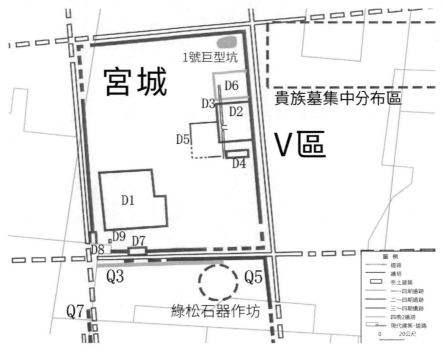

圖 7 二里頭遺址中心區道路網絡、宮城城牆及相關遺跡分布圖

二里頭文化二、三期之交，宮殿區外側透過修建宮城城牆，形成王室禁地，使用於二里頭文化晚期。宮城平面略呈長方形，近南北向，形狀規整，東牆發現了三處門址，南牆西段和西牆南段各發現了一處門址。宮城內有中國最早的沿中軸線布局的大型四合院式宮室建築群（圖 8）。

晚期的中軸線布局的大型四合院式宮室建築群以 1 號、2 號夯土建築群為代表，兩者分居宮城的西南和東北，與中間地帶一起構成了宮城內的東、中、西三路軸線。

圖 8　二里頭遺址宮城城牆東北角（東－西）

圖 9　二里頭遺址一號宮殿基址復原圖

1 號夯土建築群包括 1 號、7 號、8 號、9 號基址的 4 座夯土建築和 2 號牆，約占宮城總面積的 1/7，重要程度不言而喻。1 號基址總面積達 9,585 平方公尺，是 1 號夯土建築群的核心建築，由四圍廊廡和圍牆、主體殿堂、寬闊的庭院和正門門塾等單元組成，規模宏大，結構複雜，布局嚴謹，主次分明（圖 9）。1 號基址應是統治者進行祭祀活動、發布政令的禮儀性建築。7 號基址位於 1 號基址

正南方向的宮城南牆上，兩者有共同的中軸線。宮城南牆建於 7 號基址東、西兩端，8 號基址跨建於宮城西牆南端，推測 7 號、8 號基址應該是宮城城牆西南部的門塾建築。2 號夯土建築群包括 2 號、4 號基址，兩者有共同的建築中軸線，應屬於同一組建築。2 號基址為庭院式長方形夯土臺基，南北長 72.8 公尺，東西寬 57.5 ～ 58 公尺，總面積約 4,200 平方公尺。整個臺基包括四面的圍牆和東、南、西三面的迴廊以及主體殿堂、庭院、南面的門道。庭院內發現了兩處地下排水設施。一處位於庭院東北部，由 11 節陶水管連接而成，安裝在預先挖好的溝槽內。另一處位於庭院的東南部，是一條用石板砌成的地下排水溝（圖 10）。2 號基址或屬宗廟建築。4 號基址位於 2 號基址正前方，包括主殿、東西廡及庭院，東西寬逾 50 公尺，可能是專門舉行某些特殊祭祖典禮的場所。

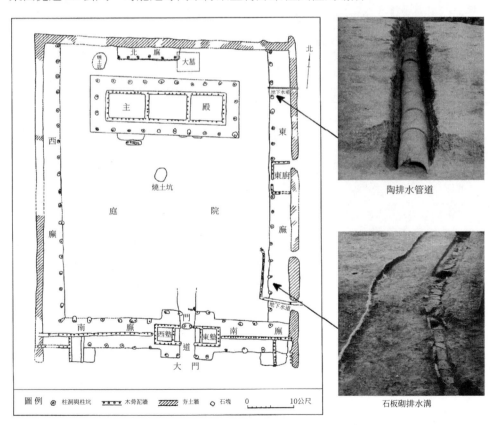

陶排水管道

石板砌排水溝

圖 10　二里頭遺址二號宮殿基址平面圖

貴族墓葬

目前，二里頭文化墓葬已經發現了 500 多座，其中 400 多座發現於二里頭遺址。考古工作者結合墓壙面積、葬具和隨葬品情況，將二里頭文化墓葬劃分為四個等級，墓葬等級越高，數量越少，形成了金字塔式的等級結構。

圖 11　二里頭遺址 1984 VI M11 發掘現場

第一等級的 20 餘座墓葬僅發現於二里頭遺址，分布於宮殿區及其周邊。從數量和內涵看，這些第一等級的墓葬很可能不是二里頭文化中最高等級的墓葬，但也可窺見二里頭文化墓葬等級制度之一斑。

第一等級墓葬的墓室長 2 公尺以上，寬 1 公尺左右，面積多在 2 平方公尺以上，一般有木質葬具，鋪硃砂，隨葬品有銅器、玉器、綠松石器、漆器、陶禮器、子安貝和其他奢侈品等。其中的銅爵、斝、盉、觚（?）、鼎、戚、戈、鉞、刀等組成了中國最早的青銅禮容器、禮兵器群；象徵軍權或君權的玉璧戚、玉圭、玉牙璋、玉鉞、玉戈、多孔玉刀等大型片狀玉器，與可能用於祭祀的柄形器等，組成了二里頭文化的玉禮器群（圖 11）。

青銅器，尤其是青銅禮器，僅見於這一等級的墓葬中，表明青銅禮器是金字塔式等級社會中頂層統治階級身分、地位的象徵，說明二里頭文化中已經形成依照等級的高低而等差有序地隨葬不同材質的器物，尤其是禮器的制度。2002 年，在宮殿區 3 號基址院內 3 號墓中發現了一件綠松石龍形器，長約 70 公分，用 2,000 餘片各種形狀的綠松石嵌片拼接組合而成，規模之大、用工之巨、製作之精，為中國早期龍形象文物所罕見。3 號墓在最接近 3 號基址中軸線的位置，墓中的隨葬物還有鷹形玉柄形器、綠松石器、斗笠形白陶器、漆器、產自熱帶的子安貝等稀有、貴重物品，這些都顯示了墓主特殊的地位。

從分布情況上看，二里頭遺址雖然迄今未發現大型墓地，但多數墓葬仍呈現出相對集中、分區分片的布局特徵，此類墓葬群暫且稱之為墓區。同一墓區的墓葬一般集中分布，東西成列，排列有序，方向大體一致，墓葬之間基本未發現互相破壞的現象，因此推測同一個墓區的多數墓葬屬於同一個親屬集團。同一個墓

區內的墓葬往往呈現出等級差異，這說明在不同家族內部已經出現了等級劃分。

二里頭遺址中，墓葬區分布在同時期生活區的附近，也就是說，與墓葬同一區域的生活區可能就是死者生前的居址或其親屬居住的地方。

作坊區

作坊區位於「九宮格」中路宮殿區以南的道路內側，北部及東部的城牆、南部的壕溝與中心區道路系統一起形成了一個封閉的空間，鑄銅作坊和綠松石器製造作坊可能都在這一範圍內。

在作坊區較中心的位置，發現了澆鑄工場、陶範烘烤工房和陶窯等遺跡，以及陶（石）範、坩堝、銅渣、礦石、木炭和小件銅器等與青銅冶鑄有關的遺物，說明這裡是一個專門進行鑄銅的作坊區域，面積約 1.5 萬～ 2 萬平方公尺。對出土遺物的鑑定結果表明，鑄銅作坊的主要使用時間為二里頭文化二期早期至四期晚期（圖 12）。

作坊區東北部發掘的一處綠松石料坑發掘出了數千枚綠松石塊、粒，包括原料、毛坯、半成品、成品、破損品及廢料等，相當一部分還帶有切割、思索的加工痕跡。這裡還發現了加工用的礪石。由於該作坊主要出土的是管、珠及嵌片之類的裝飾品，因此被稱作綠松石器作坊（圖 13）。作坊面積不小於 1,000 平方公尺，主要使用時間為二里頭文化二期至四期晚期。

圖 12　二里頭遺址出土的冶鑄遺存（花紋陶範、銅渣）

圖 13　二里頭遺址綠松石作坊內出土的綠松石料

這是迄今發現的中國最早的青銅器和綠松石器製造作坊。它們所處的作坊區位於都城中路,外圍有圍牆,表明是被上層人士所控制、壟斷,並為上層服務的。這裡設施齊全,工序繁多,表明這一時期的青銅冶鑄技術和綠松石器製造技術已經達到高超的水準,達成了專業化的生產。

祭祀遺存

「國之大事,在祀與戎」。二里頭作為當時東亞大地上的超大型都邑,祭祀遺跡自然不會缺少,有圓形地面建築、方形半地穴式建築、人祭坑、人祭墓、動物祭祀坑等。

祭祀地點出現在遺址北部的祭祀遺存區、大型宮殿基址、巨型坑、圍垣作坊區等。從發現祭祀遺跡的地點可以大致推測,當時可能存在宮殿奠基祭祀、鑄銅祭祀、祖先祭祀、社祭等多種祭祀活動。宮殿區祭祀遺跡中常發現人牲,且存在若干人牲骨骼不完整的情況,同時也存在使用動物祭祀的情況。二里頭遺址目前發現的祭祀遺存雖不像商代那樣動輒使用上百的人牲或動物犧牲,但祭祀種類已經比較完備,而且形成了一定的規制。

二里頭都城發現多處祭祀遺存較集中的區域。一處分布於宮殿區以北,主要包括多座圓形的地面建築、長方形的半地穴式建築及附屬於這些建築的墓葬。這一範圍東西綿延兩三百公尺。圓形地面建築被認為是「壇」,直徑一般在 5 公尺以內,個別直徑達 9 公尺。壇上分布著一圈至三圈大小相近的「土墩」,坑內填有與壇體不同的土(圖 14)。

圖 14 二里頭遺址的壇類祭祀遺跡

　　長方形半地穴式建築被認為是「墠」，是在淺穴內鋪墊層層淨土，每層之上都有長期活動的地面，往往還有成片的燒土面，一般不見柱洞，可能是沒有屋頂的場地。不同活動面上常排列有整齊的墓葬。

　　另一處分布於宮殿區東北部的 1 號巨型坑，巨型坑平面近似圓角長方形，面積約 2,200 平方公尺，深度一般在 4 公尺左右，最深處近 7 公尺。坑中發現多處以豬為犧牲的祭祀遺存（圖 15）。此外，宮殿區內 1 號、2 號和 3 號建築基址近旁，作坊區鑄銅遺址中，也發現多處祭祀遺存，尤其以 1 號宮殿基址最為集中。1 號宮殿基址主殿北側發現的與祭祀相關的遺跡，絕大多數打破基址的上層夯土，應屬於宮殿使用時期。三座小墓順時針圍繞著一座灰坑，三座墓葬中均無隨葬品，人骨很可能是用於祭祀的人牲（圖 16）。與祭祀相關的遺跡分布集中，活動面層層疊壓，表明二里頭都城中祭祀活動非常盛行。

圖 15　二里頭遺址宮殿區 1 號巨型坑中發現的用豬祭祀遺跡

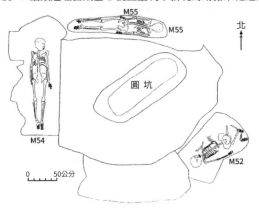

圖 16　一號宮殿基柱基址主殿北側的祭祀遺跡

二里頭都城規模宏大，形制規整，排列有序，宮殿區南北一線分布著官營作坊區、祭祀區、貴族聚居區等，充分展現了「擇天下之中而立國，擇國之中而立宮，擇宮之中而立廟」的都城規劃思想，展現了二里頭早期國家政治和宗教權力的高度集中以及等級分明、秩序井然的統治格局，表明二里頭都城很可能是二里頭國家政治、文化和精神統治的中心，獨具中國古代政治文明特質的王朝禮制已經形成。很多學者認為其與夏王朝高度對應。

器物萬千今猶在 —— 二里頭遺址發現的遺物

二里頭遺址出土的器物種類繁多，有陶器、石器、銅器、玉器、綠松石器、骨器、蚌器、角器、牙器、貝器、漆器、紡織品等，共 2 萬餘件。雖歷經數千年滄桑，但都能在一定程度上反映二里頭文化時期的生產與生活狀況。其中，綠松石龍形器、乳釘紋銅爵、牙璋價值最大，有人稱之為「超級國寶」。

綠松石龍形器

綠松石龍形器於 2002 年發現於二里頭遺址 3 號基址院中的 3 號貴族墓葬內。3 號貴族墓葬最靠近 3 號基址中軸線，是目前發現的二里頭文化早期墓葬中出土器物等級最高、最豐富的一座墓葬。出土遺物有銅器、玉器、綠松石器、漆器、陶器和熱帶海貝等，總數達上百件。

綠松石龍形器出土於墓主人的右肩和左大腿之間的骨架之上，頭向西北，尾向東南，一件銅鈴置於龍身中部，原可能放在墓主人手邊或者繫於腕上。綠松石龍形器由 2,000 多片各種形狀的綠松石片組合而成，每片綠松石的大小僅有 2 ～ 9 公釐，厚度僅 1 公釐左右。綠松石龍形器體長，巨頭蜷尾，龍身曲伏有致。龍頭隆起於托座上，托座近似梯形，由綠松石片黏嵌而成，呈淺浮雕狀。龍頭為扁圓形，吻部略微突出。額面中脊和鼻梁由三節實心半圓形的青、白玉柱組成，綠松石質地的蒜頭鼻碩大而醒目。鼻子兩側弧切出對稱的眼眶輪廓，形成梭形眼，龍睛為頂面弧凸的圓餅形白玉。龍身長約 65 公分，略呈波狀起伏，中部出脊。綠松石片組成的菱形主紋象徵龍鱗，連續分布於全身。龍身近尾部漸變為圓弧隆起，尾尖內蜷，若游動狀，躍然欲生（圖 17）。

圖 17 二里頭遺址發現的綠松石龍形器

　　距綠松石龍尾端約 3 公分處,有一件由幾何形和連續的似勾雲紋的圖案組合而成的綠松石條形飾,幾乎垂直於龍體。兩者之間有紅色漆痕相連。推測它原來應黏嵌在木、革之類的有機物上,其所依託的有機物已腐朽無存。由龍首至條形飾,總長超過了 70 公分。

　　有學者認為這是早期的旌旗,其上裝飾了升龍的形象。用死者生前所用的旌旗覆蓋於屍體之上,應該是早期旌旗制度的反映。《詩經》中記述周王宗廟於祭祀,有「龍旗陽陽,和鈴央央」的場景描寫,其中「龍旗」與「鈴」並列對舉,與該墓中龍牌與銅鈴共存的情況頗為契合。墓主人應是供職於王朝的巫師,其所用龍旌具有引領亡靈升天的宗教意義。這一綠松石龍形器規模之大、用工之巨、製作之精,為中國早期龍形象文物所罕見。二里頭遺址地處有「最早的中國」之稱的洛陽盆地,因此綠松石龍形器被稱為「中國龍」。

乳釘紋銅爵

　　乳釘紋銅爵與七孔玉刀、龍形牙璋、玉鉞等器物一同發現於 1975 年,很可能出自同一貴族墓葬中。乳釘紋銅爵修長、挺拔,厚薄均勻,腹部飾有 5 個乳釘紋,造型優美,製作精良。

　　銅爵是二里頭文化,也是中國最早的青銅禮容器,是中國青銅鑄造技術發展史上的一大飛躍。目前,銅爵主要發現於最高級別的貴族墓葬中,是二里頭文化最核心的禮器。鑄造銅爵等造型複雜的酒器,需要遠距離開採銅礦,需要高技術冶煉、鑄造。它是一種多工種合作的產物,所以,以銅爵為代表的青銅禮容器的出現,表明宮廷禮儀、王朝統治模式和社會結構在二里頭文化時期發生了重大轉型,是中國歷史進入王朝時代的一個重要象徵。鼎、爵、斝等青銅禮器的出現,更是拉開了商周時期青銅禮器制度的序幕,影響深遠(圖 18)。

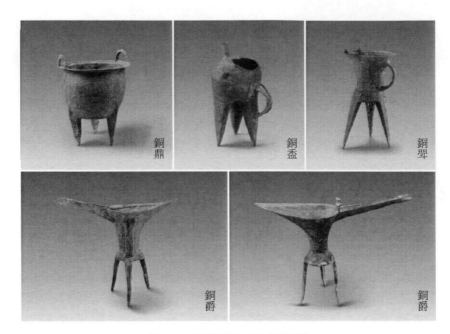

圖 18　二里頭遺址出土的青銅禮器

玉器

　　二里頭文化玉器以禮器儀仗和裝飾類為主，其中的璧戚、牙璋、鉞、刀、柄形器等尤為引人注目（圖 19）。大型玉禮器往往出土於規格較高的墓葬之中，且通常與青銅禮器、陶禮器、漆器共存，組合成二里頭文化禮器的核心，是國家禮儀制度的物質代表。

　　二里頭文化玉器的工藝技術包括鋸片切割、鑽孔、減地、陰刻及打磨等，後世玉器加工的技術在這一時期已基本具備。這裡需要提及一下鑽孔技術。二里頭遺址出土玉器的鑽孔技術非常成熟、穩定。龍山時期，製陶業已相當先進，快速轉動的輪盤裝置是其關鍵之一，結合實驗考古研究，推測二里頭文化時期的玉器鑽孔技術中應當使用了輪盤和轆轤軸承器裝置。

　　二里頭遺址出土的牙璋影響很大。牙璋最早出現於龍山時代的海岱地區，到了二里頭文化時期，發生了重要變化。一是牙璋巨大化，牙璋長度由原先的 20 ～ 30 公分增大到 50 公分左右。二是扉牙龍形化，對比二里頭遺址以往發現的龍紋形象，牙璋一端的扉牙似長方形張嘴龍頭的側面形象（圖 20）。三是牙璋禮器

化，二里頭遺址的牙璋都出自第一等級的貴族墓葬中，表明牙璋在當時已經是權力和身分、地位的象徵，是二里頭文化的核心禮器之一。

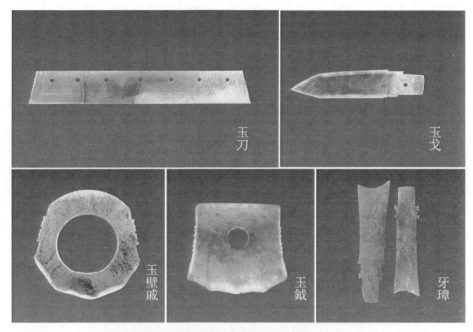

圖 19 二里頭遺址出土的玉器

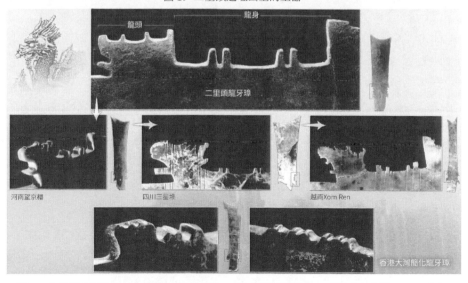

圖 20 龍牙璋扉牙演化（引自鄧聰、顧萬發：《東亞牙璋圖展》，香港中文大学，2016 年）

　　牙璋被視為東亞地區國家政治制度形成的一種物質象徵。學者對牙璋器型、痕跡、施紋方式等進行了系統研究，發現二里頭文化的牙璋影響遍及中國南部，如香港大灣，遠至越南紅河流域。如果把出土牙璋的地點連繫起來看，可知二里頭遺址恰好位於擴散的起點或中介點。二里頭遺址的牙璋被認為是玉器中的核心禮器，其擴散與影響反映的是中國早期國家制度的起源與擴散。

▎二里頭文化的劃時代意義

　　二里頭文化的出現，使東亞文明的腹心地區 —— 黃河和長江流域，開始由「多元化」的古國文明走向「一體化」的王朝文明，這是其最顯著的意義。

　　這一劃時代的變革對商周文明產生了深遠影響。二里頭文化是商王朝早期階段 —— 二里崗文化最直接的源頭，對後者的禮制文化的內涵與王朝社會的政治結構，乃至控制區域，產生了直接和重大的影響。

　　二里崗期和殷墟期的商王朝繼承和發展了二里頭文化以來的社會統治方式，吸納了更廣大區域內的宗教祭祀形式，確立了華夏早期禮樂文明的基本特質。它包括城市規劃方式和設計理念，建築布局，宮室制度，墓葬制度和以青銅禮器為核心的器用制度的整合，因祭祀祖先而盛行的殉牲和人殉、人牲，王權在神的名義下實施的占卜行為，記錄占卜結果的文字等。僅就青銅禮器的使用而言，器物組合所標示的等級制度進一步明確了，是否占有鼎、爵和其他青銅禮器以及占有數量的多寡，成為貴族身分、地位的重要表徵。鑑於此，著名漢學家艾蘭教授指出，從二里頭到周代的整個中國青銅文明，由禮器、禮儀（祭祖）活動到禮書上的「禮」，無論器用層面，還是其中所顯示的貴族文化底蘊，都是一以貫之的。

　　以商文明為主幹，在黃河、長江流域形成更大的地域性青銅文化的交流網。這一文化交流網的擴展，使得以周王朝為代表的中國青銅文明進一步拓展，是秦漢王朝版圖形成的前提。可以說，二里頭時代以二里頭文化為核心的社會整合與制度建設，透過商周王朝的擴展與分封逐漸達成制度化。

　　總之，二里頭文化以其高度輝煌的王朝氣象、高度發達的控制網絡和統治文明，成為距今 3,800 至 3,500 年前後東亞地區最早的核心文化，進入廣域王權國家階段。其所在的中原腹心地區在與周邊文化長期交流互動中相互促進，兼收並

蓄，最終融匯、凝聚出成熟的文明形態，率先進入王朝文明階段。與此同時，其他區域多進入文化和社會的衰落時期。二里頭文化向四方強勢擴張，輻射文化影響力，中國歷史由「多元化」的邦國時代進入到「一體化」的王國時代。這一劃時代的變革對商周文明產生了深遠影響，奠定了古代「中國」的基礎。二里頭文化當之無愧地成為中華文明總進程的核心與引領者。

四、第一王都的今生

如何將二里頭遺址這一華夏大地上最早的廣域王權國家的考古發現更好地展示給大眾，是考古學家一直思索的問題。如今，二里頭夏都遺址博物館、二里頭考古遺址公園已經建成並開放，這對二里頭遺址的內涵和價值傳播造成了巨大的推動作用。

二里頭夏都遺址博物館依託二里頭遺址而建，集中展示了夏代歷史、二里頭遺址發掘成果、夏文化探索歷程、夏商周斷代工程以及中華文明探源工程五方面的內容。二里頭夏都遺址博物館的建立，真正讓第一王都的偉大成就「飛入尋常百姓家」，讓歷史與文明回歸人民（圖21）。

圖21 二里頭夏都遺址博物館

黃河流域

　　二里頭考古遺址公園位於二里頭夏都遺址博物館北側的二里頭遺址之上，園內對二里頭文化時期的古伊洛河故道、道路網絡系統、宮城城牆、宮殿建築基址群、鑄銅作坊遺址、綠松石作坊遺址、祭祀遺址等遺跡都進行了模擬復原展示。觀眾置身其中，可以親身感受華夏第一王朝的宏大規模、嚴整規劃和王朝氣勢。

　　二里頭遺址發現 60 餘年來，各級政府機構、國內外專家、民眾的關注和支持，有力地促進了工作的推動。田野考古、研究、保護、展示、利用、價值傳播和普及工作的成績和缺點並存，動力和困難同在，希望和挑戰相伴。任重道遠，我們意識到了肩上擔子的份量，也對後繼有人的二里頭田野考古、多學科研究究、文化遺產保護、展示、利用、價值傳播和普及工作的未來充滿信心。在科學、協調、永續發展的理念下，二里頭遺址各項工作將譜寫出新的篇章，為學界提供更豐富的研究素材、思路與鏡鑑，保護文化遺產，傳承民族文化，為大眾提供更有歷史文化魅力的精神食糧。

城子崖遺址

朱超
山東省文物考古研究院

孫波
山東省文物考古研究院

龍山，山東省濟南市章丘區龍山村裡一座普通的山。在一般人眼裡，它只是一座山，一個再普通不過的地名罷了，稱其低丘都有過之而無不及；在考古人眼裡，龍山可是響噹噹的，是中國考古學史上提及率最高的名詞之一，一直頂著「考古聖地」的光環。這裡是中國人自己發現、自己主持發掘的第一座史前城址 —— 城子崖遺址的所在地，是龍山文化的命名地。最為重要的是，這裡發現的黑陶文化與先前所見的彩陶文化截然不同，有力地反駁了 20 世紀早期盛極一時的中國文化「西來說」。

一、發現 —— 偶然中的冥冥注定

1928 年 3 月 24 日上午 10 點，一輛從濟南開往青島的火車停在了章丘西部的龍山火車站。車上下來兩位年輕人，一位叫吳金鼎（圖 1），一位叫崔鴻澤。吳金鼎此時是齊魯大學助教，此行的目的是調查位於龍山的東平陵城遺址。當時，誰也沒想到，這兩個人的龍山之行，竟然觸動了揭開龍山文化面紗的啟動鍵。

圖 1 吳金鼎

黃河流域

　　吳金鼎和崔鴻澤從車站步行前往東平陵城遺址需要跨過武原河，河東岸有一條大溝，溝底的道路是通向東平陵城的必經之路。大溝兩壁峭立，溝口有一塊寬闊的臺地，當地人俗稱城子崖。走在溝底，吳金鼎不經意間抬頭，忽然發現陽光照耀下的山崖兩壁土層中隱約露出大片灰土和一些陶片，形成了一條延續數公尺的古文化地層帶。這讓吳金鼎興奮不已。但調查東平陵城遺址的工作在等著他們，他們只得先匆匆離開。可是這個偶然的發現始終縈繞在吳金鼎的心中，揮之不去。所以，不久之後，吳金鼎再次來到龍山鎮進行初步考察，初步確認有「一部古代史蹟深藏黃土層中」。吳金鼎興奮地向史語所作了詳細匯報。

　　1929 年，吳金鼎獲聘為史語所助理員。同年 7 月 31 日，吳金鼎奉導師李濟（圖 2）之命再次來到龍山，專門就古文化地層帶的發現進行考察。這次龍山之行，吳金鼎大致摸清了後來被稱為城子崖遺址的範圍和文化堆積狀況，對遺址所蘊含的文化屬性也作了初步但謹慎的判斷，特別注意到了不同層位出土的遺物存在明顯差異。他發現這裡沒有出現金屬器遺物，而有磨光黑陶遺物，因此初步判斷這裡應該是一處新石器時代文化遺址，將出土遺物中的磨光黑陶定義為這一遺址的特徵（圖 3）。

圖 2　李濟

圖 3　城子崖地貌

李濟看了吳金鼎關於城子崖遺址的考察報告後非常興奮。在那個年代，這可是中國人在自己的國土上發現的為數不多的史前文化遺址啊！

1928 至 1929 年，吳金鼎先後六次奔赴龍山，考察了城子崖周邊的古遺址分布情況，並對一個叫做「魚脊骨」的地方進行了小規模的試探性發掘，發掘出了骨鏃、石刀等一批重要遺物。前期的細密調查為城子崖遺址的發掘奠定了良好的基礎。

二、發掘 —— 路漫漫其修遠兮

吳金鼎關於城子崖遺址的調查結果得到史語所所長傅斯年先生的肯定。經過認真思考，史語所決定對城子崖遺址展開考古調查。

經過短時間的籌備，山東古蹟研究會成立，傅斯年當選委員長，李濟為工作主任，王獻唐為祕書，委員分別是傅斯年、李濟、董作賓、郭寶鈞、楊振聲、王獻唐、劉次蕭、張敦訥（圖 4）。1930 年 11 月 7 日，由李濟、董作賓、郭寶鈞、吳金鼎、李光宇、王湘組成的考古隊，正式開始了對城子崖遺址的發掘工作。

櫛風沐雨 90 年，城子崖遺址從發現至今，共經歷了三個階段的考古工作，每次發掘間隔數十年，前後歷時近一個世紀。

圖 4 山東古蹟研究會成立會議合影

第一階段，1930 至 1931 年

　　第一階段的考古工作由史語所負責，先後由李濟和梁思永帶隊，分兩次進行。

　　1930 年 11 月 7 日至 12 月 7 日是第一次發掘（圖 5）。發掘前期對遺址進行的實地測繪顯示，城子崖遺址南北長 450 公尺，東西寬 390 公尺，總面積 17.55 萬平方公尺。發掘共開挖 10 公尺 ×1 公尺規格的探溝 44 個，發掘面積 440 平方公尺。探溝深度最淺的 1.35 公尺，最深的 6.2 公尺。出土了 23,878 件文物，其中陶器與陶片 20,918 件，骨、角器 1,864 件，蚌器 847 件，石器及其他 249 件，還有不少人、獸骨骼。

圖 5　城子崖遺址第一次發掘開工合影

　　第一次發掘結束後不久，舉辦了兩次出土古物展覽，作為這次重大考古成果的展示。

　　1931 年 10 月 9 日至 31 日是第二次發掘，由梁思永主持。其時，梁思永剛從哈佛大學考古學系畢業回國。科班出身的他，對這次發掘進行了諸多改進，除了使用統籌人工安排、用布袋替代包裝紙、變更記錄方法等增進工作效率的辦法之外，還改進了田野發掘方法，運用地層學的原理，按土質、土色清理和劃分地層，測繪探溝剖面圖。透過這些先進的方法，考古隊員發現了整個遺址地層堆積可以劃分為上層灰土層和下層黑土層兩個明顯的層次，並且在下層黑土層中發現了夯土城牆遺跡。這次發掘共開挖 45 個探溝，發掘面積 1,520.8 平方公尺。除發現了大批遺物，大大豐富了對龍山文化內涵的認知之外，還將前次發掘發現的城址時代由灰陶期提前到黑陶期。

1930 年代，中國考古學剛剛起步，畢竟缺乏經驗，學科水準，尤其是對地層學的認知還非常有限，分析、解讀地層現象的能力還很薄弱，因此不可避免地存在一些認知上的問題。比如，城子崖遺址的地層雖然清楚地分出了灰陶期與黑陶期兩大層，然而黑陶期實際上包括龍山文化和岳石文化兩個階段，那個時候沒有識別出岳石文化，導致考古學界長期認為在黑土層內發現的夯土城牆就是龍山文化城牆。直到 1970 年代，岳石文化作為一個獨立文化從龍山文化中區分出來後，黑土層內城牆的年代問題隨之產生。而早年的發掘成果無法解決這個問題，致使它一度成為「懸案」。

▌第二階段，1989 至 1991 年

1989 年 6 至 7 月間，時任山東省文物考古研究所所長的張學海委派羅勛章率領一支鑽探小分隊，對城子崖遺址進行了網格式普探，探得城子崖遺址下層普遍存在龍山文化堆積，堆積的範圍也比較明確。1990 年 3 月，張學海所長親自掛帥，帶了一支重要隊伍開赴龍山，著手解決城牆的年代懸案。為了確保萬無一失，張所長決定發掘前進行一輪復探。3 月 16 日，復探工作開始，先從遺址的東沿與西沿下手。令人興奮的是，當天上午，就在殘垣西坡根的黃土下發現夯土，距離地表 4 公尺深，夯土痕跡向南北延伸。考古隊順著其延伸方向追蹤，終於發現夯土圍繞遺址。它深 2.5 ～ 5 公尺，以夯土外沿計算，面積達 20 萬平方公尺，龍山文化堆積全在其內部，外部卻不見，顯然這是城子崖遺址下層的城基。旗開得勝，張所長和隊員們欣喜不已，但他們此時並不知道，試掘之後的更大發現將震驚考古界。

勘探結束後，他們並沒有貿然開挖新的探方，而是選擇復掘編號為 C1、C2、C3、C4 的老探溝，並與老探溝東側 1 公尺處開挖的新探溝進行了對比（圖 6）。一對比才發現，原先所說的黑陶期城址其實是岳石文化城址，岳石文化城牆下也發現了龍山文化夯土城牆。這樣一來，就修正了 1930 年代黑陶期城址為龍山文化城址的判斷，解決了黑陶期城址的年代問題。

之後，他們對城牆進行了貫穿式解剖。對岳石文化城牆解剖後發現了基槽和版築痕跡，這使考古隊員對岳石文化城牆建築技術有了深刻認知。

同時，考古隊員在西牆中部岳石文化城址城牆內側又發現了春秋時期的城牆，遺址的多個方位都有龍山文化、岳石文化、周代城垣互相疊壓的地層現象，說明復探探出的下層城垣遺跡並不是一座城，而是分屬龍山文化、岳石文化的兩座城。原來，城子崖遺址存在三個歷史時期的城址，三者形制一致，互相疊壓（圖7）。

圖 6 成子崖遺址 C1–C4 探溝復掘
（由北向南拍攝）

圖 7 成子崖遺址各期城牆疊壓關係（B1-B5 探溝）

第三階段，2010 至 2019 年

之後的 20 多年，城子崖遺址好像淡出了人們的視線，就那樣靜靜地沉寂著，似乎等待著新的時機，繼續向世人訴說不為人知的祕密。

隨著中華文明探源工程的啟動，為配合主題研究及城子崖國家考古遺址公園建設，山東省文物考古研究所聯合北京大學考古文博學院對遺址進行了新一輪發掘。這次發掘分為兩部分：一是對老探溝的復掘、連通及相關勘探，二是對岳石文化晚期城門進行系統發掘。

三、收穫 ——「考古聖地」結新花

2013 年，對城子崖遺址新一輪的考古發掘開始了。擺在考古隊員面前的首要問題是如何與前兩次發掘進行有效連接，畢竟距上次城子崖發掘已經過去了整整 20 年。第二次發掘因為種種原因，發掘資料未能完全整理出版，可供參考的圖文資料也非常有限，替這次工作帶來了一定的影響。

領隊孫波在對前兩次發掘做了系統分析後認為，對分布於遺址各個區域的老探溝進行復掘，對地層剖面進行重新刮壁釋讀，是最有效的選擇。於是，一條南北向的縱中探溝（圖8）進入考古隊員的視野。它是老探溝中最長的一條，幾乎

貫穿整個遺址,《城子崖》報告中繪製了完整的縱中探溝地層剖面圖(圖9),選擇它可以讓發掘者做到心中有數,新地層與舊圖紙的對比也有助於地層堆積的重新辨識。

圖 8 成子崖遺址縱中探溝復掘(由南向北拍攝)

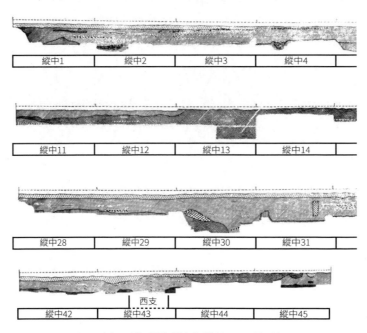

圖 9 《成子崖》報告縱中探溝頗面圖(部分)

▎震驚 —— 同一處遺址，竟然有四個不同時期的城垣

復掘開始後，考古隊員很快便於縱中探溝（編號 TG44-45）內發現夯土城牆遺跡（圖 10）。根據這段城牆層次清晰、夯築水準高的特點，考古隊員們判斷它絕非山東地區龍山文化時期的城牆，那麼它究竟是什麼時期的呢？

為確定這段夯土城牆的具體年代，考古隊員對老剖面壁上暴露的陶片進行了收集與辨識，未見東周時期的遺物，判斷它最晚也屬於岳石文化時期。再與 1990 年代發掘的西城牆岳石文化城垣進行對比，發現兩者差別不大，工藝水準較為接近，因此判斷其時代應屬於岳石文化。

老縱中探溝最北端僅到編號 TG45，北側還有豐富的地層堆積，那裡是否存在與城牆對應的壕溝呢？那裡是否還能發現龍山文化城垣呢？孫波決定將縱中探溝繼續向北延擴 20 公尺，延續老編號方法，將它們編為 TG46 與 TG47。

這 20 公尺不挖不要緊，一挖，很快又發現了城牆夯土遺跡，而且一發現就是兩條，並且找到了各自對應的壕溝。這一發現讓所有考古隊員始料不及。

其中靠內側的一條為從平地起建的城垣（圖 11），夯築工藝較為原始，殘存高度僅 1.1 公尺，夯土層薄厚不一，土質純淨，包含物極少，與山東地區已發現的龍山文化城垣基本一致，可以確定無疑地說就是龍山文化城垣。

圖 10 成子崖遺址岳石文化晚期城垣剖面　　　　圖 11 成子崖遺址龍山文化城垣剖面
（自南向北拍攝）　　　　　　　　　　（自南向北拍攝）

另一條城牆夯土遺跡位於龍山文化城垣北側，基槽打破了龍山文化城垣北端。與原先所見的城垣不同的是，它擁有深而陡的基槽，夯土層水準，厚度較岳石文化城垣稍薄，土色整體呈花土狀，明顯經過了摻和。夯土中僅發現少量岳石文化陶片，絕大多數陶片均為龍山文化遺物（圖12）。很明顯，從出土最晚的遺物判斷，它的相對年代不會早於岳石文化。那它會不會是東周時期的呢？與城子崖已發現的東周時期城垣的夯土進行比較後，發現它們的差別也很明顯。第一，它與已發現的依附於岳石文化城垣內側的東周城垣位置不同，簡單地

圖12 成子崖遺址岳石文化早期城垣剖面
（自南向北拍攝）

說，就是城圈範圍大小不相同（圖13）。第二，它擁有獨立的基槽，基槽壁異常陡峭，夯土層較東周城垣厚。最為重要的是，夯土中沒有發現一片屬於周代或更晚時期的遺物。那它是什麼時期建造的呢？

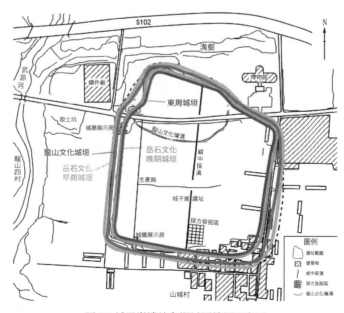

圖13 城子崖遺址各期城圈範圍示意圖

　　城子崖並不存在商代城垣，現在只有一個可能，它還是岳石文化時期的城牆。「兩條岳石文化時期的城垣」這個結果一出，考古隊員的興奮被點燃了——兩條城圈都屬於岳石文化，那它們是同時期的呢，還是不同時期的呢？這一年代學問題需要更加有力的證據來說明。考古隊員對這條城垣夯土中包含的有效樣本進行了碳14定年，結果顯示，它的絕對年代晚於龍山文化城垣，但早於已發現的岳石文化城垣。至此，它的性質終於確定下來。這條城垣建造於岳石文化早期，範圍比先前發現的岳石文化晚期城垣大，依附於城子崖臺地邊緣，外側緊鄰用於防禦的壕溝。而那條最早發現的岳石文化城垣則是在早期城垣廢棄後重新建造的，範圍比早期的明顯縮小了很多。

　　至此，1990年代得出的城子崖存在龍山、岳石、東周時期三重城垣的結論得到了更精準的判斷，那就是城子崖存在龍山、岳石、東周三個時期的四重城垣，其中嶽石文化存在早、晚兩期獨立城垣。

▎早期環壕聚落初現

　　城子崖除了龍山中、晚期的遺跡與遺物外，還存在一批早於龍山文化城垣建造年代的遺存，其中就有2013年於縱中探溝北半部發現的為數不多的幾座龍山文化墓葬。從墓葬出土遺物判斷，它們是遺址內年代最早的遺存。那麼，在龍山文化城垣建造之前，城子崖又是一種什麼樣的形態呢？

　　無獨有偶，2013年秋冬，在復掘縱中探溝時，在縱中探溝TG29中部發現了一條比較特殊的溝狀遺跡。它掛在探溝東西兩壁上，溝口略寬，約7.1公尺，斜壁，底部略呈圓底，深約2.6公尺，溝壁和溝底均很規整。很明顯，這是一條人工挖掘而成的壕溝。從地層關係判斷，其年代不晚於先前發現的龍山文化早期墓葬。當時的執行領隊朱超很快將這個發現反映給領隊孫波。孫波在觀察了這條溝的形制特點後，提出能不能向東西兩側再勘探一下，看看它是否向外延伸。考古隊員抱著試試的態度，沿著探溝兩側向外勘探，很快發現其一直向兩側延伸。他們感覺這條溝可能很不一樣，於是立即調集勘探隊，進行大範圍追探。果然，皇天不負有心人，這條呈圓弧狀的壕溝，從探溝TG29向東西兩側延伸150公尺後向北拐去，東北所達位置與西北所達位置將遺址北部與中南部劃分開來，形成一

個面積約 4 萬平方公尺的近圓形區域（圖 14）。這不就是一個完整的環壕聚落嗎？再回過頭來看看龍山文化早期遺存的分布，幾乎全在這個環壕內部。所有的線索說明，在龍山文化早期，城子崖存在著一個面積約 4 萬平方公尺的環壕聚落，這就是城子崖城址早期的雛形。

▌築城技術有序發展

城子崖先民從早期環壕聚落出發，經過龍山文化中期的築城，岳石文化早、晚期兩次重建，直至東周時期，其築城技術從原始階段逐漸走向成熟。分析各期城牆的形態特徵，可以很容易看出它們之間傳承有序的發展。

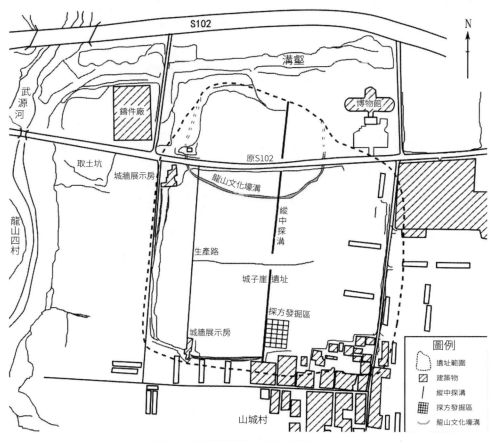

圖 14 城子崖遺址龍山文化環壕位置圖

史前城址源於環壕聚落，城子崖也不例外。壕溝是最為原始的防禦性設施，它的出現是聚落建設的巨大進步。城子崖龍山文化時期的城垣非常低矮，往往僅有1公尺多高。這一時期，原始的夯築方式沒辦法把城牆築得太高，所以這種城牆的防禦能力非常有限，人們只能透過在城牆外側挖掘寬度達數十公尺的壕溝進行防禦。

圖15 城子崖遺址龍山文化
城垣頂部小基槽

為了加強城址的防禦效果，特別是防禦弓弩一類遠程投射武器的攻擊，他們往往還會在城牆頂部再設一道柵欄或土牆，形成壕溝內側的第二道保險。2017年，在發掘遺址北端一處龍山文化城牆時，在牆頂發現了三段基槽。三段基槽呈一線排列，基槽內有柱洞，可能就是柵欄或土牆一類輔助設施的遺留（圖15）。柵欄或土牆雖然形成了一定的保護作用，但壕溝仍然是最主要的防禦設施。這時期的城址實際上與環壕聚落一樣，仍未完全擺脫依靠壕溝進行防禦的模式。

到了岳石文化早期，城址繼續沿用龍山文化城垣與壕溝緊密相連的防禦組合方式。不同於龍山文化城垣，岳石文化早期城垣開始出現基槽，基槽的出現為城垣的增高提供了必要條件。岳石文化早期城垣的基槽是借用龍山文化壕溝陡峭的內溝壁修整而成。修整這種基槽並夯築起來的目的，一開始可能僅僅是對人們居住的高臺邊緣進行加固，這也使得高臺內外地表存在一定高差，從壕溝外側向城內觀望，城內猶如「高臺」，外貌上與龍山時期的「外觀高牆聳立，內看如土嶺圍繞城周圍」相近。這種高差便是城垣防禦功能的展現。但此時牆垣是否高出城內地面很多，目前還沒有直接的證據。

岳石文化早期的築城方式與束棍夯具、版築工藝的引入有直接的關係。這些先進技術使城垣築造能力得到進一步提升，牆體工藝在先進技術的推動下有向高水準發展的可能。城垣與壕溝的防禦角色隨之發生了潛移默化的轉變。此時，城址的防禦不再主要依賴城外寬大的壕溝，城垣本體開始承擔起更多的防禦職能。所以，這個時候，岳石文化早期城址的壕溝與龍山時期的壕溝相比已大大變窄了，大約只有龍山時期壕溝寬度的 1/4 ～ 1/3。

到了岳石文化晚期，隨著商人的到來，這種利用高臺進行防禦的方式已經無法抵禦外部強敵的入侵，這時就急需一種獨立高聳的城垣進行有效防禦。在繼承和發展岳石文化早期築城技術的基礎上，一道高高聳立的城垣被築起。這種城垣與歷史時期的城牆已經非常接近了。為了避免城牆被雨水沖刷造成損壞，岳石文化晚期的人們發明了一種新的技術，那就是在城牆側面用黏土再夯築一個保護層，我們稱之為「包夯」（圖 16）。這可能是歷史時期城牆外側包磚的雛形。

城牆承擔起了最主要的防禦職能，壕溝的防禦功能被大大弱化。如果壕溝仍然離城垣太近，壕溝內的積水就會成為城垣垮塌的隱患。為了防止這種情況，壕溝與城垣自然而然地分開了。此時的壕溝除了發揮次要的防禦功能外，其主要作用可能就是為城內排水。

東周時期的城牆是在岳石文化時期城牆的基礎上修建的，除了夯築水準有所提高外，基本模式與岳石文化晚期城牆大體一致。

岳石文化晚期城門驚現「一門三道」結構

經過數次大規模的勘探，可以確定城址存在南北兩個門。南門因南部村莊的取土破壞，保存很差。2015 年的發掘，僅能大致確定南門的位置，但具體結構已無從知曉了。為了弄清岳石文化晚期的城門結構特徵及平面布局，2017 年，考古隊選擇保存相對較好的岳石文化晚期城址北門進行了小面積試掘，很快找到北門址豁口的位置，並揭示出門道西側部分城牆的主體。奇怪的是，對應的門道另一側，即東側的二三十公尺範圍內，卻沒有發現絲毫夯土城牆的痕跡，再往東就是城外壕溝了，那一半城牆去了哪裡呢（圖 17）？

帶著這個疑惑，2018 至 2019 年，考古人員在試掘基礎上，試圖透過向東南方向擴大發掘面積找到門址的一些線索。發掘前的勘探發現，與門道西側城牆夯土類似的遺跡出現在東南方向 80 公尺的位置。但 80 公尺的寬度太寬了，不太符合正常規律，於是領隊決定對這 80 公尺的區域再次進行集中勘探。結果發現，這 80 公尺區間裡只有零星類似夯土的遺跡，但這種夯土與先前發現的夯土又存在著較大的差別。這 80 公尺到底是什麼情況呢？帶著這個疑問，發掘開始了。

經過數月的發掘、清理，這片區域的全貌終於呈現在了大家面前（圖 18）。

在西北——東南方向近 80 公尺的範圍內，發現了一系列與門址相關的重要遺跡。其中，兩段獨立的夯土墩臺規模較大，兩個墩臺將這 80 公尺分割成 3 個相毗鄰的豁口。根據以往的考古經驗，豁口處應該就是當時城門開設的位置，而三個豁口相隔如此之近，讓人很難理解。但可以肯定的是，它們應該都是北門址的組成部分。根據豁口分布位置的不同，考古隊員將它們分別稱為北偏門、中門、南偏門。

圖 16 城子崖遺址岳石文化晚期
城垣頂部內側「包夯」結構（自南向北拍攝）

圖 17 2017 年成子崖遺跡
北偏門發掘區全景（上為北）

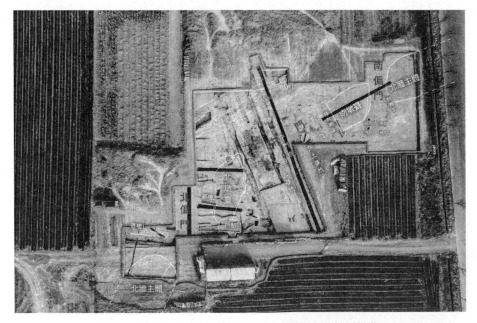

圖 18 城子崖遺址岳石文化晚期北門址全景（自西向東拍攝）

北偏門豁口寬約 8 公尺，豁口兩側各有一個長條形夯土基槽，分布著規律的柱洞，其中一個較大的基槽柱洞下墊有柱礎石。據此，考古隊員推測，門道上部原先應該有附屬建築。

南偏門豁口寬約 5 公尺，內側對稱分布著 4 個大柱坑。柱坑大小、深度、填土完全一致。可能南偏門內側原先也有其他附屬建築。

中門豁口寬約 25 公尺，豁口處發現兩個 2 公尺多長的橢圓形夯土遺跡，它們又將中門等分為 3 個門道，即北門道、中門道、南門道，每個門道寬約 7.5 公尺。在北墩臺西側還發現了一座具有警衛性質的門塾建築，與現在的門衛房的作用比較接近。

岳石文化晚期北門城址的形制輪廓基本清晰了。它布局較為規整，結構略顯複雜，功能建築較為齊全，特別是中門「一門三道」的結構，已經具有了某種特殊的政治禮儀功能，這也間接反映出此時城內居民構成可能已經出現了明確的等級化。

據考古研究，「一門三道」結構被最早用於城門的是楚國的紀南城，形成時間大約在春秋晚期至戰國初期。城子崖岳石文化晚期城址中門「一門三道」結構足足比其早了 1,000 年，稱其為「岳石第一門」一點都不為過。

四、東方先民的遺物

城子崖遺址出土了大量珍貴的文物，其中以陶器最為典型。這些陶器造型獨特，做工精良，其紋飾與造型反映了東夷部族不同於其他區域的原始信仰與圖騰崇拜。

東夷部族以鳥為圖騰。傳說，東夷先祖少皞在最初立位時，恰好有神鳥鳳凰飛來，鳳凰是吉祥的徵兆，因此拜鳥為師，並以鳥名來命名各種官職。城子崖遺址也出土了大量以鳥形為裝飾的器物，它們都是東夷部族以鳥為圖騰最直接的實物證據。

山東大汶口文化與龍山文化均盛產陶鬶，龍山文化的陶鬶造型尤為精美。陶鬶有三個袋足，分襠而立，前兩後一，前面兩足如同並齊的鳥腿，後面一個如同鳥尾，三個足點呈等腰三角形分布，形成鼎立之勢，穩固不易倒。陶鬶的高頸長

流，如同鳥的脖頸及尖喙。很多陶鬹的長流兩側貼飾小泥餅，恰似一對大眼睛。所以一些學者認為陶鬹的整體造型神似一隻仰首直立的大鳥（圖19）。

　　龍山文化早、中期出現的鳥喙足陶鼎（圖20）也是具有這類性質的代表性器物。鳥喙足陶鼎是龍山文化遺址中出土最多的炊器。這種陶鼎與其他區域文化的陶鼎最明顯的區別在於它的鼎足被製作成鳥嘴的形態（圖21），無論從正面還是側面觀察，都非常具體。除此之外，在一些器蓋上也可以看到更加具體、小巧的鳥首圖案（圖22）。這些造型或裝飾無論抽象還是寫實，都指向鳥這種動物，可見鳥在龍山先民生活中占據著絕對重要的位置，人們在想方設法地透過他們的智慧表達對鳥幾近痴狂的崇拜。

　　1990年代，城子崖遺址發掘出土了一件黑陶熏爐（圖23）。這件熏爐與蓋罐非常類似，不同的是，它的口沿外側等距離密布了一圈小孔，當熏香類物質點燃放入熏爐後，煙可以透過這圈小孔均勻地散布出來。熏爐同一般的生活用具不同，它反映了龍山先民對較高生活品質和審美情趣的追求。同時，香熏這種形式也反映出龍山文化時期的人們可能已經對中草藥有了初步的認知。

圖19　城子崖遺址龍山文化
白陶鬹

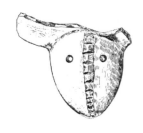

圖21　城子崖遺址龍山文化
鳥喙形鼎足素描

圖23　城子崖遺址龍山文化
黑陶三足熏爐

圖20　城子崖遺址龍山文化
鳥喙足陶鼎

圖22　城子崖遺址龍山文化
鳥首鈕器蓋

禮器是社會文明化發展至一定階段的產物，隨著階層分化而產生，一般用於祭祀、宴饗、征伐及喪葬等禮儀活動中，代表使用者擁有較高的社會地位與權力。這類器物的特點要不是工藝複雜、製作精美，就是器型比較巨大。

蛋殼黑陶高柄杯是這類陶器中的典型代表，「黑如漆，亮如鏡，薄如紙，硬如瓷，掂之飄忽若無，敲之錚錚有聲」。從山東地區的其他遺址看，蛋殼陶一般出土於高等級墓葬中。遺憾的是，城子崖遺址至今尚未發現龍山大墓，還沒有出土過完整的蛋殼陶器，但透過對發掘出土的蛋殼陶碎片進行實測，最薄處僅有0.3公釐，這不由讓人驚嘆龍山先民製陶工藝之高超。正因為其製作工藝的特殊性，專家推斷這類器物為日常生活用具的可能性很低，其禮制功能顯著。

除此之外，城子崖遺址還出土了一批甕、罍、尊、圈足盤等陶器，製作規整，體型巨大。例如，2017 年出土的一件圈足盤（圖 24），泥質黑陶，通體磨光，盤身飾粗線弦紋，盤徑近 60 公分，重約 10 斤。20 世紀 90 年代還出土了一件泥質灰陶雙系甕（圖 25），腹徑 48.5 公分，高 54 公分，甕身印滿菱形乳釘紋。眾所周知，山東龍山文化陶器以素面或弦紋為美，這種菱形乳釘紋的裝飾是非常少見的。無論是蛋殼陶的輕薄精美，還是大型器物的厚重敦實，都代表著龍山文化製陶工藝的最高水準，顯示出這些物品非同尋常的功用。

圖 24 城子崖遺址龍山文化黑陶圈足盤

圖 25 城子崖遺址龍山文化陶甕

五、發掘城子崖的意義

東夷文化,中華文化的重要源頭之一

城子崖遺址地處黃河下游。黃河下游的山東及其鄰近的豫東和蘇皖北部地區,在考古學上稱為海岱地區。海岱地區歷史悠久,文化底蘊深厚,大約與《尚書·禹貢》所載九州中的青、徐、兗三州相當,史前時期屬於太昊、少昊、伯益、后羿等部族的分布區。史前和商周時期,住在這個區域的部族被泛稱為東夷。海岱地區從地理方位、王權統治、央地關係來講屬於東方,東方各部落產生的文化總稱為東夷文化,是中華文明的重要源頭之一。東夷文化在新石器時代國家出現以前直到歷史時期相當長的一段時間內,在中華文明中具有不可替代的歷史地位,尤其是在新石器時代晚期,直接參與到華夏文明的締造過程中。後李文化、北辛文化、大汶口文化、龍山文化及岳石文化是東夷文化的重要承載者。

觀察龍山至岳石文化時期以城址為中心的區域社會變革的理想之地

城子崖遺址處於海岱地區早期國家形成的重點區域,這裡同時擁有龍山文化與岳石文化三圈城垣(主體堆積年代為西元前 2300 至前 1400 年),是海岱地區發現的唯一一處具有都城性質的岳石文化城址,是觀察龍山至岳石文化時期以城址為中心的區域社會變革的理想之地。近幾年來,新的考古發現為佐證海岱地區在以中原為基礎的中華文明起源過程中的獨特地位提供了新的視角和線索。

城子崖:「萬國」之一

城子崖是山東地區最早確認的史前城址之一,同時期的城址在泰沂山脈周圍自東往西有日照兩城鎮、五蓮丹土、壽光邊線王、臨淄桐林等 10 餘座,因此一般認為龍山文化時期已經進入了傳說中城邦林立的古國階段,已經進入了文明社會,城子崖就是「萬國」中的一個。這個時期是海岱地區新石器時代末期社會大變革的時代,社會文化空前統一,生產高度發達,區域特點明顯,與中原地區的互動也更為密切,是中華文明形成過程中的有機組成部分。

‖ 利於觀察區域文化與主導文化之間的關係

青銅時代早期的岳石文化與二里頭文化、二里崗下層文化所代表的王朝文明，形成東西對峙的格局。這個階段，隨著中原成熟國家的出現，岳石文化也展示出了不同於龍山文化的社會變化，表明在面對中原王朝的壓力時，海岱地區採取了有針對性的策略。城子崖遺址岳石文化早、晚兩期城址的出現及防禦模式上的差異是對外策略上的突出表現。岳石文化早期城址雖然已經使用版築技術，但築城方式仍然沿用龍山時期深壕、低垣兩者緊貼的模式；到了晚期，築城開始城、壕分離，出現淺壕高垣的模式。龍山到岳石城址漸變過程中傳承與吸納並存，也表明其變化的階段性。時間上，岳石文化處於史前文化與商代文化的銜接階段；地域上，城子崖處於區域文化與主導文化碰撞的前沿，文化面貌上呈現複雜性、過渡性和轉折性。對城子崖岳石城址的發掘，有助於研究地域文化與當時主導文化之間的關係。

六、新時代之城子崖

章丘本地特別是龍山地區一直流傳著許多關於古城址內不能住人的鬼狐故事，離城子崖僅 1.5 公里的東平陵城甚至流傳著娶親隊伍不能經過的傳說。雖然這些都只是傳說，但千百年來，當地人們仍然對它心存畏懼，加上當地考古發掘工作開始較早，保護文物的觀念深入人心，這些綜合因素使城子崖遺址得以很好地保存下來。

現在，隨著城子崖國家考古遺址公園的建設（圖 26），遺址周圍建有整齊、古樸的步道臺階，順著步道，遊客可以依次參觀 1990 年代以來考古發掘的一些重要遺跡。這些遺跡都以原址展廳的形式呈現在遊客面前，讓大家更好地去觸摸 4,000 多年來的歷史沉澱與滄桑。

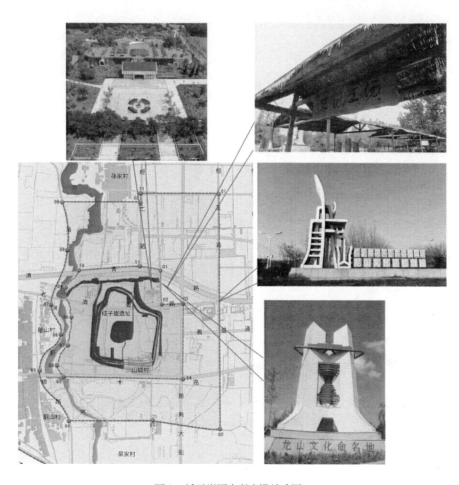

圖 26　城子崖國家考古遺址公園

圖 27 城子崖遺址中小學研學活動掠影

　　1990 年代建立的城子崖博物館，整修後煥然一新，矗立在遺址東北角，展示著城子崖幾十年來考古發掘的一系列重要成果。博物館還專門建立起用於研學活動的史前考古作坊（圖 27），在這裡，人們可以在模擬探方中切身體會考古發掘的樂趣，也可以親手製作石器和陶器，感受先民的艱辛與偉大。

未解之謎

1. 龍山、岳石文化時期城內居民的墓地在哪裡？

2. 岳石文化城址內部的布局結構是怎樣的？

3. 岳石文化早期城垣是否高出城內地面？

4. 岳石文化晚期城址北門為何要在那麼小的範圍內布置多個城門，它們有什麼樣的功能？又是如何使用的？

淮河流域

禹會村遺址

張東

中國社會科學院考古研究所

禹會村龍山文化遺址又名禹墟，位於安徽省蚌埠市塗山南麓、淮河東岸的禹會區禹會村。遺址面積達 200 萬平方公尺。聚落結構複雜，是淮河中游地區的區域中心所在。禹會村遺址先後被列入「中華文明探源工程」和「考古中國，夏文化研究」重點主題，是探討淮河流城和江淮地區文明化進程的關鍵例證。「禹會諸侯」和「禹娶塗山」等歷史傳說反映了中國王朝國家起源的政治智慧和政治實踐，禹會村遺址的考古工作為古史傳說時代和夏代早期歷史研究提供了大量新資料。

極目遠眺，荊、塗二山在遠方巍然聳立，淮河漫流，洪水滔天。身畔，沿岸壘築的高臺上正燃燒著熊熊篝火，篝火旁，夏後氏和塗山氏的族眾們已準備好豬、牛等犧牲，鼎、甗中散發著稻、粟的香味，鬹、壺中有酒漿溢出。一切都已就緒，萬眾矚目中，遠道而來的貴賓大禹現身了。他禹步闊行，沉穩地登上夯築好的方臺，盛大的會盟祭祀儀式正式開始。高臺正中林立的諸侯旗幟迎風飄蕩，旗桿兩旁，前來會盟的諸侯手捧玉帛，隨聲應和著大禹發出的號召。儀式自旦及夕，晝夜不停，延綿數日。大禹與來自各方的諸侯籌劃治水方略，一場曠世偉業即將拉開序幕。

中國古代有很強的修史傳統，古史文獻雖然浩繁，但記載闕如者不勝枚舉。能夠追尋文獻記載中的片段，透過田野考古印證、補充，抑或修正那些模糊的記憶，觸摸到歷史的真相，是中國考古學真正吸引人的魅力所在。禹會村遺址就是這麼一個典型案例，所有話題都是圍繞著一個小村莊的大歷史談起的。

禹會村，一個塗山南麓、淮河岸邊的小村莊，隸屬於安徽省蚌埠市禹會區秦集鎮（圖 1）。有籍可查，如今的村民大都為明代洪武年間的移民後代，然而，古老的村名卻承載了更為悠長的歷史印記。春秋末年，魯國權臣季康子執政，欲攻伐邾國，宴請朝中大夫，有大夫回憶古時「禹合諸侯於塗山，執玉帛者萬國」，相伐兼併至今「其存者無數十焉」（《左傳·哀公七年》）。《今本竹書紀年》也記載了「（帝禹夏後氏）五年，巡狩，會諸侯於塗山」。

禹會村

圖 1 禹會村遺址遠眺

　　禹會得名於大禹塗山之會，古史傳說與地貌景觀天然契合。塗山（海拔 338 公尺）和荊山（海拔 258 公尺）夾淮河而立，都是基性花崗岩山體，原為連在一起的同一座山（圖 2、圖 3）。淮河以北是一望無垠的淮北平原，向南則進入連綿的江淮丘陵地帶。兩山雖然海拔不高，但的確是廣大地域內的重要地標。無獨有偶，傳說，另一位巡狩天下的帝王 —— 穆天子（周穆王）也曾在塗山大會諸侯，似為追慕大禹的豐功偉績。

　　「當禹之時，天下萬國」。禹會塗山是一次里程碑式的政治實踐。大禹治水需要生活在塗山周邊的「地主」塗山氏的支持。大禹娶了塗山氏的女兒，因此，在治水的過程中，塗山氏發揮了重要作用。今天，禹會村中仍有禹陳崗、禹會古臺、禹帝行祠和禹帝廟等古地名，這些地名反映了一些源遠流長的歷史記憶。如今，每年農曆三月二十八日，塗山之巔的禹王宮都會舉辦大型廟會，相傳是民間紀念大禹治水之功而自發形成的（圖 4）。

圖 2 禹會村遺址、荊山、塗山

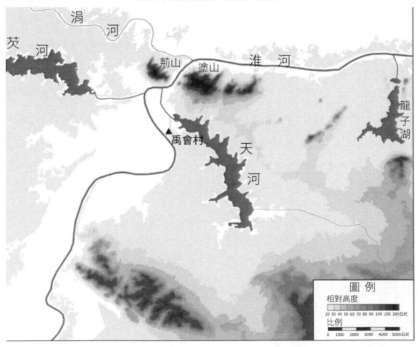

圖 3 禹會村遺址地理位置圖

圖 4 塗山禹王宮廟會場景鳥瞰

一、鑱釋天書 ── 禹會村遺址考古歷程

　　從 1980 年代末開始，淮河中游史前遺址的田野考古工作在不斷推進中取得了豐碩的成果。蒙城尉遲寺遺址的考古發掘是聚落考古方法在該區域的首次實踐。歷任領隊繼往開來，已逐漸整理出淮河中游地區史前聚落演變的很多規律。距今 8,000 年左右的新石器時代早、中期，淮北平原臨近低山丘陵的地帶已有定居人群，形成了具有地域特色的小山口文化（也有學者稱石山孜文化）。距今 7,000 年左右，雙墩文化廣泛分布於淮河兩岸，是淮夷眾族群中的代表，文化影響力向四周輻射，系統的刻劃符號反映了這一族群精神文明發展的高度。距今 6,000 年左右，這裡逐漸融入東方大汶口文化圈，大汶口文化晚期迎來農業和人口發展的雙高峰，社會日趨複雜，固鎮垓下和蒙城尉遲寺等遺址已經反射出文明的曙光。龍山時代是中華文明起源研究的關鍵階段，淮河流域龍山文化的研究起步晚，大遺址的聚落考古研究急需尋找突破口，禹會村考古恰逢其時。

　　禹會村遺址本體的保存狀況並不理想，歷史上，淮河不斷地向東岸沖蝕，在

遺址所在區域形成明顯的彎折。經勘探，大面積的遺址分布區已被淮河侵蝕、破壞。1950 年代，因修築淮河東岸大堤和公路，從遺址上大量取土，破壞程度更為嚴重。隨著禹會村後郢和前郢人口的劇增，新建房屋和農田水利都在不斷地蠶食著遺址。1985 年的全國文物普查確認遺址屬於龍山文化時期。2001 年，遺址被蚌埠市人民政府公布為市級文物保護單位。

2005 年，禹會村的科學考古工作在機緣巧合之下開始。在中國社會科學院考古研究所王巍先生的倡議下，禹會村遺址考古工作被納入「中華文明探源工程」。2006 年春季，中國社會科學院考古研究所安徽隊召集了遺址的實地勘測與鑽探工作，領隊王吉懷先生提出這處龍山文化遺址和文獻記載中的重大歷史事件具有密切關係。

2007 至 2011 年，中國社會科學院考古研究所安徽隊召集了 5 次規模較大的考古發掘（圖 5），發現了一處面積近 2,000 平方公尺的大型禮儀式建築（祭祀臺基）。該建築依託人工堆築的大型基址，臺基表面存在燒祭面、方土臺和成排分布的柱洞等一系列特殊遺跡。大型禮儀建築西側發現一條祭祀溝，溝內填埋大量陶器。有一條鋪墊白土的道路通向西南區域，該區域發現很多填埋大量陶器的祭祀坑以及功能不明的圓圈遺跡，臨時性的「工棚建築」（淺基槽）間雜其中。

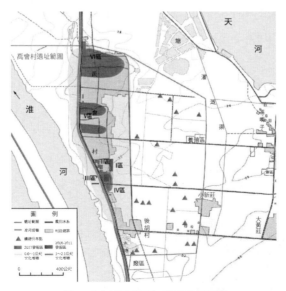

圖 5 禹會村遺址歷年發掘區位置圖

這些遺存明顯與日常的居住遺存有差異。因其遺跡和遺物所表現出的特殊性,考古工作者確定禹會村遺址是一處以祭祀為主的遺址。這一結論與傳說中的「禹會諸侯」事件完美契合。這一階段的考古工作極大地推動了江淮地區早期文明化進程的研究,歷史學界也依據新獲得的考古資料,重新審視夏代早期歷史,尤其是大禹時代的歷史事件。2013年,禹會村遺址被中國國務院公布為第七批全國重點文物保護單位。

2015年,中國社會科學院考古研究所安徽隊又召集了規模更大的考古勘探,發現禹會村龍山文化聚落形態比以往的認知更為複雜,大型禮儀建築所在的南部區域僅僅是龍山文化核心分布區的一部分。

2017年,中國社會科學院考古研究所安徽隊為配合206國道拓寬改造工程,進行了有針對性的考古發掘。這次發掘,確定禹會村遺址的年代可以上溯至距今7,000年左右的雙墩文化時期。該時期的文化遺存面積近5萬平方公尺,主要分布於遺址北部區域。龍山文化時期,遺址規模劇增,總面積達200萬平方公尺。遺址核心區以龍山文化城址為代表。該城址西半部被淮河沖毀,復原面積至少有18萬平方公尺。之前發現的「祭祀臺基」為龍山文化城址東城牆的一部分。北城牆的中段和東城牆南段的發掘,進一步確認了龍山文化城垣的存在。龍山文化城址外圍還斷續分布著龍山文化時期的文化層和遺跡。隨著龍山文化聚落考古的推進,傳說中的塗山氏國正逐步顯露出古老而神祕的真容……

二、禹會諸侯 ── 大型禮儀性建築遺跡場景復原

龍山文化核心分布區被分為三個發掘區。龍山文化大型禮儀性建築基址發現於I區(圖6),西側為II區,淮河大堤以西為III區,II區和III區發現的遺跡主要是祭祀坑、工棚式建築以及功能不明的圓圈遺跡。考古揭示的現象非常複雜,發掘者認為這是一處臨時性的大型祭祀遺址。

∥ 人工堆築臺基

大型禮儀性建築建造於人工堆築的臺基上。考古發掘表明,臺基經過人工開挖基槽、堆築、鋪墊和覆蓋等一系列程序建造起來。禹會先民按照設計的形狀,

先從地表開挖，然後自下而上分三層逐層加工，最下層用灰土進行堆築，中間層用黃土鋪墊，最上層用白土進行覆蓋。

圖 6　禹會村遺址 ──── 區臺基表面清理工作照

從局部剖面看，灰土堆築層厚度為 80 公分，黃土鋪墊層平均厚 15 ～ 20 公分，白土覆蓋層厚度差別較大，為 3 ～ 30 公分。臺基整體上呈北寬南窄的形狀，南北總長 108 公尺，北部東西寬 23.5 公尺，南部東西寬 13 公尺，總面積近 2,000 平方公尺。臺基規模宏大，堆築過程必然投入大量人工。整體上看，臺基中北部鋪墊的黃土和覆蓋的白土較為考究，土質純度和厚度均嚴格把控，南部略顯簡單。這很可能是當時白土資源緊缺導致的。

臺基表面設施

開闊的臺基白土面上分布著多種設施。它們大體沿中軸線展開，從北往南依次有柱洞、凸嶺、凹槽、燒祭面、方土臺和長排柱坑（圖 7）。發掘者認為這些遺跡和常見的聚落生活關係不大，但和白土面共存，因此是複雜的祭祀活動場所的組成元素。

圖 7 禹會村遺址 —— 區臺基表面遺跡分布狀況

柱洞

臺基北端的白土面上共發現 5 個柱洞，其中有 4 個距離較近，平面分布呈曲尺形。考古工作者推測了當時的施工步驟：第一步，在白土面上挖出長方形、半圓形、圓形和不規則形的土坑，土坑形制不一，說明挖坑時是非常隨意的。第二步，在土坑的中間或略偏的位置栽入木柱。土坑內留下了柱洞的殘痕，規格一致，均直徑約 15 公分、深度約 70 公分。土坑直接打破白土覆蓋層、黃土鋪墊層和灰土堆築層。

凸嶺

凸嶺位於柱洞之南，呈不規則交叉形分布，東－西向凸嶺（長 22.4 公尺、寬2.4～2.6 公尺）和東北－西南向凸嶺（長 23.7 公尺、寬 1.6～2.1 公尺）相互交叉，整體呈現不規則的「X」狀。凸嶺頂部平整，是類似道路般的平面。

凹槽

凹槽位於凸嶺之南，平面為不規則的喇叭形，略呈東北 —— 西南的弧向，東部較寬，約 8.35 公尺，西南漸窄，約 1.7 公尺（圖 8）。凹槽北部與凸嶺緊緊相連，南部與燒祭面銜接。凹槽構成了凸嶺與燒祭面之間的低窪地帶，底部有一定的落差。凹槽貫通臺基東西，考古工作者推測其可能是一條不規則的河流。

圖 8 禹會村遺址臺基表面的凹槽遺跡

燒祭面

燒祭面位於凹槽之南，呈不規則的圓角長方形，東西長 12.6 公尺，南北寬 7.1 公尺，總面積近 90 平方公尺。燒祭面直接在白土層上鋪墊灰土，加工整平，燒面光滑、堅硬，應當是經過長期燒燎形成的。

西半部的燒祭面上布設 5 條南北向的溝槽，透過觀察溝槽內的印痕，發現其是嵌入木棍後經火燒形成的（圖 9）。

圖 9 禹會村遺址臺基表面的燒燎遺跡

方土臺

方土臺位於燒祭面南部，土臺頂部略呈正方形，現存底部東西長 1.85 公尺，南北寬 1.4 公尺，頂部長、寬均為 1.1 公尺。方土臺原始高度不明，現存高度 1.25 公尺。土臺由較純淨的黃褐色土堆築或夯築而成，緻密度較高，不見其他包含物（圖 10）。

土臺明顯是打破臺基上層的白土覆蓋面後堆築或夯築成形，目前的地層證據尚不能判斷該遺跡是否晚於整個臺基表面的其他遺跡。

長排柱坑

在方土臺以南，南北向線性排列了 35 個長方形土坑，總長達 45.3 公尺。土坑長短參差不齊，寬窄大體相近，間距均在 1 公尺左右。土坑內均有柱洞，柱洞直徑約 20 公分。柱洞內土質純淨，未見殘留物，底部也沒有任何鋪墊物（圖11）。考古工作者根據現場發掘情況判斷，長排柱坑是獨立存在的，未與建築連繫在一起，因此判斷柱坑裡埋的有可能是圖騰柱或旗桿之類的代表物。

圖 10 禹會村遺址臺基表面的方土臺

圖 11 禹會村遺址臺基表面的長排柱坑

圓形圜底坑

凹槽到長排柱坑區域間發現 8 個零散分布、大小不等的圓形圜底坑。圓形坑平面形狀實際並不規則，坑內填土與表面白土覆蓋層區別較小。由於其分布的不規律性，此類遺跡的性質尚不明確。

▎臺基西側的祭祀溝

大型臺基西側發現了一條南北向溝狀遺跡。由於該溝狀遺跡大部分區域疊壓在村莊水泥路之下，發掘受到很大限制，因此溝狀遺跡西側局部區域的邊緣並不十分清晰。溝內發現大量陶器殘片和草木灰堆積，所以考古工作者認為它與祭祀臺基的整體布局關係密切，與祭祀活動有關。

祭祀溝已暴露部分長 35.7 公尺，寬 5.4 ～ 7.3 公尺，深 0.8 公尺（圖 12）。溝內堆積觀察不到明顯的分層狀況，溝內處於不同深度的陶片可以相互拼合，因此發掘者判斷溝內堆積應是在很短的時間內形成的。

溝內出土了大量陶器殘片，這些殘片的磨圓度很差，拼對成型率很高，因此判斷許多器物都是原位廢棄。已修復的器型有鼎、甑、器蓋、盤、盆、缽、假腹簋、長頸壺、圈足壺和簋等，涵蓋了大多數日常器物（圖13）。因為陶器腹片很多，所以準確判斷每類器型的難度很大，但從出土的數量巨大的鼎足判斷，陶鼎的數量占有相當大的比重。另外，還發現了大量磨石和燒過的獸骨，所以，發掘者認為這裡可能是殺牲祭祀活動的場所。

經研究，陶器燒成溫度為550℃～900℃，多數陶胎壁厚、胎質疏鬆。獸骨保存狀況極差，從僅存的個別牙齒可以鑑定出豬和牛等種類。灰燼中浮選出大量炭化木屑和莎草科的炭化種子，另外還有水稻和粟等炭化農作物種子。由此，發掘者判斷，祭祀溝中出土的遺物大都和祭祀臺的祭祀活動有關，具有祭器和祭品性質。

圖12 禹會村遺址臺基西側的祭祀溝遺跡

‖ 器物「祭祀坑」

第Ⅱ、Ⅲ發掘區位於大型祭祀臺的西南部，共發現了 8 座祭祀坑。這類遺跡坑壁規則，規律地分層埋藏器物，反映了人類有意識的行為（圖 14、圖 15）。根據坑的整體形狀和坑內器物的埋藏狀況，考古工作者將其分為五大類：一是豎穴深坑上下疊壓埋藏器物；二是圜底深坑分層埋藏器物；三是平底淺坑單層埋藏器物；四是平底深坑單層埋藏完整器物；五是圜底深坑單層拋棄式埋藏器物。不同祭祀坑中的器物可以拼合成一件，反映了器物埋藏過程中的時空間隔較小。

‖ 簡易式建築

此類淺基槽建築分布於第Ⅱ、Ⅲ發掘區，面積從幾十平方公尺到幾百平方公尺不等，由柱坑槽（頂部有牆相連）和柱洞構成，難以分辨門道（圖 16），不見牆體、居住面、灶址和配套的生活用具，因此，考古工作者判斷此類建築具有隨意性和臨時性，與整個遺址的祭祀性質有關。

圖 13 禹會村遺址臺基西側祭祀溝內出土的器物

圖14 禹會村遺址 II 區 JSK2（祭祀坑）表面

圖15 禹會村遺址 II 區 JSK2（祭祀坑）底部器物

圖16 禹會村遺址 II 區淺基槽房址

圓圈遺跡

　　圓圈遺跡是發現於第 II 發掘區的特殊現象，共發現了四處（圖17）。從發掘現場看，圓圈遺跡的大小、形狀、堆積結構完全一樣，開口層位也一致。禹會先民應該是先在地表開挖圓坑，然後在坑邊緣堆築黃土，最後向坑內填入白土（圖

18）。目前，尚不能分辨出這類圓圈遺跡的排列規律，但它的周邊分布著多種類型的祭祀坑，那麼它也應當與祭祀活動有關（圖19）。

歷史的真相遠比我們對考古現場的解讀更為複雜。物質遺存經過漫長的歷史層累過程呈現在我們面前，我們想要觸及那個逝去的古代社會不是一蹴而就的。但是，層出不窮的考古發現，讓我們將那個逝去的古代社會勾勒得更立體、更飽滿。聚落考古中田野方法的使用，為我們揭示出了物質文化形成的時空背景，那麼，以上這些龍山時代的遺跡難道僅僅是一次短暫的歷史事件留下的嗎？整個遺址難道僅僅是一次會盟儀式形成的丘墟嗎？帶著這些疑問，我們開始了禹會村遺址第二階段的考古工作。

圖17 禹會村遺址 II 區圓圈遺跡

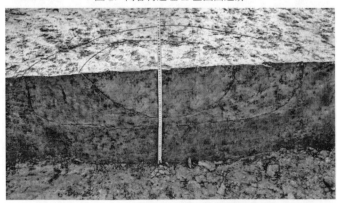

圖18 禹會村遺址 II 區圓圈遺跡解剖圖

圖 19　禹會村遺址 I 區祭祀臺復原圖

三、塗山氏國 —— 淮濱古國的前世今生

　　禹會村遺址第二階段的考古工作以 2015 年的大面積考古勘探為前導。2017年的考古發掘相當於沿遺址南北向進行了一次很好的解剖，有許多令人耳目一新的收穫。整個遺址南北跨度約 2.5 公里，南部龍山文化核心區（含 I、II、III、IV四個發掘區）新發現了龍山文化大型城址，北部雙墩文化分布區（VI區）新發現了雙墩文化定居聚落，中部龍山文化分布區（V區）發現少量龍山文化遺跡。整個遺址沿淮河東岸的二級階地展開，原始地表上散布著晚更新世以來形成的剝蝕殘丘和窪地。新石器時代晚期，人類開始在此定居。龍山時代，遺址規模劇增到 200 萬平方公尺，龍山文化城址成為整個遺址的核心。

　　龍山時代之後，禹會村大型聚落廢棄了很長一段時間。漢代早期，大量墓葬、窯址開始出現在遺址上。漢代當塗縣故城應該就設在遺址南部臨近區域。據文獻記載，漢代當塗縣即上古塗山氏國。

雙墩文化定居聚落

　　新石器時代晚期，淮河中游沿線出現了大量雙墩文化定居聚落，其中的代表性遺址有蚌埠雙墩、懷遠雙堌堆、鳳臺峽山口和淮南小孫崗。先民們在漁獵、採集的同時，逐漸學會了種植農作物。淮河中游地理位置優越，不僅能夠種植粟、黍這樣的旱地作物，還可以種植水稻。

　　距今 7,300 年前後，一個新的雙墩文化聚落出現在禹會村遺址的北端。這裡周邊有豐富的水生、陸生動植物，環境非常適宜生存。雙墩文化時期的禹會先民正在從獵人（漁民）向農人過渡，他們掌握了農業生產技術，生存有了保障。同時，他們擁有比農人更為豐富的大

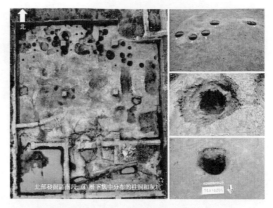

圖 20　禹會村遺址 VI 區雙墩文化柱列式房址

圖 21　禹會村遺址 VI 區雙墩文化紅燒土堆積

自然知識。雙墩文化遺存中龐大的刻劃符號體系展現了他們豐富的知識儲備。這些符號被認為是漢字的遠古先聲。

　　雙墩文化房址集中分布，臨近的區域有大量儲藏食物的窖穴，窖穴一般為圓形平底。遺址中沒有發現地表的居住面，根據殘存的柱洞推測，雙墩先民居住的房屋為低矮的干欄式建築。房址建造考究，建造程序應該是首先平整地表，然後挖坑埋柱。房址中柱洞分布密集，一般呈圓形（圖 20）。建築本身有紅燒土牆體，牆體倒塌後，紅燒土被集中堆放在房址附近，主要用於鋪墊周邊地表（圖21、圖 22）。

圖 22　禹會村遺址出土的雙墩文化陶器

▍龍山文化大型城址

距今 4,400 年前後，淮河流域的氣候溫暖溼潤，松屬、落葉櫟屬和榆屬的大型喬木雖仍然豐富，但相比之前已大大減少，因為人們開始大量砍伐櫟樹築房建屋。龍山時代，禹會村稻作農業獲得了巨大發展，人口劇增。遺址內發現了大量莎草科雜草的炭化種子。莎草科植物是常見的水稻田雜草類型，說明遺址周邊應該有大面積的水稻田。

龍山文化城址橫跨禹會遺址南部龍山文化核心分布區的 I、II、III、IV四個發掘區，目前已經揭露了兩段人工堆築的臺基（圖23）。臺基的堆積結構與遺址 I 區發現的祭祀臺基（即東城牆的北端）相近（圖24、圖25）。經過局部解剖和詳細勘探，我們已經能夠確認龍山文化城址的北城牆和東城牆。北城牆現存長度約 300 公尺，東城牆現存長度約 600 公尺，城址原面積至少達 18 萬平方公尺。大型祭祀臺基是城牆的東北角區域，大型禮儀性建築實際上構築在東城牆之上。

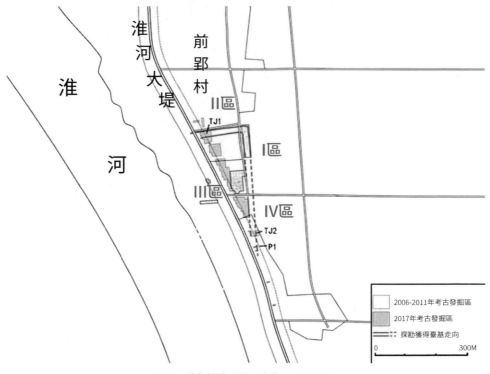

圖 23　禹會村遺址龍山文化城址平面圖

圖 24　禹會村遺址龍山文化城址北城垣局部（TJ1）

圖 25　禹會村遺址龍山文化城址北城垣局部（TJ2）

　　城內還發現了豐富的龍山文化生活遺存，包括淺槽式建築、器物坑、灰坑和灰溝等。城牆內外皆有經過數次人工堆築形成的壕溝。北城牆中段的頂部寬度約 23 公尺，牆體內側坡度較緩，有一條平行於城牆的壕溝，寬度近 9 公尺。壕溝底部平緩，寬約 6.5 公尺，深約 0.7 公尺。溝內灰黑色淤土堆積中發現大量陶器殘片（圖 26）。牆體外側被水泥路占壓，很可能還存在外壕，需要進一步的考古工作證實。尤其值得注意的是，城牆和內壕向東延伸的部分，恰恰分別與祭祀臺基和祭祀溝的北端相連接。

　　東城牆南段的頂部寬度約 20 公尺，內側被 206 國道占壓。牆體外側較陡，有寬度約 8～9 公尺的外壕溝，呈傾斜狀堆積。據村民回憶，1949 年之前，城牆東北角仍然聳立於地表，高達數公尺，俗稱「禹陳崗」、「禹會古臺」或「跑馬嶺」。這說明，古城址的印跡在相當長的歷史時期內仍在地表可見。

　　龍山時代，禹會村城址和大型禮儀建築說明淮夷族群史前城市化水準已達到最高峰。「禹合諸侯於塗山，執玉帛者萬國」，禹因娶塗山氏女，不以私害公，故能成水土功，所以「夏之興以塗山」，淮夷族群已經深入參與到中華文明多元一體的進程中。古史傳說有其本源，禹會村龍山文化城址應是文獻記載的塗山氏國所在，塗山氏在早期夏代歷史研究中具有重要的學術價值。

圖 26 禹會村遺址出土的龍山文化陶瓷

淮河流域

‖ 漢代當塗縣故城遺蹤

　　許多關於上古歷史的記載都集中發現於戰國至漢代的史籍中，「禹會塗山」、「禹娶塗山」及關於塗山、塗山氏、塗山氏國的歷史紀錄均是如此，他們都和「當塗」這個地名緊緊地連繫在一起。因此，尋找漢代當塗侯國和當塗縣故城成為揭開眾多歷史謎團的鎖鑰。

　　西晉杜預在《春秋左傳注疏》的注解中提到，塗山就在壽春東北。

　　《水經·淮水》記載，淮水出南陽平氏縣胎簪山，東北過桐柏山⋯⋯又東過當塗縣北，渦水從西北來注之。

　　北魏酈道元注解：淮水自莫邪山，東北徑馬頭城北，魏馬頭郡治也，故當塗縣之故城也。

　　先秦至漢魏時期的諸多文獻都有記載，當塗縣（漢代之當塗故城，魏晉南北朝之馬頭郡馬頭城）即是「禹會諸侯」和「禹娶塗山」等歷史事件發生的區域，上古時期，這裡就是塗山氏國所在地。

　　經過多次考古調查，我們確認漢代當塗縣故城位於距離禹會村遺址南不足500公尺的馬城鎮北部。城址地處淮河東岸二級階地，地表已看不見城牆蹤跡，但可以採集到漢代到六朝時期的筒瓦、板瓦、雲紋瓦當、井圈和陶器殘片。許多剖面都可以發現厚達 1～2 公尺的漢代到六朝時期的文化層，磚瓦和井圈等建築構件居多。禹會村遺址中也發現了大量漢、六朝時期的墓葬和燒磚作坊（圖27、圖28）。從窯址內出土的磚塊花紋看，燒磚作坊應該是專門為磚室墓供應墓磚（圖29）。墓葬年代的上限可至戰國末期或漢代早期，下限到東晉六朝時期，這與文獻中記載的漢代當塗侯國、當塗縣相當吻合。東漢以後，當塗縣俗稱馬頭城。晉室南遷之後，當塗縣改設為馬頭郡，後改置荊山郡。東晉末年，當塗縣僑置於今安徽南陵一帶，曾經的當塗遠離故土，再也沒有返回塗山腳下。

圖 27 禹會村遺址 IV 區漢、六朝時代作坊

圖 28 禹會村遺址 IV 區漢、六朝時代磚窯結構圖

圖 29 禹會村遺址 IV 區漢、六朝時代磚窯產品

　　蚌埠是一座新興城市，在城市興起與發展過程中，它面臨著迫切的文化和社會認同。「禹會諸侯」的歷史記憶深刻影響著考古闡釋和歷史敘事，實踐證明，聚落考古的研究方法是回溯歷史真相的必由之路。在聚落考古方法的指導下，考古工作者已經證明禹會村遺址並非簡單的臨時性祭祀遺址，從最初的定居聚落發展到複雜的城市聚落，經歷了數千年。在龍山時代，禹會村遺址發展至頂峰，規模約 200 萬平方公尺，核心區為至少 18 萬平方公尺的大型城址，是淮河中游地區規模最大的史前城址，已成為區域社會的中心。

　　「禹會諸侯」和「禹娶塗山」等歷史記憶就是在這樣的社會背景下產生的，歷史的細節是否像古史傳說描繪的那樣生動，仍需要審慎對待。禹會村遺址的考古工作不僅喚醒了蚌埠這座城市沉睡已久的歷史，而且已成為淮河中游史前文明研究的典型案例。禹會村遺址雙墩文化聚落與龍山文化城址交相輝映，串起了淮河流域早期文明璀璨的珍珠項鏈。可以說淮河流域的早期文明絲毫不遜色於黃河、長江流域的早期文明，是華夏文明多元一體格局中不可或缺的環節。

龍虬莊遺址

高倩
南京市考古研究院

林留根
江蘇省考古研究院

就像不脛而走的高郵鹹鴨蛋，必須等待時間的醞釀才能成就美味，神祕壯觀的高郵龍虬莊遺址在地下靜靜等待了千年，直到那一天，一個偶然的機緣，重新與世人邂逅……

位於江蘇省高郵市龍虬莊鎮龍虬莊村的龍虬莊遺址，是目前江淮東部地區考古發現的面積最大、保存最完好的一處新石器時代聚落遺址。炭化稻米的發現，為我們討論中國稻作農業的起源與發展，稻作經濟區的劃分，栽培水稻的秈、粳分化提供了重要的物質材料。1993 年初次發掘，即被評為當年的「全國十大考古新發現」。2001 年，被中國國務院批准公布為第五批全國重點文物保護單位。

據考古研究，新石器時代江蘇境內淮河以北的海岱地區文化類型為北辛－大汶口－龍山文化，屬於粟作經濟區；長江以南太湖地區為馬家濱－崧澤－良渚文化，屬於稻作經濟區；而介於兩者之間的江淮地區史前文化類型，經濟模式一直模糊不清。

直到 1990 年代，一個距今 7,000 年左右的聚落遺址 —— 龍虬莊，在考古學者的關注下重現世間，這一模糊概念才逐步清晰起來。

一、偶然中的必然性 —— 遺址的發現

龍虬莊遺址位於江蘇省高郵市龍虬莊鎮龍虬莊村（圖 1、圖 2）。你可能不知道高郵在哪裡，但是你也許在某個超市的貨架上看到過正在售賣的高郵鹹鴨蛋。高郵鹹鴨蛋出名已久，早在清代袁枚的《隨園食單》中就被稱讚過「醃蛋以高郵為佳」。就如有些食物必須等待時間的醞釀才能成就美味，神祕而壯觀的高郵龍虬莊遺址在地下靜靜地等待了千年，終於在那一天，因為那個機緣，重現於世。

賈湖遺址　　　　　　　　　　　青蓮崗遺址
　　　　　　　　　　順山集遺址
　　　　　　　雙墩遺址　　　　　　南蕩遺址
　　　　　　　　　　　　　　龍虬莊遺址
　　　　　　　　　　　　　　　　青墩遺址
　　　　　　　　北陰陽營遺址
　　　　　　　　　　　　　　東山村遺址
　　　　　　　　　　　　　　　　崧澤遺址
　　　　　　　　　　　　　　　　廣富林遺址

圖 1　龍虬莊遺址地理位置及同時期遺址分布圖

圖 2　龍虬莊遺址航拍圖（由南向北）

　　1960 至 1970 年代，南京博物院考古學者張正祥先生被下放到高郵一溝鄉（即龍虬鎮，1995 年，因龍虬莊遺址而改名）。一天雨後，張正祥在去往公社的路上，發現一段水渠裡和它兩側的岸邊，暴露著大量麗蚌殼和陶片。職業的敏感

性和豐富的考古經驗讓張正祥馬上意識到，這裡至少在 6,000 年前就有人類居住過。於是，他馬上把這一非常有價值的發現匯報給了相關部門。後來，張正祥先生被調回南京博物院，在院刊上發表了他根據龍虬莊遺址發現的彩陶片推測出的江蘇地區古代的水文變遷研究成果。

1980 年代，南京博物院紀仲慶、鄒厚本等先生先後對龍虬莊遺址進行了考古調查，確認此地為一處新石器時代遺址，但當時對它的規模、結構、文化性質等都一無所知，那時的龍虬莊遺址尚是「猶抱琵琶半遮面」。直到 1990 年代，對龍虬莊遺址的調查和發掘工作才系統地開展起來。

彼時，隨著全國考古工作的大規模開展，考古學界基本上釐清了黃淮地區、長江下游太湖地區的史前文化類型，也確認了江淮地區西南部是薛家崗文化，中部是侯家寨文化。但是，江淮東部地區的考古學文化面貌和文化序列一直比較模糊，這是當時考古學界急需解決的一個問題。

基於此，1991 年始，南京博物院的考古工作者在對江淮東部地區進行了多次詳細的考古調查後，將發掘重點選在龍虬莊遺址。所以說龍虬莊遺址的發掘是歷史的選擇，它從最初就肩負著完成重要學術課題的任務。

經考古調查和勘探，龍虬莊遺址平面近似長橢圓形，東西長約 345 公尺，南北寬約 285 公尺，總面積約為 6.5 萬平方公尺，相當於 9 個足球場的大小。遺址地勢平坦，四面環水，自然景觀很好，是目前江淮東部地區考古發現的保存完好、面積最大的一處新石器時代聚落遺址。

1993 至 1996 年，南京博物院考古研究所、揚州市博物館、鹽城市博物館和高郵市文物管理委員會對這裡進行了四次聯合考古發掘，取得了豐碩的考古成果（圖 3）。龍虬莊遺址自發掘以來就受到學術界廣泛關注，榮獲了眾多榮譽，彷彿「出生即巔峰」，1993 年初次發掘就榮獲了當年考古界的「奧斯卡獎」——全國十大考古新發現，2001 年被中國國務院批准為第五批全國重點文物保護單位，2011 年入選江蘇省首批大遺址名錄。

2016 年 9 月，為配合龍虬莊考古遺址公園的建設，這裡再次進行了全面的考古勘探和局部發掘。此次發掘，發現了龍虬莊二期文化、良渚文化、廣富林文化、唐宋、明清等不同時期的文化遺存，進一步豐富了龍虬莊遺址的文化內涵。

圖 3 1990 年代，考古隊員浮選動植物標本

二、數千年前的龍虬莊

　　千年遺址經過歲月淘洗，已成一片廢墟。它帶著累累傷痕，沉默不語。考古學者就是那遺址的「解語花」。他們或用手鏟，或在實驗室，借用多種學科的研究方法去一點點解讀廢墟留下的種種線索，努力復原曾經生活在這片土地上的那些鮮活的生命及其五彩斑斕的生活。

▏龍虬莊遺址現場

　　經過五次考古發掘，龍虬莊遺址共發掘 2,500 平方公尺，發現房址 4 處、墓葬 400 餘座、灰坑 30 多個、廣場 1 處，出土了陶器、骨角器、玉器等各類遺物 2,000 多件，採集了大量人骨、動植物標本和土壤標本。前四次考古發掘顯示，龍虬莊是一處以新石器時代文化為核心的聚落遺址，包括生活區、墓葬區和生產加工區。遺址可分三期，第一期距今 6,600 至 6,300 年，第二期距今 6,300 至 5,500

年，第三期距今 5,500 至 5,000 年，其中第二期文化內涵最為豐富。第五次考古發掘發現龍虬莊遺址不僅包含龍虬莊文化遺存，還包括崧澤文化、良渚文化、廣富林文化遺存，延續時間較長，具有十分頑強的生命力（圖 4）。

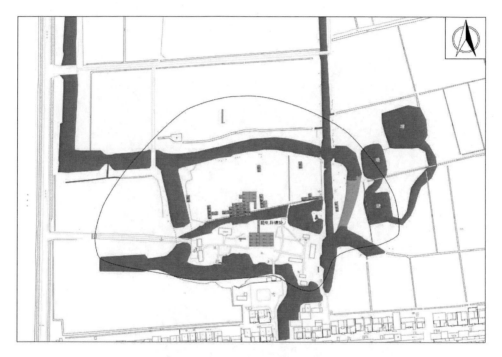

圖 4 龍虬莊遺址周邊地形及布方圖

‖ 龍虬莊人吃什麼？

我們常說「民以食為天」，吃什麼不僅僅是滿足口腹之欲，實際上還可以反映出當時社會的生產模式、經濟活動、文明化程度等。

那麼，龍虬莊先民當時吃什麼呢？水稻是其中非常重要的食物。

在發掘過程中，考古工作者對各文化層的土壤全部過篩、淘選，獲得了大量植物、動物標本。植物標本主要有水稻、芡、菱，動物標本主要有陸生和水生動物。其中最為重要的是 5,000 多顆炭化稻粒和水稻植矽體的發現。它們為我們探討中國農業起源問題提供了更多的實物資料（圖 5）。

1. 芡實（T3830 ⑧）　　2. 菱（T3830 ⑧）

3. 炭化稻（T3830 ⑧）　　4. 炭化稻（T3830 ⑦）

5. 炭化稻（T3830 ⑥）　　6. 炭化稻（T3830 ④）

圖 5 龍虬莊遺址出土的植物

　　研究發現，農業是人類社會發展的轉折點，農業的出現開闢了人類控制生物資源的新時代，從此，人類可以在有限的空間內獲取穩定、充足的食物，定居生活開始出現，人口迅速成長，為文明的起源奠定了必要的物質基礎。所以，農業起源問題一直是考古學者孜孜不倦追問的話題。從以往的考古發現來看，早在萬

年前，中國已經開始了稻作農業，然而，水稻起源於中國哪裡？它是否具有區域特徵？人類何時完成對野生水稻的馴化？諸如此類的問題，考古學界一直沒有定論。所以，龍虬莊遺址水稻的發現令考古工作者興奮不已。

考古工作者在龍虬莊遺址 T3830 的第 4、6、7、8 文化層中共發現了 5,038 顆炭化稻米。雖然它們如炭一般黑漆漆，但在考古工作者的眼裡，每一顆都閃爍著明珠般耀眼的光芒。為弄清水稻遺存情況，考古工作者將炭化稻粒和 T1526 第 4 至 9 地層採集的土壤樣品送到江蘇省農業科學院和中國農業大學進行科學分析，發現龍虬莊遺址的炭化稻均為人工種植的粳稻。

根據對各文化層出土炭化稻米以及土壤中所含水稻植矽體的檢測與分析，龍虬莊在遺址形成之初已有水稻的栽培，第 8 層至第 6 層為野生稻向栽培稻的過渡。第一期水稻栽培經歷了緩慢的發展過程。第一期向第二期過渡的時候，水稻種植量達成了根本上的成長。第二期水稻產量依然呈上漲趨勢，第 4 層出土的炭化稻，從籽粒的大小和重量來看，已經非常接近現在的水稻品種。龍虬莊遺址不同時期的地層出土的炭化稻，反映出人類逐漸有意識地加強人工育種，選擇顆粒較大的稻米進行育秧，達成了對水稻的馴化。

與此呼應，遺址第二期墓葬中出土的石斧、石鋤、石刀、角鎬和鹿角靴形器應該和水稻種植有關。

龍虬莊遺址炭化稻米的發現，為我們討論中國稻作農業的起源與發展，稻作經濟區的劃分，栽培水稻的秈、粳分化提供了重要的物質材料。

除了水稻之外，史前龍虬莊人的主食還包括「芡」和「菱」。芡，其種子稱「芡實」，又俗稱「雞頭米」，主要生長在淺水湖泊或淡水池塘中，成熟於夏季，營養價值較高。菱，就是我們常說的「菱角」，主要生長在小河或淡水池塘中。芡和菱都屬於草本水生植物，均富含澱粉，可以用來充飢。有意思的是，我們發現最早的地層（第 7 層）出土的水稻數量僅為菱和芡實數量總和的五分之一，最晚的地層（第 4 層）出土的水稻數量已經是菱和芡實數量總和的 46 倍。這說明，隨著聚落的發展，水稻在龍虬莊先民食物譜系中所占的比重越來越高，也就意味著水稻的種植能力越來越強，龍虬莊的農業經濟水準越來越高。

除了食用富含澱粉的植物外，史前龍虬莊人還食用多種動物。這些動物包括

陸生哺乳動物、水生脊椎動物和水生軟體動物。陸生哺乳動物以鹿類為大宗，其中麋鹿最多，另外還有梅花鹿、小麂、獐等，其次是豬。動物考古學家透過對遺址中出土的豬骨與現代家豬進行比較，發現牠們的死亡年齡較為接近，一般都死於 1～2 歲。遺址出土的豬形陶器中，豬的吻部較短，四肢粗短，前後比例適中，體型豐腴，學者們據此推測，龍虬莊遺址中出土的大量豬骨骼應為家豬骨骼，這說明龍虬莊先民已經開始飼養家豬來充當食物了。除此之外，龍虬莊先民還大量食用淡水動物，包括龜、鱉、麗蚌、楔蚌、裂齒蚌、曲蚌、籃蜆、田螺、鯉魚、青魚等。毫無疑問，這些種類豐富的動物食物，為人類補充了大量優質蛋白。

龍虬莊人住在哪？

史前時期，龍虬莊氣候溫暖溼潤，周圍水系發達，地下水位很高。在這樣的環境下，龍虬莊人是如何蓋房子的呢？

龍虬莊遺址共發現 4 處居住遺跡，主要分為兩類，一種是干欄式木構建築，一種是地面建築。遺址中的房址均遭到了嚴重破壞，但還保存著柱洞、牆基、居住面、紅燒土塊等遺跡。

紅燒土塊是坍塌的燒土牆塊。土塊一面抹平，一面留有縱向成排的植物莖稈痕跡。很顯然，龍虬莊先民有在房屋外牆焚燒莖稈的習慣。居住面鋪墊著一層黃色粉砂土，上面有碎蚌殼鋪成的蚌殼面。可以看出，不論是烘烤牆壁，還是在居住面鋪設蚌殼，這些都是人們用來防潮的方法，是人類在適應自然環境方面的智慧發明。

即使這樣，過高的地下水位依然很容易腐蝕地基，尤其是干欄式建築的木頭支柱。從相互打破的柱洞遺跡來看，在同一居住面上至少有過兩次移位建房。

2 號房址居住面下發現了一個淺坑，坑裡埋有一具完整的狗骨架（圖 6）。從考古發現來看，家犬是人類最早馴化的動物，普遍存在於史前遺址中，但在遺址出土的動物種類中所占比例較小。由此推測，人類最初對家犬的馴化並不是為了食用，而是用作狩獵、守衛、禮儀等。龍虬莊遺址在地層和墓葬中均出土了家犬遺骸，主要是家犬的頭骨和肢骨，而且沒有一例是被切割或敲打破的。因此，2

號房址下發現的較完整的家犬遺骸，應該與建造房子的祭奠儀式有關。也許正是因為這裡的自然環境天然地加大了建房的難度，房屋建好後壽命也有限，所以，在修建房屋之前，龍虬莊人都要舉辦祭奠儀式，以祈求平安。

圖 6 龍虬莊遺址淺坑中的狗骨架

‖ 龍虬莊先民用什麼工具獲取和加工食物呢？

「工欲善其事，必先利其器」，生產工具是生產資料的重要組成部分。龍虬莊先民用什麼生產工具獲取食物呢？我們知道，新石器時代以磨製石器、製陶等為代表。石頭質硬，稍作加工就是優良的生產工具。但是龍虬莊遺址附近無山，石材稀缺，怎麼解決這一難題呢？

上古時期，龍虬莊遺址周圍的河湖沼澤地帶棲居著大量麋鹿。麋鹿不但可以作為食物資源，為龍虬莊先民提供豐富的動物蛋白，它的角還可以加工成各類生產工具，彌補遺址周邊石料不足的缺陷。此外，大量水生動物的骨骼也被龍虬莊先民製作成生產工具。所以說，一方水土養一方人，什麼樣的環境，造就什麼樣

的生活方式。

　　龍虬莊先民已經有了比較先進的手工業製作技藝，切割、磨割、鑽孔、打磨、刻劃等工藝已經十分普遍地運用於手工業製作中。從目前的考古發現看，其手工業產品主要有生產工具、生活用具、裝飾品三大類。生產工具主要有骨斧、骨鎬、骨叉、骨矛、骨鏃、骨鏢、骨鑿等。骨叉是龍虬莊遺址最具特色的狩獵工具。它用麋鹿角的分叉製成，呈丫字形。叉的上部打磨得特別鋒利，下部刳空成刳鋬，方便裝柄，具有很強的殺傷力（圖7-圖9）。

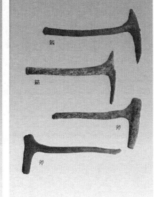
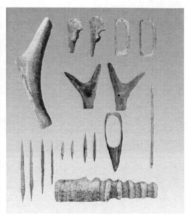

圖7 龍虬莊遺址　　　　圖8 龍虬莊遺址出土的角器　　圖9 龍虬莊遺址出土的骨角器
出土的骨質魚鉤

　　生活用具有骨刀、骨勺、骨箸（骨筷）、骨柶（類似勺）、骨杯等。十分難得的是，墓葬中出土了42件骨箸，形狀多為一端較平，一端圓尖，也有兩端都為圓尖形的。它們為研究中國箸的起源提供了豐富的實物資料。

　　裝飾品有笄、墜、管、環、指環、牙飾等。

　　食物獲取回來之後，用什麼進行加工、儲存呢？陶器是加工、儲存食物最主要的工具。龍虬莊遺址出土的陶器，根據胎質來看，主要是泥質陶，個別胎料中摻和著骨屑、蚌屑。炊器主要以釜為主，雙耳罐形釜和盆形釜最多，這一點與相鄰的海岱地區流行鼎，太湖、寧鎮地區流行腰沿釜有很大不同。水器是龍虬莊陶器的特色器類，不僅數量多，而且器型複雜，有盉、匜、壺、盆、杯等。同一器型，因用途不同，形狀又有細節上的差異。如盉分為燒水用的三足側把盉、溫水用的三足帶鋬盉、喝水用的圓底盉；匜有缽形、盆形、筒形、壺形、罐形、鼎形

（圖 10 至圖 13）。該遺址發達的水器與周邊同時期文化流行的水器大相逕庭，如海岱地區流行鬶，太湖地區流行澄濾器，而江淮中部地區沒有水器。

圖 10 龍虬莊遺址出土的陶壺

圖 12 龍虬莊遺址出土的陶壺

圖 11 龍虬莊遺址出土的陶盉

圖 13 龍虬莊遺址出土的陶杯

圖 14 龍虬莊遺址出土的彩陶缽

龍虬莊遺址第二期第 4 至 6 層中發現了彩陶（圖 14）。彩陶有紅彩和黑彩，黑彩最多。彩繪主要流行內彩，就是在器物內壁進行彩繪。常見的紋飾是斜方格紋和變體魚面紋，個別缽、碗的口沿外壁或圈足上飾有寬綵帶。這種內彩裝飾方式也流行於江淮地區的其他新石器時期遺址，如淮安青蓮崗遺址、沭陽萬北遺址等。江蘇境內黃淮地區的劉林、大墩子遺址也出土了彩陶器，但主要流行外彩，且較江淮地區數量多、器類多，圖案也豐富得多，有三角形紋、圓點紋、條紋、菱形紋、花瓣紋、迴紋等。

　　此外，神態各異、栩栩如生的豬形壺也是龍虬莊陶器的亮點。壺身整體為豬形，身體渾圓，中空。豬背向上為壺口，直口或者直口微侈。臉部塑有口、眼、鼻，表情生動，有雙目細瞇憨笑狀，有雙眉緊蹙愁苦狀，還有雙目圓瞪發怒狀。多為四足，個別為三足和圈足（圖15）。學者李新偉提出，龍虬莊遺址出土的豬形器進一步佐證了先秦文獻記載中的「天極」觀念在史前淮河流域已廣泛流行。作者考證了《楚辭・天問》、《淮南子・天文訓》、《論衡・談天》等文獻後指出，在戰國時期的觀念中，寰天有多層，各層間用繩索相連，圍繞天極旋轉。天極以極星為象徵。這種天極觀念在史前遺址出土的器物中已有反映。凌家灘遺址出土的玉版，雙翼為豬首的玉鷹，一面為八角星紋、一面為扭結紋的紡輪，都是天極觀念在器物上極為具體、直觀的圖像表示。從這些出土遺物可見，天極是天體的中心，常用八角星紋、扭結紋表示，而神鳥和豬與天極運行有關。綜上，龍虬莊遺址出土的陶紡輪、陶缽，陶碗底部裝飾的扭結紋、八角星紋，流行的豬形器，都是天極觀念在圖像中的反映。

圖15 龍虬莊遺址出土的豬形壺

▍龍虬莊先民的活動場所

　　2016 至 2018 年進行考古發掘時，在遺址南半部揭露了一處面積為 600 平方公尺的「廣場」（圖 16）。「廣場」建造較為講究，北高南低，北半部為蚌殼，南半部為陶片、紅燒土塊平鋪而成（圖 17）。「廣場」可分為兩層，上層鋪築相對鬆散，不甚規整；下層相對平整、緊密。龍虬莊遺址所在區域地下水位高，周邊多沼澤地，所以土質較為鬆軟、溼黏。此處的「廣場」應為龍虬莊先民為了防潮，便於活動，有意鋪築而成，可能是當時的聚落公共活動區域。經勘探，「廣場」面積較大，主要位於遺址南部中間，局部被破壞嚴重，殘存面積約 2,000 平方公尺。

圖 17　龍虬莊遺址廣場
地面鋪設蚌殼圖（局部）

圖 16　龍虬莊遺址發現的廣場

┃ 龍虬莊先民的墓葬

墓葬是龍虬莊遺址發現最多的遺跡現象。龍虬莊墓地位於遺址中部偏西，居住區的西側（圖 18）。透過測量，我們發現，墓葬區原始地貌要高於居住區 0.4 公尺。對這一區域進行考古發掘時，遇到了重重考驗。一是墓葬區北部是水溝和現代居民區，整個墓葬區已無法進行全面揭露。二是墓葬找不出規整的墓坑。遺址四面環水，陸地面積有限，地下水位又高，遺址持續時間較長，隨著死亡人數的增加，墓地空間越來越緊張，就出現了墓葬層層疊壓、人骨疊壓人骨的現象，厚約 0.3 公尺的地層竟疊壓 4 層人骨。這種現象與海安青墩遺址墓地極為相似，當時

圖 18 龍虬莊遺址 M404

對這種墓葬的解釋為「不挖墓坑，平地掩埋」。事實真是如此嗎？

考古工作者在相對孤立的墓地邊緣精細清理了幾座墓葬，發現龍虬莊墓葬不是沒有墓坑，而是都為淺墓坑。這應該是龍虬莊先民在陸地面積緊張、地下水位較高等條件限制下作出的妥協。

此地區湖泊相沉積土壤呈弱鹼性，再加上地下水位較高，墓葬一直處於飽水缺氧狀態，所以大部分人骨保存完好。考古學者透過人骨鑑定，對墓葬主人的性別、死亡年齡以及背後反映的聚落人口數量、人口結構、人口壽命有了一定的認知。一個完整的史前聚落的埋葬人數往往可以反映聚落的總人口數。考古學者對402 座墓葬出土的 497 具人骨進行了性別鑑定，發現男女比例為 1.48：1。這種性別之間的比例失調，在距離龍虬莊遺址不遠處的海安青墩遺址表現得尤為明顯，那裡的男女比例高達 2.2：1。由於人類自然的生理機制，正常的社會組織中，男女比例應該是平衡的。龍虬莊遺址出現男性人口約是女性人口 1.5 倍的局面，有可能和當時有意控制女性人口有關。換句話說，當時可能存在溺死女嬰現象。溺死女嬰被普遍認為是史前人類社會控制人口成長過快的常用方法。

統計發現，狩獵工具多存在於男性墓葬中，女性墓葬中相對較少；而生活工具多存在於女性墓葬中，男性墓葬中較少。從中國古人「事死如生」的喪葬觀念來看，男性主要從事狩獵等生產活動，女性主要從事紡織活動，這是男女之間因為生理差異自然形成的不同分工。男性先天的身體優勢更適宜從事強體力的狩獵活動。有趣的是，稀有的石器和骨質裝飾品卻多出現於男性墓葬中，壯年男性墓葬中尤為豐富。

個別墓葬中有一種現象特別奇特，墓主人的臉部用紅陶缽扣住，這樣的墓葬有 7 座。例如，M262 為單人仰身直肢葬，臉部朝上，墓主為一青年男性。墓中隨葬陶鼎、陶缽各 1 件，其中陶缽覆於墓主人臉部。M375 為單人仰身直肢葬，臉部朝上，墓主為一壯年女性。墓中隨葬 1 件陶缽，覆於墓主人臉部。M60 為單人仰身直肢葬，臉部朝上，墓主為一老年女性。墓中隨葬 7 件陶器，其中 2 件陶缽中的 1 件覆於墓主人臉部，1 件放於墓主人大腿左側。除了用陶缽覆面，有 2座墓葬還利用形制相近、口沿較大的陶碗、陶器蓋扣住墓主人臉部。

這種陶缽覆面的現象不僅出現在龍虬莊遺址中，在江蘇境內黃淮平原的連雲港二澗村、大村、大伊山遺址，沭陽萬北遺址，太湖平原的草鞋山、圩墩、祁頭山遺址都有發現。那麼，這種特殊葬俗有什麼含義呢？學術界大概有三種看法。一是為了保護頭骨，同時缽的形狀象徵著天，陶缽覆面意味著魂氣歸天。二是對亡靈的恐懼。用陶缽覆面是為了鎮住死者魂氣，防止傷人。三是為了使靈魂留在體內，讓屍體不朽，和後代的玉覆面有異曲同工之效。

學者高江濤透過對包括龍虬莊遺址在內的江蘇境內史前紅陶缽覆面墓葬的統計發現，陶缽覆面為墓葬中的少數案例，墓主多仰身直肢，性別有男有女，隨葬品數量和等級在同一遺址內無明顯差異。若說特別的地方，可能就是墓主人多為青壯年，也許是墓主親人對「正值當年」的墓主戀戀不捨，希望陶缽覆面可以暫時留住亡靈。陶缽底部故意鑽出的小孔則展現了生者希望過早離世的墓主靈魂可以出離，卻又不希望太快的矛盾心情。

三、龍虬莊遺址的特殊地位

龍虬莊遺址的聚落選址、生業方式、器物類型、墓葬特點等都展現出其自身的獨特性。聚落位於里下河平原碟形窪地的西部邊緣較高處，氣候溫暖溼潤，水系發達，自然資源豐富，天然河流造成防禦作用，內部已經有功能分區，居住區和墓葬分開布局。生產工具以漁獵工具最為豐富，結合出土的動植物標本，龍虬莊遺址為採集、狩獵、捕撈、家畜飼養、稻作種植等多種生產經濟並存的綜合經濟體。出土的炭化稻米證明早在 7,000 年前，龍虬莊先民已經開始了稻作生產。稻米粒型大小位於田螺莊長粒型和東山村小粒型之間，顯示了長江下游地區稻米粒型的多樣性，進而說明稻作農業是以聚落為單位生產和消費的，中國可能存在多個水稻起源地。

龍虬莊遺址顯示了先民與自然和諧共生的狀態，環境決定了生業類型，影響了聚落經濟類型。它的發現，再次展示了中國史前社會多元一體的文明化進程。

未解之謎

龍虬莊遺址的發掘，豐富了我們對江淮流域史前考古學文化的認知，同時囿於考古工作的局限性和認知的滯後性，龍虬莊遺址目前尚有諸多未解之謎。

1. 經考古勘探，遺址核心區東西長約 345 公尺，南北寬約 285 公尺，面積約 6.5 萬平方公尺，目前僅發掘 2,000 多平方公尺，所以聚落的整體面貌尚不清楚。核心區圍壕的形成過程、聚落的總體布局和功能分區等問題尚待

進一步的考古工作來解決。

2. 新揭露的蚌殼、陶片鋪設的「廣場」的邊界在哪裡？它的外緣情況如何？到底有何用處？

3. 龍虬莊文化從哪裡來？為什麼會突然消失？究竟走向了何方？

4. 龍虬莊遺址位於里下河平原地區，四周環水，水系發達，周圍水系在龍虬莊人的生活和聚落發展中承擔了怎樣的功能？又和稻作生產有何關聯？

 **淮河流域**

長江流域

寶墩遺址

唐淼

成都文物考古研究院

何錕宇

成都文物考古研究院

　　寶墩遺址位於成都市新津區寶墩鎮寶墩村（原新津縣新平鎮龍馬鄉），為距今 4,500 至 4,000 年的新石器時代晚期遺址。寶墩遺址城址面積約 276 萬平方公尺，具有內、外雙重城牆，是成都平原目前發現的年代最早、面積最大的史前城址，亦為中國四大史前古城之一。它的發現和確認，對探索古蜀文明起源具有極其重要的學術價值，證明了成都平原是長江文明和中華文明的起源中心之一，為中華文明起源的多元一體學說提供了關鍵證據。

　　1995 年，成都考古人確認了寶墩遺址的城牆為新石器時代修築，並以此為契機，掀起了成都平原史前城址發現與確認的高潮。次年，寶墩古城初露真容，成都平原史前城址群的發現被評為「全國十大考古新發現」之一。2001 年，寶墩遺址被中國國務院公布為第五批全國重點文物保護單位。

　　2009 年，成都文物考古研究所召集考古隊再次進駐新津寶墩村，經過一年多的考古發掘，終於讓這座沉寂了太久的古城全貌重見天日。

　　經過幾代考古人接續不斷的考察、探索，一座由內、外兩重城牆合圍，城牆四個方向均布有壕溝的戒備森嚴的恢弘古城，逐步呈現在世人眼前。

一、故事，沒有停留在七擒孟獲

　　寶墩遺址所在的寶墩村東頭一片綠油油的稻田地裡，橫亙著兩段「土埂子」（圖 1）。這是寶墩村村民張老漢家的地，在老漢看來，這片土地就是他賴以生存的「口糧」，土地上的兩段土埂子，常年躺在那裡，無非就是大自然的殘留物，伴隨他日出而作，日落而息。

圖 1 寶墩遺址殘留的外圍城牆局部

自 1930 年代以來，不斷有文物愛好者來此地淘寶，撿到零零星星的漢磚、石斧、陶片等遺物。但那又怎麼樣，也許在當地人的心中，這塊土地的久遠歷史，就是那神奇的七擒孟獲吧。

寶墩古城是成都平原龍山時代八座古城中面積最大的一座（圖2），俗稱「龍馬古城」，相傳是三國時期諸葛亮七擒孟獲的「孟獲城」。古城中心的鼓墩子是諸葛亮操練兵馬的點將臺，內城西南的鐵溪河則因諸葛亮進軍雲南前，在河邊鍛造兵器，丟棄大量鐵屑而得名。

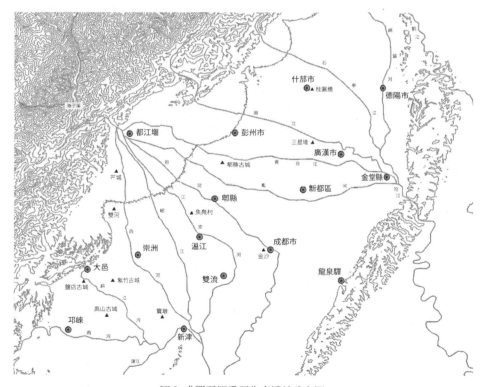

圖 2 成都平原重要先秦遺址分布圖

「七擒孟獲」的故事一直以耀眼的曝光率存在於歷史中，但文學的魔力無法阻擋考古學者敏銳的目光。

1950 年代，四川省文物部門的徐鵬章等人多次在該遺址進行地面調查，他們透過研究採集文物，認為這裡是戰國至漢代的城址遺存。

1995 年 9 月，成都市文物考古工作隊的王毅、江章華、李明斌和四川聯合大學考古教研室的馬繼賢、盧丁、黃偉等再一次到來寶墩遺址進行地面調查，那兩段突出的土埂子吸引了他們的注意力。經過探測，他們發現，這段出露的土垣是一段用斜坡堆築法構築的人工城牆。隨著進一步試掘，卵石、房址、水溝等遺跡逐漸顯露，出土了大量陶器和石器。這些器物與三星堆遺址一期、綿陽邊堆山遺址的器物比較接近，考古專家們初步推測，腳下的這塊土地，應當是早於三星堆文化的古文化遺址，距今約 4,500 年。石破天驚的發現讓考古工作者既驚喜又忐忑。如果這一切得到證實，那麼，世人對古蜀文明的認知將被刷新。從此，幾代考古工作者孜孜不倦地耕耘於這方土地，開始了對寶墩遺址的系統發掘。

二、寶墩古城初露真容

1996 年 9 至 12 月，成都市文物考古工作隊、四川聯合大學考古教研室、新津縣文物管理所組成聯合調查隊，對寶墩村附近的鼓墩子、螞蝗墩、田角林等地點進行了試掘，確認了寶墩古城內城的完整走向。城址形狀為長方形，面積約 60 萬平方公尺。寶墩古城初露真容。

2009 年，成都文物考古研究所進一步發現了游埂子、狗兒墩、碾墩子、石埂子、胡墩子、胡墳園、高地、大埂子等古城外城城牆，其中的北城牆部分與內城北城牆重合。

2010 年以來，考古隊集合了田野考古、環境考古、動物考古、植物考古、石器分析、體質人類學、測繪技術、文物保護等領域的研究人員，運用各類高科技方法，終於將一個完整的蜀地古城呈現在世人眼前。寶墩古城外城為不規則圓角長方形，長約 2,000 公尺，寬約 1,500 公尺，周長近 6,200 公尺，實際面積驚人，達到了 276 萬平方公尺。

古城外城的發現，不僅使寶墩古城遺址一躍成為成都平原乃至中國西南地區

最大的史前古城遺址，與陝西神木石峁古城遺址（約 425 萬平方公尺）、浙江餘杭良渚古城遺址（約 290 萬平方公尺）、山西襄汾陶寺古城遺址（約 280 萬平方公尺）一起成為中國四大史前古城，而且將成都平原的文化起點向前推進至距今 4,500 多年的新石器時代晚期，證明了成都平原是長江文明的起源中心之一，也是中華文明的起源地之一。

三、古城縱覽

　　走進遺址現場，我們能看到，寶墩古城是一座由內、外兩重城牆合圍，且內、外城牆四個方向均布有壕溝的恢宏古城（圖 3）。古城的修築並非一次性完成，外城修築時間晚於內城。寶墩遺址外城分布著板凳橋、幹林盤、羅林盤、劉林盤、小余林、姜河灣、沈林、羅林、劉林等若干個聚落，這些聚落呈向心式分布於以鼓墩子、田角林為中心聚落的內城外圍。從聚落的面積來看，這些聚落與田角林中心聚落應當有等級的差異，由於目前沒有發現集中的大型墓地和高等級墓葬，尚不能準確推測當時社會的複雜化程度。但可以肯定的是，這些分布在外城的次級聚落拱衛著中心聚落，是由於人口的成長而逐步擴建形成的，屬於寶墩文化二期。寶墩遺址的主體年代跨寶墩文化一期和寶墩文化二期。寶墩文化二期之後，城牆因洪水而廢棄。相當長一段時間後，大約在寶墩文化四期時，又有少量人群在此生活。

　　寶墩遺址考古發現的遺跡有城牆、壕溝、道路、房子、大型建築基址、夯土臺基、灰坑、灰溝、墓葬等，其中，城牆、道路、大型建築基址、夯土臺基、墓葬尤其有特色。

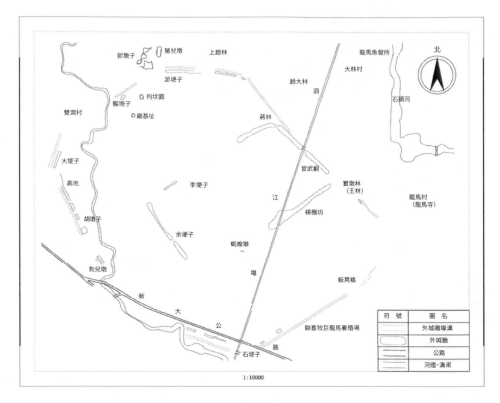

圖 3 寶墩古城平面圖

▎ 城牆 —— 壕溝

　　寶墩古城有內城和外城。寶墩古城內城為比較規整的長方形，呈東北 ——
西南走向，北偏東 45°，城址長約 1,000 公尺，寬約 600 公尺。城牆寬窄不一，其
中東城牆楊機坊段、北城牆真武觀段保存最好，最寬處約 25 公尺，高出地表約 5
公尺，是用黏土斜坡堆築而成。修築年代在寶墩文化一期 I 段末或 II 段初，使用
年代應該在寶墩文化一期和二期。

　　寶墩古城外城大致呈不規整的圓角長方形，方向與內城一致，約北偏東 45°。
城牆周長近 6200 公尺，城址面積約 276 萬平方公尺。外城牆體寬度殘存 15 公尺
左右，似乎比內城城牆窄，殘存高度 1.5 ～ 4 公尺。壕溝寬 10 ～ 15 公尺。修築年
代當為寶墩文化二期初，上限或可至一期 II 段末，使用年代為寶墩文化二期。

外城城牆與內城城牆的夯築方式完全一致。外城城牆的修築晚於內城城牆，但兩者曾同時使用過。外城是因為農業生產、家畜飼養技術的發展帶動了人口的成長而擴建形成的。

總之，寶墩古城是一座以城牆、壕溝為防禦體系的城址。可以想像一下，在生產工具僅有石器、木器的時代，修築如此恢宏的城牆，既需要大量人力、物力，更需要領袖式人物的規劃與調度，其氣度從做了解剖的外城城牆游埂子段就可見一斑（圖4、圖5、圖6）。

圖4 寶墩遺址游埂子段城牆解剖溝（由城外向城內，低處為壕溝）

圖 5 寶墩古城外城城牆游埂子段解剖剖面

圖 6 寶墩古城外城城牆游埂子西段剖面

道路

　　寶墩遺址目前發現了兩條保存相對較好的道路,一條位於內城東城牆螞蝗墩段內側,一條位於內城北城牆真武觀段內側。

　　螞蝗墩段發現的道路隨城牆走向延伸,方向約北偏東45°,發掘區西南部保存較好,揭露道路70餘公尺,殘存最寬處約3公尺(圖7)。路土可分為三層,最上層的路土含較多鵝卵石,中間層為黃褐色粉砂土,下層為紅褐色粉砂土。三層路土較純淨,幾乎不見包含物,偶爾有零星的寶墩文化時期的細碎陶片。

　　內城北城牆真武觀段與東城牆寶墩子段之間的缺口也發現了寶墩時期的道路。道路與真武觀段的北城牆平行,方向約北偏西45°。在寶墩文化時期明顯可以分為兩個階段,第一階段為土路,第二階段鋪設料姜石子。道路一直延伸至城外的古河道(古石頭河)。這一情況說明這個缺口在寶墩文化時期已經存在,可能是當時的一座城門,城門通向古石頭河邊,或有碼頭一類的遺存,古石頭河匯入南河最後至岷江,不排除有通航的可能。

　　內城東城牆、北城牆內均發現了與城牆平行的道路,這是否意味著整個內城存在著猶如「內環路」的環城道路?這一點還需要更多的發掘工作予以確認。

圖7　寶墩遺址螞蝗墩段城牆內側發現的道路

大型建築基址

寶墩古城目前發現 8 組大型建築基址，均位於內城，其中鼓墩子 3 組、田角林 2 組、蔣林（治龍橋）3 組。

位於內城幾何中心位置的鼓墩子三組大型建築基址分布於一條線上，一字排開（圖 8）。

F1 僅保留局部墊土和柱坑，以長方形主體房屋為中心，南北兩側為附屬建築，整體布局主次分明，左右對稱，方向基本上呈正東西向。主體房屋地面墊有純淨黃土，南北長約 20 公尺，東西寬約 10.5 公尺，面積約 210 平方公尺。房屋遺址共保存了 28 個柱坑，其中東西側各 8 個，南北側各 5 個，房屋中部 2 個（圖 9）。

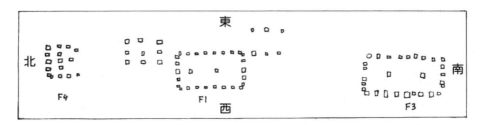

圖 8 寶墩遺址鼓墩子 F1、F3、F4 空間分布圖

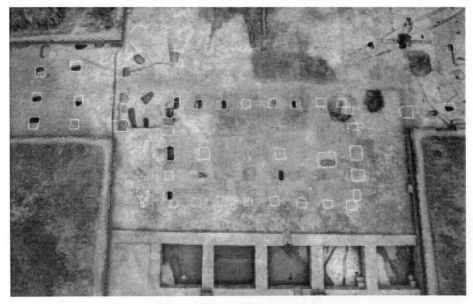

圖 9 寶墩遺址 F1 主體建築的柱坑分布圖

　　北側的附屬建築南北長約 10.5 公尺，東西寬約 7.5 公尺，保存了 9 個柱坑，三縱三橫。同排柱坑間距略有差異，南北兩排間距大體為 2.5 公尺，東西兩排間距大體為 2 公尺。南側附屬建築南北長約 9 公尺，東西寬約 8 公尺，保存了 6 個柱坑。附屬建築四圍柱坑排列有序，平行分布。柱坑長 0.6～1.4 公尺，寬 0.6～1.2 公尺，深 0.4～1 公尺。柱痕大多不明顯，未見牆體部分。

　　F4 位於 F1 的北側，兩者相距約 13 公尺。F4 長約 9 公尺，寬約 8 公尺，方向朝南，面闊二間，進深二間，殘存 17 個方形柱坑。柱坑排列有序，間距平行相等。

　　F3 位於 F1 的南側，兩者相距約 22 公尺。F3 南北長約 24 公尺，東西寬約 12 公尺，面積約 300 平方公尺，保留 28 個柱坑，其中東西側各 8 個，南北側各 5 個，房屋內部 2 個。柱坑的空間布局與 F1 基本上一致，方向也為正東西向。柱坑平面形制絕大多數為方形，邊長多在 0.8～1.1 公尺，有些柱坑邊長達 1.5 公尺，只有少數柱坑為長方形。柱坑坑壁近直壁，平底，坑內填土不見夯築痕跡，但緊實、堅硬，少量柱坑底部鋪有鵝卵石。

　　與鼓墩子地點大型建築基址不同的是，田角林、蔣林（治龍橋）地點的五組建築（圖 10）方向均與內城牆平行，即為北偏東 45° 或北偏西 45°，說明這些聚落所代表的族群在方向觀上與鼓墩子大型建築基址存在很大的差異，或是鼓墩子大型建築基址具有較為特殊的功能。這些建築基址規模大，柱坑規整，柱網清晰，規格較高，單體面積均在 200 平方公尺以上，應當為寶墩文化時期的大型公共禮儀性建築。

圖 10 寶墩遺址大型建築分布圖

▎夯土臺基

　　夯土臺基位於寶墩古城外城西南的沈林盤，殘長 20 餘公尺，寬約 6 公尺，高約 1 公尺，方向約為北偏西 21°。臺基東側保留寬約 15 公尺、長約 40 公尺的活動面，形成以中部凸起的臺基為中心，四圍低平的「廣場」（圖 11）。夯土臺基被寶墩文化二期偏晚的灰坑和墓葬打破。臺基的土壤中含有少量紅燒土。臺基面可見 8 個規律排列的柱洞，應當為禮儀性建築基址。若以對稱結構來復原的話，其整體面積當超過 2,000 平方公尺，但由於被現代鐵溪河破壞，目前的考古發掘尚不能復原其完整形態和功能。

圖 11　寶墩遺址沈林盤夯土臺基

▎墓葬

　　寶墩遺址發現的屬於寶墩文化一期的墓葬主要位於房子周圍，應該是該聚落的家族墓地。墓葬均為豎穴土坑墓，少量有疑似二層臺。葬式多為仰身直肢葬，沒有發現葬具，極少的墓葬有隨葬品。墓葬方向一般與房子的走向平行或垂直，總體上以西北－東南向為主，西南－東北向次之，正南北向或正東西向較少，各個聚落點的墓葬方向占比略有不同。寶墩遺址目前發現的 100 餘座墓葬中，有隨葬品的僅 3 座。其中，近東西向的 M66 隨葬 1 件盤口圈足尊，正東西向的 M128 在墓主右側近髖處隨葬 1 件玉錛（圖 12）。

　　寶墩文化二期的墓葬除延續一期位於房子周圍的空間布局外，也有一些新的變化，開始出現墓葬集中葬於房子一側的現象，有墓地空間單獨化的趨勢，如寶墩外城的朱林盤墓地（圖 13）。該墓地發現的墓葬均位於房子西南側，所處地勢略高於房子，共 17 座。墓葬方向以西北－東南向為主，有 12 座，近正東西向 5 座。墓葬均為豎穴土坑墓，不見葬具。從墓坑大小判斷，成人墓僅有 9 座，未成年人墓葬占比近 50%。值得注意的是，正東西向的 M94 墓坑規模最大，是唯一一座有隨葬品的墓葬，在墓主人腳部隨葬一件口部略破損的陶壺，顯示墓主的身分、地位高於其他人。

圖 12　寶墩遺址 M128

圖 13　寶墩遺址朱林盤墓地航拍圖（圖中最大墓葬為 M94）

遺物

　　寶墩遺址出土了大量陶器和石器。陶器製作方法以泥條盤築加慢輪修整為主。陶器分泥質陶和夾砂陶兩大類，泥質陶數量多於夾砂陶。泥質陶以泥質灰白陶和灰黃陶為主，另有灰陶、黑皮陶和少量橙黃陶；夾砂陶以外褐內灰陶為主，另有褐陶和灰陶。陶器紋飾豐富，泥質陶以刻劃紋（多水波紋和平行線紋）、戳印紋、附加堆紋為主，有少量細線紋、瓦稜紋、弦紋等；夾砂陶的器表多飾繩紋。器型均為平底器和圈足器，不見圜底器和三足器。主要器類有折沿罐、繩紋花邊罐、敞口圈足尊、盤口圈足尊、漏形器、喇叭口高領罐、寬沿尊、寬沿盆、壺、筒形罐等，另有少量寬沿高領器、腰沿器、豆和斂口罐等（圖 14）。

圖 14　寶墩遺址出土的陶器

石器有打製和磨製兩種。打製石器多石片和切割器。磨製石器多通體磨光，製作精緻。磨製石器以斧、錛和鑿等生產工具為主，也有少量矛、鏃等兵器（圖15）。

不同器類選用不同的石料，且相對固定。石斧、石錛的原料主要是來自遺址附近河道的石英岩和砂岩，石鑿的原料多為赭紅色和灰白色變質岩，石矛的原料大部分為赭紅色變質岩，石鏃的原料多為灰綠色變質岩。變質岩有些可能是來自河床底部的鵝卵石，有些可能是透過貿易交換獲得的。

植物考古的成果顯示，寶墩先民的農業結構以稻穀為主，兼種粟和黍。稻穀占據絕對優勢，是人們的主糧，粟次之，黍占比很小。寶墩遺址發現了少量動物骨骼，主要為家畜，種類有家豬、狗，野生動物可見鹿類、鳥類和魚類，表明寶墩先民以飼養家豬作為獲取肉食的主要途徑，當時的家畜飼養技術已經比較成熟、穩定了。總的來看，寶墩遺址的經濟結構具有鮮明的以稻、粟兼作和家畜飼養為主的農耕文明特質。

圖 15 寶墩遺址出土的石器

四、寶墩古城對人類文明的貢獻

讓人好奇的是，寶墩人群是從哪裡來的呢？從目前的考古發現來看，寶墩文化主要受川西北地區以營盤山、姜維城為代表的馬家窯類型和後續的下關子類型的影響。寶墩文化較之川西北高原的史前文化，出現了大量新的文化因素，如挖壕築城和水稻栽培技術，這無疑受到長江中游地區史前文化的影響。

▎興修水利

> 城闕輔三秦，風煙望五津。
>
> 與君離別意，同是宦遊人。
>
> ……

天才少年王勃的一曲〈送杜少府之任蜀州〉成為中國人耳熟能詳的詩篇。那麼，「五津」究竟在今天的何處？答案是新津，也就是寶墩遺址所在地。

新津淡水資源十分豐富，享有「水城」之美譽。成都平原西側為地表水系進口，發育岷江、沱江兩大水系。岷江和沱江進入平原後，呈扇狀分流，在平原東側龍泉山山麓收束，於金堂、蘇碼頭、新津三處流出平原。平原內河流眾多，平均每隔 2.5 公里即有一條河流。

岷江於都江堰山口進入平原，現由舉世聞名的水利工程分為內、外二江，內江灌溉成都平原，外江實為岷江正流，可分為金馬河、羊馬河、黑石總河等。龍門山山前地帶發育的文錦江、斜江、南河、蒲江河等均納入金馬河正流，在新津縣五津鎮東南匯合。「風煙望五津」的「五津」正是指岷江的五個渡口。

人類文明的產生，大抵有一個共同的特點，那就是水。我們先祖生活的地方既離不開水，又不能離水太近。如果距離大河太近，因治理能力有限，必會遭遇水患，波及生存，但生活與生產又離不開水，因此，在早期人類文明歷史中，大河支流不遠處的臺地，往往是文明濫觴之地。

岷江幹流的水患，千百年來一直困擾著流域人民。寶墩遺址卻清晰地彰顯了這裡的先民對水因勢利導的偉大智慧。

寶墩古城選址遠離岷江幹流，以避水患。在遺址附近 1 ～ 3 公里處有中小型

支流，可以解決用水問題。遺址位於岷江西河水系石頭河的二級臺地上，地勢西北高、東南低，緩慢傾斜。城址外東北方向與西南方向的石頭河、鐵溪河均為西北－東南走向。

從近年的鑽探調查可知，寶墩古城分布在兩條平行古河道之間，且離河道不遠，所以城址的走向以兩條古河道的走勢作為參照，城牆與河道平行，內、外城的南北城牆均為西北－東南向。不僅如此，考古發掘表明，寶墩古城外城壕溝與古河道是相通的，這說明壕溝或另有通航之功能（圖16）。

透過對寶墩遺址及周邊同時期各個遺址的發掘，我們看到幾千年前的寶墩先民相當重視水患治理工作，多條人工與自然交會的河道蜿蜒流淌，這些遠早於李冰治水的水利工程，讓寶墩先民在此平安地生活了200年。

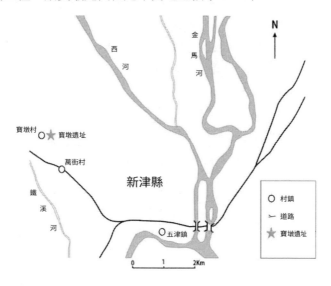

圖 16　寶墩遺址位置示意圖

‖ 挖壕築城

寶墩先民在成都平原站穩腳跟後，第一件事就是修建城牆。當時，城牆的一個功能可能是擋水。寶墩先民不光修築城牆，還修挖城壕。城牆擋水，城壕洩水，形成了防禦水患的立體系統。從目前的考古發掘看，這一雙層城牆逐級擋水的系統效果非常好，內城直到漢代才被衝破過。

寶墩古城從選址到城牆、壕溝的具體布局，都很好地利用了地貌特徵。城址除了比較規整外，平面的對稱性也是其鮮明的特徵。城牆與壕溝的功能，除了治水與防禦外，還有管理水資源，服務農耕。

隨著大型公共事務的需求和英雄人物的出現，社會結構開始分化，社會複雜化程度也逐漸加深，文明的曙光終於閃現了！

▎天府農業的開端

目前的考古資料初步顯示，從岷江上游逐步遷徙到成都平原的人類先祖，最初只會種小米，而平原腹心地區多河流、沼澤，不適宜種植小米。到了寶墩文化之初，長江中游的水稻種植技術傳入成都平原，他們便開始種植水稻。隨著對成都平原多水環境的適應，人群逐步向平原腹心地區移動。到了寶墩文化的中、晚期，成都平原的腹地出現了大量密集的聚落。再加上水稻的種植，食物很大程度上得到保障，人口不斷成長，聚落不斷增多。平整田地、修建灌溉設施需要較高的組織能力，促使社會向更複雜化的方向演進。可以說，以寶墩遺址為代表的寶墩文化是成都平原成為「天府之國」的重要源頭，也是天府農業的開端。

寶墩古城是目前發現的面積較大，具有內、外雙重城牆的龍山時代城址之一，大大豐富了寶墩文化的內涵。寶墩內、外城的布局或許還不足以代表「築城以守君，造郭以衛民」的建城理念，但無疑給研究者提供了廣闊的遐想空間，對探索成都平原寶墩文化時期的聚落形態、社會結構與社會複雜化程度具有十分重要的意義。寶墩古城突出地表現了長江上游地區在早期社會進程中的各方面特徵，它的發現與發掘，為長江流域古代文明起源的研究和早期國家發展軌跡理論構架的形成做出了重要的貢獻。

未解之謎

1. 依據寶墩古城已發現的大型建築基址的空間布局，推測內城每個聚落可能至少有 1 座屬於自己的大型公共建築，它們是聚落首領組織祭祀、議事等公共活動的固定場所嗎？

2. 寶墩遺址內各聚落之間是一種什麼關係？是一種平等的聯盟，還是存在等級的差異？

3. 寶墩古城與同時期的大邑高山古城、鹽店古城，崇州紫竹古城、雙河古城以及都江堰芒城之間是一種平行關係，還是其他古城作為「衛星城」，拱衛在寶墩古城的周圍？

4. 以沈林盤夯土臺基—廣場為代表，反映寶墩遺址社會發展最高水準和意識形態的遺存的具體功能，還有待做更多的田野考古工作。

5. 寶墩遺址發現的墓葬，不論是從墓坑面積還是隨葬品來看，均不存在太大的階層分化，那麼高等級的墓葬是否並沒有埋葬在聚落周圍，而是另闢他地呢？

長江流域

高廟遺址

尹檢順

湖南省文物考古研究所

約 7,000 年前，在偏僻的湘西山區生活著一群「高廟人」。他們聚族而居，過著原始又快樂的漁獵生活。他們崇尚太陽的神奇，他們感恩大自然的饋賜，他們用勤勞的雙手和過人的智慧創造著物質生活。隨著物質的不斷豐富，步入了貧富分化的史前文明社會。他們面對無法控制的極端天氣或自然災害，修建了大型祭祀場所，創造了禮神祭器和完整神系，用神祕的祭祀儀式祈求上天的恩賜與庇佑，獲取心靈的撫慰。他們用豐富的想像力，創作了太陽、八角星、鳳鳥、獸面、天梯、神山等各種神靈圖像，把自己美好的願望鐫刻在精美的陶器上，向通天達地的神靈祈福。他們不甘心偏居一隅，有著走出大山的果敢與豪情，不遺餘力地與周鄰人群交流、碰撞和融合，傳播著自己的文化和信仰。他們在中華大地上凝聚出獨特而又神祕的高廟文化，譜寫了中華遠古文明的絢麗華章。

在 1980 年代初期，湖南史前考古工作的重心主要在環境優越的洞庭湖地區。這裡率先揭示出大溪文化、屈家嶺文化、石家河文化三個連續發展的文化遺存，為湖南新石器時代晚期文化序列的構建樹立了標竿。後來又相繼發現和分辨出皂市下層、彭頭山、湯家崗、油子嶺、肖家屋脊等考古學文化，並在湘江流域發現一系列文化遺存，進而構建起湖南新石器時代最完整的文化譜系（見下表）。

然而，要全面了解三湘大地的遠古文化，絕不是一個洞庭湖區就能說清楚的。當考古工作者逐漸把目光移向沅湘流域時，「高廟」出現了！

湖南新石器時代文化譜系

地區時代	環洞庭湖	湘江流域	沅水中上游
距今 5,000-4,000 年	石家河文化 屈家嶺文化	石家河文化岱子坪類型 岱子坪一期遺存	屈家嶺文化高坎壟類型
距今 6,500-5,000 年	油子嶺文化 大溪文化	堆子嶺文化	大溪文化高廟上層類型

距今 8,000-6,500 年	湯家崗文化	大塘文化	高廟文化高廟類型
	皂市下層文化	高廟文化千家坪類型	
距今 9,000-8,000 年	彭頭山文化	黃家園遺存	
距今 12,000 年左右		玉蟾岩遺存	

高廟遺址位於湘西洪江市（原黔陽縣）安江鎮北部約 5 公里的岔頭鄉岩裡村，處於沅水中游安江盆地北緣，在沅水左岸的一級臺地上，沅水自西向東從其南部流過。遺址東、西兩側分別有一條自然沖溝（下壟溪）和一條小溪（下溪）由北往南注入沅水。

1985 年 9 月 20 日，懷化地區文物工作隊來到洪江市開展文物普查工作。當他們來到沅水旁邊這個叫「高廟」的臺地時，在地表及周邊斷坎上發現了大量陶片、石器、動物骨骼、螺、蚌殼等。按照工作流程，他們採集了標本，進行了科學鑑定。沒想到，一個常規的工作環節竟帶來了始料未及的收穫 —— 標本鑑定後確定的遺址年代之早遠遠超出了大家的預期。於是，經過六年的充分準備，1991 年，湖南省文物考古研究所對這裡進行了第一次正式發掘，2004 年、2005 年又進行了第二次和第三次發掘。

透過三次發掘，高廟遺址作為一處重要的史前文明遺址，立體地呈現在我們面前。遺址現存面積大約 3 萬平方公尺。遺址中部較為平坦，地層堆積厚 0.8～1.5 公尺，沒有成層的貝殼堆積，有 3～10 個文化層，分布著房屋、窖穴、灰坑、墓葬、祭祀場所等遺跡。遺址周圍的斜坡地帶分布著成層的貝殼堆積，厚 3.5～6.5 公尺，最多可分 27 層，但很少見到遺跡。考古發掘證實這是沅水流域一處新石器時代的貝丘遺址。該遺址大致可分為上、下兩層。上層遺存的年代跨度在距今 6,300 至 5,300 年左右，與洞庭湖區的大溪文化比較接近；下層遺存年代範圍在距今 7,800 至 6,800 年左右，與洞庭湖區的皂市下層文化接近。由於它的區域特徵非常鮮明，與周鄰地區同時期考古學文化差別較大，所以被單獨命名為「高廟文化」。

高廟遺址第三次發掘被評為「2005 年度全國十大考古新發現」。2006 年 5月，高廟遺址被中國國務院公布為全國重點文物保護單位。

一、走進高廟

▎聚族而居，夜不閉戶

　　高廟遺址中發現了 20 餘處房屋，集中分布在遺址中北部，說明高廟先民已經有聚族而居的習俗。對遺址中留下的痕跡進行考古研究後，我們對高廟先民搭建房屋的流程有了大致推斷：挖洞立柱－搭建木（竹）骨架－在房頂及四周鋪滿樹皮、枝葉、雜草，用來遮風擋雨。

　　從遺址中柱洞的排列方式看，他們的房屋大多坐北朝南，或坐西朝東，二開間或三開間，平面呈長方形，面積 20 ～ 40 平方公尺不等。這些房屋周圍很少有垃圾坑，但在周邊的坡地上卻有夾雜著螺蚌殼、動物骨骼、破損的陶器等近 7 公尺高的垃圾堆積（圖 1），說明高廟先民對自己的聚落已經按照功能進行了比較清晰的區域劃分，生活垃圾集中堆放於生活區之外。房屋內部與周邊也進行了功能分區。部分房屋裡有廚房，屋子外面有儲存螺類和魚類的窖穴。這些創舉，極大地提高了高廟人的生活品質。

　　房屋遺址周圍並沒有發現圍溝之類的遺跡，可見，高廟先民的社會秩序非常好，人們過著夜不閉戶的寧靜生活。

圖 1　高廟遺址地層堆積（由東往西）

‖ 使用陶器，敲骨吸髓

　　陶器是高廟先民最主要的生活器皿。這些陶器雖然是手工製作，但規整程度已接近輪製陶器，所以當時很可能已經出現了慢輪修整工具。在工具的幫助下，陶器越做越規整。遺憾的是，他們在後期燒製陶器的過程中，由於火候掌握不均，除了少量白陶露出誘人的色澤外，大部分陶器未能燒製出理想的色澤，顏色顯得雜亂斑駁。

　　高廟先民的陶器大多做成圜底或圈足樣式。他們用圜底的釜、罐、缽來炊煮或盛儲食物，用帶有圈足的盤、簋、碗、杯當食具。工匠在陶器的表面刻上了各種精美的紋飾，給樸素的生活增添了不少情趣（圖2、圖3）。

　　另外，透過對部分動物骨骼的燒烤痕跡和破碎程度進行分析，發現高廟先民大多採用煮制和燒烤的烹飪方式，而且敲骨吸髓是他們享受美味的方式之一。

圖 2　高廟遺址出土的白陶罐

圖 3　白廟遺址出土的白陶簋外底

‖ 打製石器，採集漁獵

　　高廟遺址中出土了大量各種形制的打製石器、磨製石器和少量骨、蚌、牙製工具。高廟先民們從河床中採集合適的礫石，打造成適合砍伐和狩獵的各種工具。工具雖然粗糙，但他們依然熟練地用大型打製礫石石器砍伐樹木，搭建簡陋的房屋；用球形或尖狀石器投擲獵物；用各類小型磨製石片切割肉食。他們經常上山採集食物，然後用條形石棒和扁平石塊碾磨堅果或植物籽實。他們把石塊加工成網墜，織網來捕撈各種水生動物。他們雖然已經開始馴養家豬，但下水摸螺拾蚌、捕撈魚類依然是緩解食物嚴重不足的常態化勞動。

高廟遺址中出土的魚類有十多種，出土的不同規格的石網墜有數百件。我們推測，高廟先民可能是最早使用漁網的族群，並且很可能根據魚類洄游特性進行季節性捕撈。這些漁獵遺存告訴我們，採集、狩獵、捕撈、馴養等多元經濟在當時並存。

▏喪葬有別，貧富分化

透過對高廟遺址發現的 30 餘座墓葬進行研究，我們發現，高廟已經有了比較明顯的貧富分化現象和比較成熟的喪葬風俗。

高廟人有著不同的墓葬形式。成年人死後，採用豎穴土坑埋葬；兒童夭折後，會用甕棺埋葬。成人土坑墓裡，又分仰身直肢和側身屈肢兩種埋葬方式。仰身直肢者一般都有數量不等的隨葬品，側身屈肢者一般沒有或者很少有隨葬品（圖 4）。兒童的甕棺墓中，保存在甕（陶罐）內的人骨皆作屈肢狀，無隨葬品。有的甕棺在蓋的部位或者甕底部位鑽有小孔，顯然是期盼著幼小的靈魂能從甕裡出來而獲得重生。個別墓葬在人骨架下鋪著竹蓆，這可能是一種「竹蓆裹屍」的特殊喪葬習俗。

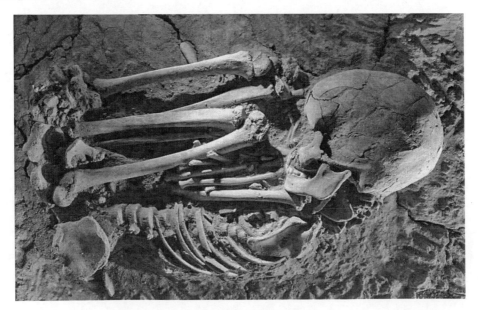

圖 4 高廟遺址發現的側身屈肢墓

在發現的成人墓中，隨葬品的數量出現了多寡不等的現象，這是社會出現貧富分化的一個顯性特徵。遺址發現了一組高等級並穴合葬墓（M26 和 M27），墓中人頭均朝向東面，骨頭皆已腐朽。位於南側的 M26，墓主人頭部位置放置 1 件玉璜及 1 件斷為兩節的玉玦，腰部偏北的一側擺放 1 件斷為兩節的玉璜；位於北側的 M27，在墓主人頭部偏南的位置有玉鉞和石斧各 1 件。從這些隨葬品的類別、質地和等級判斷，M26 中的墓主人應是女性，M27 中的墓主人應是男性。兩人能夠享受合葬這樣的待遇，並且墓中隨葬品與別的墓比較，不論種類，還是數量，都明顯高出一個級別，說明墓主人有著顯赫的地位，應該是當時某一部落的首領（圖 5）。從墓內隨葬的玉鉞來看，墓主可能還具有祭司的身分。在史前社會，祭祀活動中有用斧或鉞作法器的現象，如河南臨汝閻村遺址出土陶缸上的「鸛魚石斧圖」以及湖北天門肖家屋脊遺址出土陶罐上的「祭司持鉞圖」，都清楚地表明斧或鉞有當作祭器使用的現象（圖 6、圖 7）。隨著祭司的地位和權力不斷提高，他們掌控了部落內部最好和最多的資源，具有很大的權威性。因此，從某種意義上說，祭祀在早期社會分化和文明形成中造成了很好的催化作用。

圖 6 河南臨汝閻村陶崗上的「鸛魚石釜」圖

圖 5 高廟遺址並穴合葬墓（由西往東）

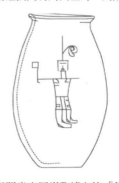

圖 7 湖北天門肖家屋脊陶罐上的「祭司持鉞」圖

二、品味高廟

▌謎之祭祀

　　祭神遺存是高廟遺址中最重要的發現，也是高廟文化的精髓所在。在意識形態領域，高廟先民表現出來的虔誠和狂熱程度甚至超過了物質需求。他們不但修建起規模宏大的祭祀場所，還在陶器表面刻劃出大量表現神靈崇拜的各種神像。

　　高廟遺址中發現的大型祭祀場所位於遺址頂部，現已揭露出 700 多平方公尺。從祭祀坑分布情況估算，大型祭祀場所的面積應該在 1,000 平方公尺左右，由主祭場所（司儀部位）、祭祀坑以及與祭祀有關的附屬房屋和窖穴三部分組成（圖 8、圖 9）。

　　主祭場所位於祭祀坑北側，坐北朝南，包括 4 個主柱洞、3 個側柱洞和 1 個牲祭坑。主柱洞兩兩對稱，略呈八字形，近似雙闕式建築。柱洞接近方形，洞內圓柱直徑約 60 公分。側柱洞位於東、西兩側，東側 1 個，西側 2 個，圓柱直徑約 50 公分。柱洞前方 1.2 公尺處有 1 個圓形牲祭坑，裡面瘞埋經火燒過的牛、羊、鹿、龜、魚等動物的骨骼和大量螺殼。

圖 8 高廟遺址祭祀場所（由北往東南）

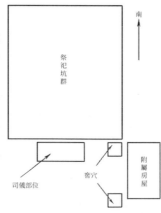

圖 9 高廟遺址祭壇布局示意圖
（引自《湘西史前遺存與古史傳說》圖 102）

　　已揭露的 39 個祭祀坑（包括一個人祭坑）有序排列於主祭場所南側，大多呈圓角方形、長方形或圓形。坑壁長徑或直徑多在 1 公尺左右，深度約 0.8 ～ 1.2 公尺。坑內上部均夯築一層較純淨的淺黃土，下部則瘞埋螺殼和魚類殘骸。絕大多數祭祀坑內均有一層因火燒而碎裂的骨渣和灰燼堆積層，表明在當時的祭祀活動中，確實有用柴火堆燒祭牲的做法，即上古祭祀儀式中常見的「燎祭」。

　　與祭祀有關的附屬房屋位於主祭場所西側，面積約 40 平方公尺。房屋為兩室一廚，門朝東。窖穴位於廚房與主祭場所之間，裡面儲存了大量淡水螺，可能為當時補充祭祀或食用之需，說明人們已經有意識地在做食物儲備了。

　　在祭祀場地層堆積中，出土了大量以鳳鳥、獠牙獸面、太陽、八角星等圖像做裝飾的陶器，其中有不少精美的白陶。從這些陶器的精美度看，它們顯然不是一般的生活實用器物，而是用來與神靈對話的祭祀器物。這些器物與祭祀場中的其他遺物特徵大致相近，年代約為距今 7,000 年。

　　從不同區域的出土文物推測，北部主祭場所和附屬房屋是這個祭祀場的中心，專供祭司和長者們舉行祭典或日常議事。主祭場所前面的圓形牲祭坑是陳設祭品的地方，旁邊可能還設有香案。主祭場所兩側的主柱洞用於矗立供神靈上下的天梯，天梯旁邊的側柱洞內應該是招引神靈的幡柱。南部祭祀坑是燎祭區域，靠近主祭場所附近可能還有供信眾跪拜的空地。

　　面對如此功能齊全的祭祀遺址，我們忍不住想穿越時空，融入 7,000 年前的高廟先民中間，和他們一起祭拜，祈求神靈的庇佑！

　　又一個朝聖的日子到了，鄰近的族人們絡繹不絕地聚集在祭壇北部。房間裡，部落首領、長者和祭司們已經聚在一起，商量著這一次祭祀的具體事宜。祭典馬上就要開始了，人們陸陸續續地把祭品井然有序地擺放在牲祭坑裡。隨著祭司那一聲悠遠而渾厚的呼喊，祭祀活動開始了。祭壇北部，祭司做法禮神；祭壇南部，其他人依次燔柴、瘞埋。殺牲血祭開始了，祭壇上空瀰漫著濃濃煙霧，祭司一邊向受祀神靈頂禮膜拜，嘴裡唸著抑揚頓挫的祝詞，一邊跳著獨特的舞蹈，用巫術與神靈對話。現場的氣氛瞬間凝重起來。虔誠的信眾紛紛跪於地上，不由自主地跟著祭司唸唸有詞，祈禱平安……

　　如此功能俱全的大型祭祀場所，在中國南方同類遺址中極為罕見。無獨有

偶，2017 年，在距離高廟不遠的瀘溪縣下灣遺址中發現了一座規模更大的高廟文化晚期的祭祀場所。它的特徵與前者相若，說明沅水流域很可能是一個區域性的宗教祭祀中心。沅水流域以外，如湖南澧縣城頭山遺址，安徽含山凌家灘遺址，良渚文化的瑤山、匯觀山、莫角山等遺址，也發現了類似遺存，年代相對都要晚些，但社會分化程度更高。這種情況表明，大約在距今 6,000 年前，宗教祭祀活動在史前社會分化中有過重要而又特殊的作用。高廟祭祀場所的發現，不僅反映了高廟宗教祭祀活動的真實狀況，而且對追溯中國宗教祭祀活動的起源以及社會分化的文明進程意義重大。

謎之紋飾圖像

高廟出土的陶器，多數表面飾有表示神靈崇拜的圖像。這些圖像多以戳印篦點連綴而成，習見減地剔刻手法。有的填彩，或直接繪彩，具有濃厚的渲染效果。圖像題材主要有太陽、八角星、鳳鳥、獸面以及天梯、神山等，構思詭譎，形態怪異。

太陽圖像

太陽圖像大都以寫實方式表現。太陽本體多用圓圈或實心圓表示。部分太陽內部有「十」字形圖案。太陽周圍大多對稱分布著單線或成組短線，表示向外輻射的光芒；也有用一圈小圓點或對稱分布的「⊥」線條表示周圍光芒。太陽有的被描繪在圜形天體中央，這是遠古先民「天圓」觀念最直接的表達；有的被裝飾在鳳鳥雙翼上，表達借助神鳥力量上達天庭的願望（圖 10）。稍晚出現的彩繪太陽圖像，形態更為逼真，以實心圓代表太陽本體，周圍繪一圈小圓點，表示光芒（圖 11）。

太陽圖像應該是高廟先民對太陽神的一種具象崇拜。他們把太陽描繪在圜形天體中央，說明在他們心中，太陽神是天下的主宰，是至高無上的天神。從遺址發現多例太陽圖像的跡象可以推測，太陽崇拜已經是高廟先民精神生活中不可或缺的部分。這種崇拜，一方面是出自對太陽在天空中朝升夕落的神奇幻想，另一方面則很可能與他們在生產活動中對太陽神的熱烈企盼和敬畏相連繫。

圖 10　高廟遺址陶盤腹部鳳鳥雙翼上的太陽圖像

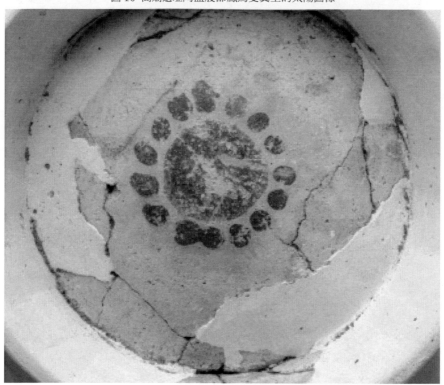

圖 11　高廟遺址白陶簋外底彩繪太陽圖像

八角星圖像

八角星與太陽在外形上有近似之處，外圍同樣裝飾圜形天體，兩者可能存在某種親緣關係。不同的是，八角星周圍有勻稱等分的八個銳角。如一件陶釜肩部發現的八角星圖像，就是由八條等長的凹弧線連接組成八個銳角，星內置圓，圓內再刻劃四條凹弧線連成的四邊形，在八角星外圍裝飾由多重弧線構成的圜形天體。這種八角星，外有圜形天體，內有近方形的四邊形圖案，表明高廟已有「八方」概念和「天圓地方」的宇宙觀。

令人稱奇的是，該八角星下方圖像似乎為一個兩手外張的人身模樣。他的下肢沒有被畫出來，胸、腰部位分別用圓圈和雙折線填充，雙肩和手臂則用簡化的連體雙頭鳥紋表示。如果把它與八角星合為一體來觀察，八角星更似人頭。那麼，這幅構思詭譎的圖像，就很可能是太陽神的真身（圖12）。類似圖像在湖北秭歸東門頭遺址的城背溪文化遺存中也有發現，被刻在一件石碑上，從構圖比例上分析，頭頂齒輪形太陽的男人應該是一位巨人，至少是能上達天庭的神人或太陽神。

與太陽圖像一樣，八角星圖像大多也裝飾在神鳥雙翼上（圖13），顯然兩者有著相似的意境，都是高廟奉祀的神靈及具象崇拜的結果。

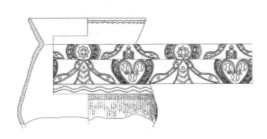

圖12 高廟遺址陶釜肩部
八角星、太陽神及早期獸面圖像

圖13 高廟遺址陶罐肩部鳳鳥載八角星圖像

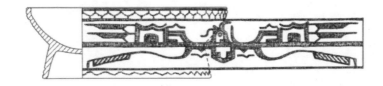

圖14 高廟遺址陶盤腹部鳳鳥圖像

鳳鳥圖像

鳥紋是高廟具有標識性的主題圖像。最初始的鳥紋圖案較為抽象，往往只用鳥頭或羽翅來表示鳥的整體。後來，鳥紋圖案發生了顯著變化，出現了完整的鳥紋。這類鳥紋大多呈正面展翅飛翔狀，鳥頭多用側視方式表現，且有向後捲翹的羽冠。完整的鳥形圖案一般昂首，嘴微張，勾喙，圓目，長頸，展翅，翼分尖，部分可見短尾及向兩側伸展的雙爪（圖 14）。

這類鳥形圖像絕大多數不是單一的，而是複合的。有的雙翼載著太陽（圖15），有的雙翼載著八角星，有的雙翼載著獠牙獸面（圖 16），也有的鳥形圖像呈倒置狀態，並把完整的獠牙獸面圖像分拆在雙翼上（圖 17）。

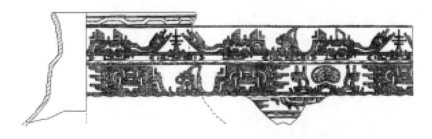

圖 16　高廟遺址陶罐口、頸部鳳鳥載獸圖像

圖 15　高廟遺址陶盤腹部鳳鳥載日展開圖

圖 17　高廟遺址白陶簋腹部倒置鳳鳥載獸圖像

此外，還有少量呈匍匐狀的側視鳥形圖像（圖 18）。它們有的昂首回望，背馱半輪紅日，尾羽後伸；有的目視前方，背載獠牙獸面，粗尾上翹。

這些複合鳥形圖像說明，在高廟先民的潛意識裡，它們並不是普通鳥類，而是一種能載物升天，具有超凡力量，可以往來於天地之間的神靈。多數學者將這種勾喙且有後卷羽冠的鳥稱為「鳳鳥」。高廟鳥紋清晰的演變規律，為史前鳳鳥起源的研究提供了重要證據。

獸面圖像

獸面紋是高廟文化遺址中又一標識性圖像。早期獸面紋均為簡單獸頭，通常用兩個戳印的單圓圈或雙圓圈表示雙眼，下方再用一個相同的圖案表示獸嘴，在獸嘴上方刻劃雙弧線，線條向上延伸，再沿雙眼上緣彎轉，以表示鼻梁和眉弓，在眼、嘴外緣則用多重弧線圍成一張桃形猴臉（見圖 12）。這種構圖方式與外圍有圓形天體的太陽、八角星圖像類似。

後來，獸面紋也發生了顯著變化，出現了面目猙獰的獠牙獸面。這類獸面圖像通常用一個圓角或尖角長方形的獸嘴來表示獸面的主體，嘴內兩側凸出四顆碩大的獠牙。其中，兩顆上獠牙（也有無上獠牙的）牙尖朝下，位於外側；兩顆下獠牙牙尖朝上，位於內側，且多數嘴下有倒三角形舌頭（圖 19）。獸面形態多樣，有的戳印兩個圓形小鼻孔（圖 20），有的上方有冠形裝飾，有的用「（）」表示獸面輪廓，有的簡化為只有四顆獠牙的形象。

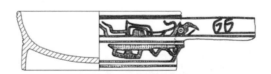

圖 18　高廟遺址白陶盤腹部匍匐鳥紋圖像

圖 19　高廟遺址陶缽腹部獸面圖像

與鳳鳥一樣，絕大多數獸面也是複合式圖像。如圖16、圖17中的「鳳鳥載獸」，只是圖像母題是鳳鳥而已。更多的一類是被稱為「翼獸」的複合獸面。這類獸面兩側直接裝上翅膀，呈飛翔狀，以表示這種怪獸可以在天空飛行（圖21、圖22）。不管是「鳳鳥載獸」，還是翼獸，兩者表達的都是神獸借助神鳥的力量而騰飛的意境。

圖20 高廟遺址陶杯腹部獸面圖像

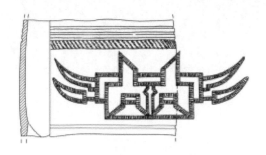

圖21 高廟遺址陶罐頸部翼獸圖像

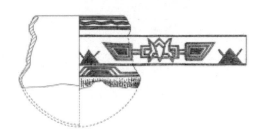

圖22 高廟遺址陶杯腹部翼獸圖像

此外，還有少數鳥、獸組合圖像。比如一件白陶簋外底上的裝飾圖案，從正面觀察，橢圓形闊嘴內有兩顆碩大的下獠牙（無上獠牙），嘴下吐出飾有簡化獠牙的長舌，像是一幅翼獸圖像；但從反面觀察，又像一幅背部馱著獸面、雙翼短小、昂首張嘴的飛鳥圖像（圖23、圖24）。這種巧妙地將鳥、獸融為一體的圖像，開鳥、獸合崇之先河，這與後世中國尊崇龍、鳳的習俗有異曲同工之妙。

圖 23 高廟遺址白陶簋外底翼獸圖像

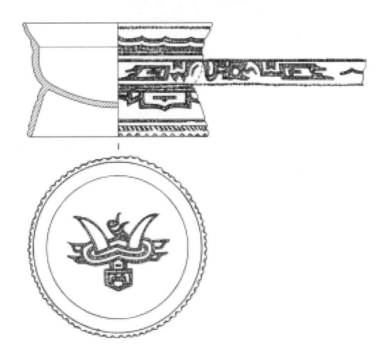

圖 24 高廟遺址白陶簋腹部倒置鳳鳥及外底翼獸圖像

天梯與神山圖像

除了太陽、八角、鳳鳥、獸面圖像外，高廟遺址中還有天梯、神山等圖像。如在一件白陶高領罐的領部（圖25、圖26），陶工們用極細密的篦點戳印出兩組對稱分布的翼獸圖像，獸面兩側分別戳印著由兩個高聳立柱構成的建築。每組建築均有呈折轉狀梯子環繞而上，達於柱頂的亭形屋頂。建築下部為高出地面的三尖形山峰。顯然，畫面中間的翼獸，應是高廟奉祀的可以升天的神靈。其兩側建築，主體是以兩個立柱為主軸連構而成的，是供神靈上下天庭的天梯，也就是神話傳說中的「建木」。天梯立於山峰之巔，那麼，這類山峰也應是通靈的神山。

圖 25 高廟遺址白陶罐領部翼獸及天梯與神山組合圖像

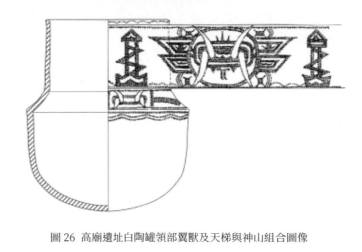

圖 26 高廟遺址白陶罐領部翼獸及天梯與神山組合圖像

233

在另一件白陶罐領部也可見到類似的圖像（圖27）。兩組對稱分布的翼獸（無上獠牙）與兩組立於五尖形山巔的人形物（又似立鳥）間隔分布。前者與上文提及的白陶簋外底上的鳥、獸合崇複合圖像意境相似。後者則與神山、天梯組合圖像相似。不同的是，神山有五峰，天梯則用人形（立鳥）代替。此外，還有一類矗立雲端的神山，山頂為三尖形山峰，其下似有一輪太陽映射在山腰（圖28）。

圖27 高廟遺址白陶罐領部翼獸及神人（鳥）與神山組合圖像

圖28 高廟遺址白陶罐領部神山圖像

▎謎之白陶

高廟遺址中出土了一些製作精良、刻劃著精美圖案的白陶。有的甚至還塗上礦物顏料，產生了極強的渲染效果（圖 29）。我們推斷，這些器物是用於祭祀的祭器。除了器物表面裝飾神靈信仰的題材外，還有一些現象值得注意。在這些神靈圖像中，有部分圖像（如太陽、鳳鳥、獸面等）設置在圈足外底隱蔽部位，器腹上裝飾倒置的鳳鳥或翼獸圖像（圖 30、圖 31）。當這些器物正常擺放時，圈足外底上的圖像是看不到的，器腹上的倒置圖像也不易被識別，它們顯然不具備實用的裝飾效果。只有把器物倒置過來，這些圖像才處於正常狀態。但這種擺放顯然與實用器具的放置方式相悖，器具也失去了實用功能。所以說，這種以倒置方式擺設的器具是有特殊用途的，它們很可能是祭司或巫師在做祭祀活動時的專用祭器。

圖 29 高廟遺址陶簋外底塗色的獠牙獸面圖像

器物倒置後的展開圖

圖 30 高廟遺址陶簋腹部倒置鳳鳥載獸及外底有冠獸面圖像

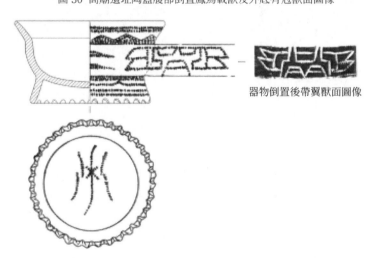

器物倒置後帶翼獸面圖像

圖 31 高廟遺址陶簋腹部倒置翼獸及外底簡化獸面圖像

另外，從高廟文化諸遺址目前發現的神靈圖像看，最常見的是獸面和鳳鳥兩

類圖像，說明兩者都是當時人們奉祀的重要神靈。縱觀中國史前玉器及三代彝器（青銅祭器的統稱）上的主題圖像，龍、鳳圖像一直是這些禮器的傳統物象。據此，可初步推測，高廟遺址中飾有獸面和鳳鳥的祭器，與後世禮器中常見的龍、鳳傳統很可能存在某種傳承關係。

這一系列的祭祀遺存，讓我們品味到高廟先民豐富的祭祀文化。他們有了固定的規模宏大、功能俱全的祭神場所。他們用創造出來的具體形象表示神靈的可能形態。他們創作的神像既有單類神靈，也有兩類神靈並存的形象，還有由兩類神靈構成的複合神像，說明他們供奉的不是單個神靈，已經形成由各式各樣的神靈共同組成的多神崇拜體系。目前可以確認的有太陽神、山神以及溝通天地的各種神鳥、神獸等。他們在創作神靈的同時，還創造了供神靈上下天庭的神山和天梯，進而構建起一個完整的祭神體系。

這個神系中的各類神像，與其他區域考古學文化中所見同類圖像存在淵源關係，且與中國上古神話以及三代社會信仰體系中的諸神相連繫，有著難以割斷的歷史傳承脈絡。

三、走出高廟

高廟文化源於本地區舊石器時代中晚期「潕水文化類群」，早期吸收了洞庭湖地區彭頭山文化的部分因素，經過數百年的發展、演變，逐步形成自己獨特的文化面貌，並與同時期的皂市下層、河姆渡、甑皮岩等文化有過密切交往。在距今 7,000 年左右，突然崛起的高廟文化逐漸成為中國南方一支神祕而又強勢的文化，並開始影響毗鄰的長江中游的文化（包括湯家崗、大塘、柳林溪等文化），甚至遠及長江下游、淮河下游、漢水上游以及嶺南諸文化。

很顯然，神靈圖像和精美白陶是高廟文化對外傳播的標識性符號。目前的考古資料表明，高廟文化初創的神靈圖像，在較晚時期逐步流行於長江中、下游地區以及淮河、黃河流域，甚至更遠的地區。湖南嶽陽墳山堡遺址、安鄉湯家崗遺址以及安徽含山凌家灘遺址出土的陶器或玉器，均發現與高廟文化相似的八角星紋。在長沙大塘遺址、澧縣孫家崗遺址以及良渚文化、河姆渡文化、仰韶文化等文化遺址出土的不同質地的器物上，也可見到與高廟文化相似的獠牙獸面、鳥與

太陽或鳥與獸面的複合圖像。據此推測，這些神靈圖像的源頭多數可追溯到高廟文化。因此，高廟文化的神靈信仰觀念，對周鄰地區甚至更大範圍內的古代文化產生過深遠影響。

高廟文化有不少遺址發現了精美白陶，這些白陶器表裝飾各種神靈圖像。大約在距今 7,000 年或稍晚時候，在長江下游、漢水中上游、淮河下游以及嶺南環珠江口地區也發現了類似的白陶。從白陶發現的區域來看，它們有著清晰的傳播軌跡，而且具有跨區域、跨文化的傳播特點。這些白陶出現的年代要稍晚於高廟文化，表現出來的特徵與洞庭湖地區受高廟文化影響較為明顯的湯家崗文化發現的白陶更為接近。

高廟文化有如此強大的輻射力與穿透力，而且能被如此廣大範圍內不同文化背景的人群所接受，這是我們沒有想到的。它不僅為我們提供了史前文化傳播的廣闊視野，同時也證實了史前宗教的神奇力量在遠古文明形成過程中所發揮的重要作用。正如高廟遺址發掘者所言：「高廟文化的對外傳播，正是伴隨著這一文化的主人所創造的宗教觀念的對外傳播而傳播的。」或可理解為，高廟文化的崛起，打破了南方新石器時代文化獨立發展的局面，形成了以宗教信仰為主線的文化交流、碰撞和融合的發展新格局，並使人們在精神追求上逐步獲得認同。

高廟文化的確認，不僅為建立沅水流域新石器時代文化譜系奠定了堅實基礎，而且還涉及史前人類宗教信仰以及中國文明起源等重大課題，在中國歷史長河中有著舉足輕重的地位。那麼，它的重要意義在哪裡？這是我們必須回答的問題。

透過深入研究，我們認知到高廟文化的重要意義主要展現在如下四方面：

1. 祭祀場所的發現，對追溯中國史前祭祀活動的起源具有重大意義。
2. 禮神祭器的出現，為探討中國史前禮器的起源提供了重要線索。
3. 祭神體系的創建，開啟了中國史前宗教起源及早期文明研究的新視野。
4. 高廟文化的傳播，掀起了中國史前文化和宗教信仰傳播的第一次浪潮。

未解之謎

高廟以偏處一隅的區位劣勢，創造出頗具影響力的史前文化，歷經 7,000 多年的滄桑歲月，以保存尚好的狀態，與今天的我們完成了「實物遺存認知」上的「溝通」。雖然還有太多文化層面的東西無法解讀，但我們仍對未知充滿了期待！

1. 高廟玉器年代如此之早，是遠距離輸入，還是本地製作？

2. 高廟文化是如何退出歷史舞台的？其消亡原因與文明程度更高的紅山文化、良渚文化一樣嗎？

3. 古史傳說稱伏羲氏「作結繩而為網罟，以佃以漁」。炎帝為火神，也稱太陽神。難道伏羲、炎帝果真與高廟有關嗎？

城頭山遺址

趙亞鋒

湖南省文物考古研究所

　　距今 6,000 年左右，武陵山向東伸入平原的最後一塊崗地的東南邊緣，聳立著一座外帶環壕的圓形土城，它刺破了遠古東亞大陸的野蠻與洪荒，折射出中華大地上第一縷文明曙光。這座古城背依武陵餘脈，向東俯瞰地勢平坦、河網交錯、湖澤遍布的八百里洞庭，見證了長江中游地區史前文明起源、發展、鼎盛與沒落的整個歷史過程。它經歷了湯家崗文化時期、大溪文化時期、屈家嶺文化時期、石家河文化時期，直到距今 4,000 年前後，在中國即將進入國家文明的前夜，悄然隱沒於歷史的塵埃之中。1990 年代，中國的考古工作者用他們的手鏟和毛刷，讓這座史前文明的「見證者」重見天日，進入當代人的視野，它就是被冠以「中華城祖」名號的城頭山遺址。隨之，它被評為「中國 20 世紀 100 項考古大發現」之一，被鐫刻在中華世紀壇的青銅甬道上，被設置為 2010 年上海世博會中國館「智慧城市」的首景，被擴展為考古遺址公園……

一、初相見，不相識 —— 城頭山遺址的發現

　　洞庭湖西北部，靠近武陵山餘脈，有一個圓形土崗，當地人稱其為「城頭山」。曾經，這只是一座不起眼的小土崗，無人問津。1990 年代，考古工作者用他們的手鏟和毛刷，一點一點地揭示出這座土崗的真實身分 —— 一座延續使用了 2,000 餘年的史前古城（圖 1、圖 2）。

　　1979 年之前，城頭山只是湖南省常德市澧縣境內的一座小土崗，突兀地聳立於水塘之中。1970 年代後期，村辦企業興起，城頭山所在的南嶽村創設了磚廠。在取土燒磚的過程中，崗地西南部帶狀凸起的土丘（根據已有發掘成果可知其為屈家嶺文化城址的西南城牆）裡發現了東周時期的青銅劍。由此，城頭山被當成一處東周墓群，進入澧縣文物部門的視線。

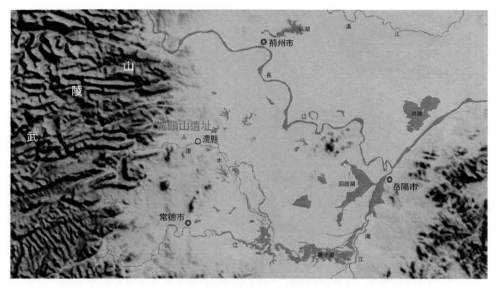

圖 1　城頭山遺址位置示意圖

　　1979 年夏天，時任澧縣文化館專事考古的曹傳松和王本浩在進行文物調查時，發現這座土崗臨水的外緣異常陡峭，使得聳起的崗地顯得特別突兀。土崗基本上呈圓形，形狀規整，崗地周緣一圈隆起，外圍有水塘和低窪地相環繞。曹傳松從村民家裡借了一把鋤頭，在崗地外圍找了個斷坎，揮起鋤頭挖了起來，這成為城頭山考古的第一鋤土！他們發現，挖到的土不像生土，更像墓葬的封土。由於城牆夯土和墓葬封土都是人工堆築而成的，乍看自然有點像。曹傳松繞著崗地在不同的地方挖，發現情況都差不多。他就覺得這些土不是墓葬封土，而是城牆夯土。後來，他從南嶽村村支書鄒先民那兒了解到，崗地外圍的水塘原來是繞崗地一周的，1960 年代的時候，為了擴大種植面積，鄒書記帶領村民，用土崗上的土把南邊和東邊的水塘填平，改造成了稻田。這樣一來，曹傳松對自己的判斷更有信心了，他初步認定城頭山是一座帶護城河的古城（圖 3）。

城牆
護城河水面
護城河岸及城東南部地勢較低的平原

圖 2 城頭山遺址區域地形建模

圖 3 城頭山遺址 1990 年代航拍圖

　　曹傳松馬上把這一情況向當時的湖南省博物館考古部作了匯報。考古部負責人何介鈞是北京大學考古系畢業的，受過系統的專業考古訓練。他調查後認為這座城肯定早於東周，因為東周的城都是方的，而這座城是圓的。當時，他懷疑這座城是商時期的，所有人都沒敢往新石器時代想。

　　第一個認知到城頭山是一座史前古城的，是考古學界泰俞偉超先生。俞先生曾任中國歷史博物館館長，在中國考古學理論、方法和實踐上都建樹頗豐，也是中國航空考古與水下考古的開創者與奠基人。1981 年，當時還在北京大學考古系任教的俞先生，因為楚文化研究會在長沙成立，他身為會長，到湖南參會，被邀請前往城頭山查勘。那次查勘，在一處城牆斷面上發現了幾塊泥質陶片，俞先生認出是屈家嶺文化時期的陶片，進而認為城頭山很可能是屈家嶺文化時期的古城。屈家嶺文化是一支新石器時代的考古學文化，距今 5,000 年左右，也就是說，這座城的時代被提早到了新石器時代。

　　這個推斷剛開始並不被學界所接受。城是文明的象徵，在 1980 年代初期，考古學界將中國文明的起源追溯到了商，對夏的認知還沒有準確的論據，更何況新石器時代？而且當時學界盛行中原中心論，認為黃河流域才是中華文明的搖籃，在長江流域，洞庭湖區這個傳統歷史觀念裡的南蠻之地怎會有新石器時代的城址？

　　然而，科學的考古發掘將會用它的數據與報告呈現歷史的真相！

　　十年之後的 1991 年，城頭山考古發掘正式開始了。

二、層層揭剝現本原 ── 城頭山遺址的發掘

　　1991 年秋季，城頭山附近一個叫孫家崗的地方，有村民挖池塘時挖出了玉器，湖南省文物考古研究所便組隊對孫家崗進行了發掘。發掘完之後還有時間，他們就對城頭山做了一次勘探性的試掘。這一挖，開啟了城頭山從 1991 至 2002 年連續十多年的系統發掘。

　　城頭山最初的發掘位置是土崗的西南部，由單先進帶隊，考古隊員在土崗堆積上發現了一個打破城牆的灰坑。在這個坑裡出土了一批具有屈家嶺文化共性特徵的象徵性陶器及碎片，因而將其確認為屈家嶺文化時期的灰坑。因此，它成為城頭山城牆不晚於屈家嶺文化時期的實證。

　　為什麼一個打破了城牆的灰坑就成了城頭山遺址不晚於屈家嶺文化時期的實證呢？這涉及考古層位學。道理其實很簡單。我們想像一下，在城牆上挖了一個坑，那麼城牆和坑誰早、誰晚呢？肯定是先有城牆，後來才有這個坑，要不坑怎麼能挖在城牆上？所以城牆的時代肯定不會比這個坑晚。這就是考古層位學裡的「打破」。

　　考古層位學裡還有另外一個概念，叫「疊壓」。考古遺址裡那些不同質地、不同顏色、包含不同遺物的土層，或厚或薄，或平行或傾斜地一層壓一層，兩層之間的關係就叫「疊壓」。田野考古中，將這些區分出的具有相同顏色、質地和包含物的土層叫做堆積單位。一般情況下，上面的堆積單位的年代肯定比它所疊壓的下面的堆積單位要晚（圖4）。

圖4 疊壓與打破

　　田野考古發掘的整個過程，就是不斷根據土質、土色等區分這些堆積單位，辨析其彼此間的疊壓、打破關係，將其相對的早晚關係理順，並用多種方法來提

取、記錄各堆積單位中包含的各種遺物訊息，因而將那些消失在時間深處的歷史訊息找回來（圖5）。

圖5 城頭山遺址1990年代田野考古工作照

　　這一輪主動性發掘的總面積達到6,064平方公尺。一系列刷新人們對城頭山遺址認知的重大發現都發生在這一階段。比如，確定了城頭山古城不晚於屈家嶺文化時期，時代距今5,000年以上；確認了城頭山古城牆有4次築城行為，最早的一次早至大溪文化一期，距今6,000年以上，由此確立了城頭山遺址是「中國最早之城」的地位；揭露出湯家崗文化時期（距今6,500年左右）的水稻田，是迄今發現的最早的水稻田之一。

　　2011至2015年，城頭山遺址的發掘進入第二階段。這一階段的發掘面積達2,000餘平方公尺，發掘工作主要是為了配合城頭山國家考古遺址公園的建設，為城牆與護城河保護規劃的制定、展館建設、展陳設計等提供考古基礎資料方面的支持。

三、興廢兩千載 —— 城頭山的遠古往事

▎定居 —— 湯家崗文化時期（距今 6,500 年左右）的城頭山

在城頭山遺址的東北部、東部和南部，均發掘到了湯家崗文化時期的環壕和土垣，說明城頭山遺址在湯家崗文化時期已經是一處環壕圍垣的聚落。

城頭山位於澧陽平原。史前的澧陽平原溼潤多雨，水澤密布，環壕圍垣是史前先民適應這一環境的產物。人們圍繞自己生活的聚落開挖壕溝，有利於聚落的排澇瀝溼。同時，人們把開挖壕溝的土堆築在壕溝內側，形成牆垣。牆垣又與壕溝一起構成保護聚落不受敵人和野獸侵襲的防線。城頭山最早的城與壕，在本質上還是環壕圍垣，只是其規模更大，形制更為規整而已。

此圖為城頭山 2012 年發掘的 TG5972 南壁剖面局部，H822 打破了⑧層及其下的黃色城牆土，其上部的 ⑦ 至 ① 層，則為逐層疊壓。年代最早的是黃色城牆堆積，其次是 ⑧ 層、H822，最晚的是 ① 層。

在城頭山遺址東部，湯家崗文化環壕之外，發現了湯家崗文化時期的水稻田。稻田內發現了田埂，呈西北 —— 東南走向，將稻田分成三丘。其中一丘稻田被大溪文化壕溝損毀；一丘稻田疊壓於大溪文化城牆之下，未揭示出來；今天我們在城頭山遺址展館裡看到的是最西部的一丘稻田，已揭露部分寬 4 公尺，長 30 多公尺。稻田西邊地勢稍高的地方，發現了多個儲水坑和與之連通的集水溝。略呈圓形的儲水坑，直徑皆不足 2 公尺。在澧陽平原，直到今天，那散落於平原農田間的一個個池塘，都還擔負著雨時集水、旱時為農田補水的功能。城頭山遺址湯家崗文化時期的儲水坑雖然規模很小，也很簡陋，但卻和與其連通的水溝、稻田中的田埂一起構成一個原始的灌溉系統，成為彼時稻作農業走向成熟的實證（圖 6、圖 7）。

圖 6 城頭山遺址湯家崗文化水稻田、大溪文化城牆與城牆上柵欄遺跡

圖 7 城頭山遺址湯家崗文化稻田西部儲水坑與集水溝

築城 —— 大溪文化時期（距今 6,300 至 5,500 年）的城頭山

最早的城與城外的壕

城頭山適宜稻作農業發展的地理環境和成熟的稻作農業技術，再加上聚落長期穩定，財富得以積累，城頭山逐漸發展成澧陽平原同時代諸聚落的中心。無論是保護聚落內部財富的需求，還是展現其中心聚落地位的需求，距今 6,000 年前，大溪文化的先民們用開挖城壕時所挖的土堆築起城牆，使澧陽平原傳統的環壕圍垣終於發生了質的轉變，形成了形狀並不規整的城。

這一時期的城址面積在 6 萬平方公尺左右。其城牆底部的寬度普遍在 8 ～ 10 公尺，現在仍殘存的高度超過 1.6 公尺。城牆之外，緊臨城牆的城壕寬度達到 14 公尺，深度超過 2 公尺。這一規模遠遠超出了澧陽平原新石器時代聚落傳統環壕圍垣的規格。傳統環壕圍垣的規整程度也不可與其同日而語，城頭山的壕溝溝壁陡直而平整。遺址南部揭示出的一段壕溝，其內、外壁上甚至還有專門用木柱和蘆葦編織成的護坡。

大溪文化的城與壕分為兩期，也就是說修了兩次，一次在距今 6,300 年左右，一次在距今 5,800 年左右。第二次築城的時候，局部城牆向外擴了一些。

在遺址東部這一段，大溪文化兩期城牆的位置是重合的，二期城牆壓在一期城牆之上。在二期城牆的頂部發現了一排圓窩，應是當時為增強城牆防禦功能而在牆頂上設立柵欄的遺跡。在一期城牆外側底部發現了一個葫蘆形的淺坑，裡面有一具人骨架，但沒有任何隨葬品。大家普遍認為這具人骨架是築城時用來奠基的犧牲，即舉行築城這樣的大工程時，要先殺個人祭奠一下。這說明城雖然是文明的象徵，但卻建立在野蠻的基礎之上。

圖 7 中，圓形深坑為儲水坑，坑右邊的窄溝為集水溝，下雨時，地勢較高區域的雨水透過此集水溝聚集於儲水坑中。坑較深，即便無雨時，坑底也會因周邊土壤的滲水作用而積水。儲水坑右上部地勢較低處即為水稻田，乾旱缺水時，可用儲水坑中的儲水為稻田補水。

在城頭山遺址東部，大溪文化時期的城牆壓在湯家崗文化時期的稻田之上。這好像是一個隱喻：這最早的城，是原始稻作農業結出的文明之果，種下了水

稻,長出了城。這座城,就這樣在城頭山,在洞庭湖西北岸,在原始稻作農業數千年的發展、演化中聳立了起來!

祭壇

城頭山大溪文化的先民們在挖壕築城的同時還堆築起一個大型祭壇。祭壇位於遺址東部,城牆內側,是用純淨黃土堆築起的一個橢圓形土臺,南北長約 16 公尺,東西寬約 15 公尺,相對高度 0.8 公尺(圖 8)。土臺上的宗教祭祀類遺跡有三種。

圖 8 城頭山遺址大溪文化祭壇

- 主要分布於祭壇南部的一批或圓或方,壁底規整的較深的祭祀坑。考古發掘獲得的坑中包含物有稻米和稻葉炭化後形成的黑色草木灰、被敲去器底口朝下倒著放置的陶器、礫石、獸骨、紅燒土塊等(圖 9)。
- 分布在祭壇頂面和邊坡處的 3 處成片的紅燒土堆積。發掘時,這些紅燒土堆積上有厚度不等的草木灰、陶器殘片和獸骨。
- 規整的圓形淺坑,一共有 5 個,基本上分布在祭壇南北方向的中軸線上,

其中 2 個坑底有一塊長橢圓形礫石。對於這批淺坑，有的研究者將其與星象聯繫起來，有的研究者說是太陽崇拜的產物，也有的說與父系祖先崇拜相關。這些聯想與推測，仁者見仁，它們畢竟是 6,000 多年前的遺跡，我們對它們的解釋，大多是從今天所擁有的認知出發的，這些解釋與 6,000 多年前的事實相距多遠，誰也說不清楚。

但這個祭壇和祭壇上多種形式的祭祀遺跡卻是客觀事實。多種祭祀遺跡說明存在不同的祭祀行為，展現出當時宗教信仰活動的多樣性和複雜性。祭壇的規模及祭祀遺跡的規模，說明祭祀是整個聚落的集體行為。反映著不同信仰觀念、不同宗教情感體驗的多種祭祀行為都被集中到這兒，說明當時宗教祭祀權力在聚落層面上已經被集中起來，這是社會發展的一個突出表現。

圖 9　城頭山遺址祭壇南部的祭祀坑

「巫師」墓？

祭壇上還有一類遺跡，就是墓葬。其中 4 座屈肢葬墓存有人骨。中間最大的墓坑呈四方形，被一道土埂分為左、右兩部分。人骨在左邊，左下肢骨旁有一顆鹿牙，屍骨下有板灰，有葬具，南半部隨葬一個牛下顎骨。其他幾座墓不僅墓坑小，而且不見任何隨葬品。其中一座墓，墓主人的左臂和右腿沒有了，不知這本來就是一個缺手臂少腿的人，還是下葬時被肢解了（圖 10）。

圖 10 城頭山遺址祭壇上的圓形淺坑

這批墓葬被安置在祭壇上，說明墓主人有著與宗教祭祀相關的特殊身分。中間大墓裡葬的可能是巫師一類的宗教領袖，周圍無隨葬品的屈肢葬墓很可能是給巫師陪葬的（圖 11）。

「首領」墓？

與巫師墓僅隨葬 1 件鹿牙和 1 件牛下顎骨迥異的是，這一時期的世俗首領墓，是城頭山遺址考古發掘所揭示出來的規格最高的一座大溪文化墓葬。墓主是一名成年男性，仰身直肢，身高 1.75 公尺左右，在當時絕對是魁梧大漢。大溪文化的一般墓葬僅隨葬 3～5 件陶器，能達到 10 件的就算大墓了，但這座墓卻隨葬了 25 件陶器。其中，墓主的右手上

圖 11 城頭山遺址屈肢葬

放著 1 件小鼎，頸部有 2 件玉璜，左側還有一個小孩的頭骨。它的奢華與巫師墓的低調形成了鮮明的對比，盡顯王者之氣（圖 12）。

在澧陽平原大溪文化時期的史前聚落群中，城頭山因為城壕的出現，其等級明顯高出了其他同時期聚落，成為整個澧陽平原區域的中心聚落，說明當時聚落與聚落之間的分化已經出現了。城頭山已經是「城鄉最初分化意義上的城和鎮」，進入蘇秉琦先生總結的中國古文明起源歷程「古文化 —— 古城 —— 古國」中的「古城」階段。大型公共祭壇及祭祀方面的專業化與集權化，折射出人們已經有了豐富的精神信仰。少數隨葬品豐厚的大墓的出現，說明當時社群內貧富分化較劇烈，權貴階層或已出現。種種跡象讓考古學家們意識到，6,000 年前的洞庭湖畔已經在孕育著文明的胚胎。

圖 12 城頭山遺址大溪文化首領墓 M678

鼎盛 —— 屈家嶺文化時期（距今 5,300 至 4,600 年）的城頭山

城與護城河

距今 5,300 年左右，源起於湖北漢東地區的屈家嶺文化席捲了整個長江中游地區，其中自然包括城頭山所在的澧陽平原。此時，城頭山大溪文化的城與壕，歷經數百年的風雨，早已不復當年初建成時的雄姿。新時代豪情萬丈的屈家嶺文化先民在屈家嶺文化早期和中期，連續大規模築城，擴寬城壕，增築城牆，留下了城頭山遺址三、四期的城牆與護城河，我們今天依然能夠看到高聳出地面的城牆與寬廣的護城河（圖 13 ）。

圖 13 城頭山遺址現地表可見的城牆與護城河

城頭山遺址三、四期城牆的規模突出地反映在遺址西南部的城牆剖面上。現在，這個剖面遺存的上面建起了展示保護棚，成為城頭山國家考古遺址公園一項重要的本體展示內容。從這個剖面可以看到，屈家嶺文化的城牆底寬達 37 公尺，歷經數千年風雨剝蝕，殘高仍近 4 公尺，站在它的面前，依然有巍峨之勢撲面而來。城外護城河寬達 40 公尺。整個城圈的面積為 8 萬平方公尺（圖 14、圖 15 ）。

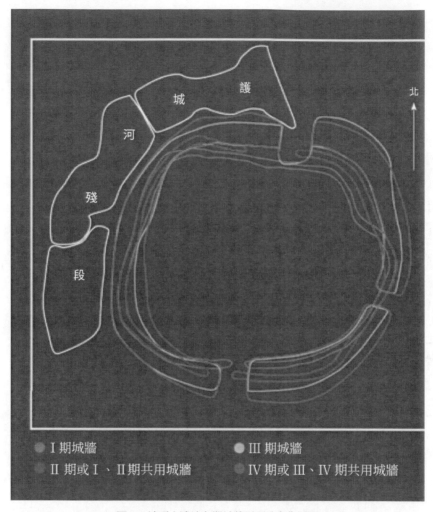

圖 14 城頭山遺址各期城牆平面分布復原圖

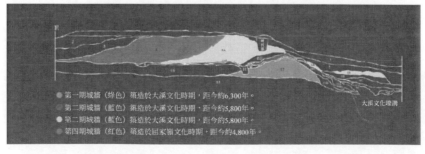

圖 15 城頭山遺址西南城牆剖面圖

這樣的規模，按一人一天一方土的工作量計算，需要投入 200 個勞動力，工作 6、7 年才能完成。而實際上，在多雨的澧陽平原，每年有多半時間是無法施工的。雖然三、四期城牆與護城河是分兩個時期修建的，但每一期的工程量依然十分巨大，要想在一個適合施工的旱季裡全部完成，投入的勞動力要上千人。根據遺址內的房址面積和灶臺數量估算，屈家嶺文化時期城頭山遺址城內居民的總人口，最多約 1,400 人，其中真正的勞動力遠達不到這個數量。如此說來，從城牆與護城河的工程量看，這不是城頭山單個聚落的人力所能完成的，必然要調動區域內其他聚落的人力、物力，這就展現出，城頭山遺址作為中心聚落，對區域內其他聚落有著強大的影響力。

屈家嶺文化時期的城與護城河，其規模顯然遠遠超出大溪文化時期的城與壕，城的性質發生了顯著的變化，所以考古研究者直接稱其為「護城河」，而不再提「環壕」了。但是，其進步性除了規模的增大外，更展現在整體系統規劃的嚴密性與施工的精確度上。

城頭山一、二期城牆的形狀還不甚規整，應該是受到自然地貌影響，因形就勢，修建而成。但三、四期城牆已經是很規整的圓形了。城牆的北、東、南三個方向各留一個數十公尺寬的豁口。城頭山遺址整體地勢西高東低，中部隆起，三個城牆豁口都留在地勢低窪處，雨季時，城內的降水可以透過這些豁口排入城外護城河中。

另外，這些豁口也是進出城牆的門道。東部豁口正對著與澹水支流相連通的護城河出水口，在豁口範圍內發現了多層雜密的紅燒土與卵石堆積，細密堅硬，由此判斷，東部豁口是城頭山屈家嶺文化時期的水岸碼頭。北部豁口外也發現了與城牆同時代的、透過護城河的陸地通道。所以，屈家嶺文化的先民，在建城之前，對城牆的位置、走向，什麼地方留豁口，每個豁口承擔什麼樣的功能等必然是早有規劃的。

城頭山屈家嶺文化時期的城牆剖面上可以看到整塊的原生土塊。有一次，在對護城河底進行勘探性發掘時，考古隊員在護城河底部發現了開挖出來卻沒能運上城牆的土料塊。這成為開挖護城河時用木、骨、石器撬挖出的土塊直接被搬運來築城的實證（圖 16、圖 17）。但是，他們不僅是為了獲得土料而取土，還對護

城河不同部位河床的深度進行了有目的、有意識的設計與控制。比如遺址西部的護城河，先民們在取土時就有意留了一條生土埂子，橫亙於護城河中。他們用純淨的黃土在這條生土埂子的頂部鋪了一條小路，使其成為過河的陸地通道。但是這條通道把護城河水隔斷了，通道兩邊的水沒法流通。為了解決這個問題，他們又在生土埂子中間挖了一條通水溝，溝中順向鋪了蘆葦，顯然是用來保護溝坡，避免其被流水沖蝕（圖18）。通水溝只有2、3公尺寬，上面搭幾條木板就不影響通行了。通水溝內側有一組柱洞，推測是哨所一類的建築，也就是說，當時這條路上還有人把守，不是誰都能隨便通過的。在北邊，城牆豁口外也有一條類似的通道。

圖16 城頭山遺址屈家嶺文化時期牆體堆積中未打碎的原生土塊

圖 17　城頭山遺址屈家嶺文化時期護城河底部發現的原生土塊

圖 18　城頭山遺址西通道排水溝中的蘆葦護坡

城牆西北部外牆根下保留了一小片土質區域，形似一個伸入護城河中的原生凸臺。凸臺的邊緣呈臺階狀，伸入西北護城河河底深處。在城址西部，城牆之外，也就是我們上面提到的挖土時在西部留出的通道之北，發現了另外一個類似的凸臺，規模更大，也是以臺階狀的形式伸向護城河深處（圖19）。這些凸臺在當時是做什麼的呢？護城河下面的地質情況又如何呢？

2012年冬天，考古工作者利用考古探鏟和測繪儀器，對護城河北半部河底生土面的起伏情況做了一次系統勘測，形成一份北部護城河的河床相對高度灰階影像（圖20）。

圖19 城頭山遺址西北部城牆外伸及護城河中的凸臺

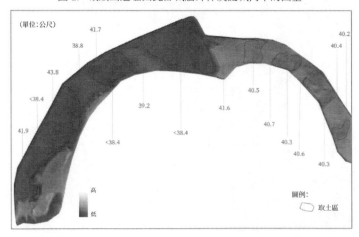

圖20 城頭山遺址西北至東北段護城河河床相對高度灰階影像

從這份相對高度灰階影像可以看出，北部這一段護城河河床呈規律間隔性的深淺區域變化。在北邊和西邊基本上沒有下挖，留出兩道生土隆起，形成橫亙於護城河的過河通道。北、西兩道隆起之間，西北這一段整體下挖較深，形成一個儲水坑。西邊生土隆起所形成的土埂中間的通水溝，則可以調節儲水坑中的水位，避免雨溼季節儲水過多時漫出，損毀遺址西部和北部的陸地通道。兩個凸臺都呈臺階狀，伸入西北部的儲水坑中，其在築城時可作為運土的踏步，築城後則可作為城內日常生產、生活的取水平台。

雖然只勘探了護城河北半段，但也能看出，整個護城河就是一套經過仔細規劃、設計的水利設施。這套水利設施不是專門建造的，而是在築城取土時，透過控制不同區域的下挖深度，控制河床的低凹與隆起而達成特殊功用的。

河床中間那些下挖較深的區域是當時的取土區遺跡。整個河床間隔性的深淺區域變化，則是開挖護城河時分組取土作業的施工組織方式的展現。由此推測，城頭山城牆很可能也是分段夯築，最後連接合龍的。

那麼，是誰設計了包括城、城門、護城河、過河通道、儲水區、通水溝、取水平台在內的這樣一整套有機的「城 —— 河系統」呢？是誰把周邊聚落的人力召集在一起的呢？又是誰對這些人力進行有效整合，在施工過程中精準控制每一個作業組的工作進度，最終建成這一整套功能多樣的「城 —— 河系統」呢？這背後折射出的是一個凌駕於一定區域內多個聚落之上，具有強大的規劃、協調、整合與控制能力的權威。我們現在還無法確定這個權威是個人，還是一個組織，它存在的基礎是個人威望，還是經濟實力，甚或是強制暴力，但是，這個權威對區域內各聚落人群強大的影響力或控制力是確定無疑的。

墓地

城頭山遺址屈家嶺文化時期的墓葬都集中在城址內偏西北部的一小片區域，密密麻麻，層層疊疊，多達 550 餘座（圖 21）。這些墓葬互相疊壓、打破的狀態，是今天的我們比較難理解的。屈家嶺文化先民在這個墓地開挖新墓的時候，不可能挖不到前期的墓，挖出來早期的墓和隨葬品，甚至人骨，都是可能的。但他們為什麼寧肯疊壓也要把墓葬擠在這一小片區域呢？我們可以感受到一個不可踰越的邊界，那就是權威，這個權威有能力管控城址內所有居民的喪葬行為。

房屋與大道

城頭山遺址屈家嶺文化時期的房屋建築遺跡中，最典型的是位於城址中心區域的 F23、F57 和 F87 三座屬於同一時期的房址。F57 為多間套房，北邊和西邊 3 個單間，南邊為 3 個套間。每間房的面積為 3～5 平方公尺。這些單間或套間裡可能居住著一對夫妻和他們的孩子。F57 可以居住 20 餘人，是一個擴大的家庭或家族的居住址。F87 則是一座獨立的臺基式大房址，面積達 63 平方公尺。這麼大的面積，顯然不是一般居住用房，而是議事廳或祖廟等禮儀性場所。F23 有前後兩間，裡間有 4 座並列的灶，考古發掘時在灶邊發現破碎的陶釜，這顯然是當時的集體廚房，外間為飯廳。這三座不同結構、不同功能的建築構成一個整體，反映出當時以家族或擴大家庭為單元的集體生活場景（圖 22）。

圖 21 城頭山遺址屈家嶺文化時期的墓葬

圖 22 城頭山遺址屈家嶺文化房屋遺跡（F23、F57 與 F87）

房址間還有兩條用紅燒土塊鋪就的道路，呈交叉十字形。根據考古勘探，這兩條道路都向兩側延伸，構成貫穿整個城址的「十」字形大道。房址與道路的結構和布局，展現出一種整齊有序的規律性。屈家嶺文化時期的城頭山處處展現著這種秩序與規律。

從整個長江中游的空間範圍來看，城頭山大溪文化的城是孤獨的，一片莽荒中，唯其一城獨自聳立；但城頭山屈家嶺文化時期的城卻並不孤單，在長江中游環江漢 —— 洞庭大平原西北部的新月形山前地帶，聳立著十幾座同時期的城。長江中游史前城址群是上古時代萬邦林立的見證。其社會複雜化程度，已超出古城「城鄉最初分化意義上的城和鎮」階段，而呈現出一派「古國」氣象。

║ 衰亡 —— 石家河文化時期（距今 4,600 至 4,200 年）的城頭山

屈家嶺文化時期，完成四期城牆與護城河修建的城頭山是其兩千餘載歷程中最為繁華、鼎盛的時期，之後，它開始走向衰落，直至消亡。

距今 4,600 年前的屈家嶺文化晚期，城頭山的城牆與護城河逐漸廢棄。在考古發掘現場探知的屈家嶺文化時期的灰坑打破了城牆，這一現象給我們提供的訊息不僅僅是城牆的時代不晚於屈家嶺文化時期，而且讓我們知道，在那個灰坑所處的屈家嶺文化晚期，人們已經開始在城牆上挖坑取土，並將自己的生活垃圾堆積過來。也就是說，城頭山的城牆已失去了有效管理，開始廢棄。

至石家河文化時期，城頭山遺址的城牆已徹底失去管理，護城河開始出現大量淤積。墓葬已不再遵循原來只能埋到統一規劃的墓地裡的規定，整個遺址範圍內到處都有。一切跡象都說明原來那個規劃、整合和領導區域內各聚落力量的權威或公共權力已經離開了城頭山。但這時候城頭山聚落還在，而且人口還不少。因為遺址大部分發掘區都發現了石家河文化時期的遺存，在城頭山南門外護城河中還發現了石家河文化時期人們為擴展生存空間而在已廢棄的護城河中清淤後所堆築的土臺，土臺上有柱洞等建築遺跡，所以這個時候的城頭山仍是當時澧陽平原上一個較大的聚落。

城頭山遺址的完全廢棄，是在距今 4,200 年之後，長江中游進入肖家屋脊文化時期後。整個城頭山遺址基本上不見肖家屋脊文化的遺跡、遺物，說明曾經喧

鬧兩千餘年的城頭山走向了沉寂。

　　此時，遙遠北方的黃河流域，中國第一個王朝——夏王朝正在孕育，成熟的國家文明即將誕生。而洞庭湖畔的城頭山，這座曾經獨立打破東亞大陸的野蠻與洪荒，折射出第一縷文明曙光的中國最早的城，已悄然隱沒於歷史的塵埃中。再相見，已是現代，考古人的手鏟之下。

四、驚豔洞庭波 —— 城頭山遺珍

陶器

　　陶器是絕大部分新石器時代遺址最普遍、數量最多的一種遺物，其中不乏珍品。城頭山遺址出土的陶器主要以大溪文化和屈家嶺文化時期的陶器為主。

　　大溪文化陶器最大的特色，就是在器表施一層鮮紅的陶衣，主要器型有釜、罐、盤、碗、盆、豆、缽和杯等，造型各異，鮮紅豔麗。它們是當時先民們日常生活中盛儲、炊煮、飲食所用之器具，今天卻成為考古學家們了解其主人生活狀況、所屬人群、對外交流等各方面訊息的載體（圖23）。

圖 23　城頭山遺址大溪文化陶器

　　除素面的紅衣陶之外，大溪文化陶器中還有少量彩陶，風格一樣鮮豔明麗。如一件泥質橙黃陶盆，在口沿部及上腹部飾以黑彩弧連三角形紋，並以窄條黑綵帶鑲邊。這種紋樣是中原仰韶文化廟底溝類型典型的花瓣紋，昭示著大溪文化先民與仰韶文化先民間的交往。彩陶中另有少量米黃色黑彩陶，圖案多為網紋與寬頻紋，其米黃色的陶胎泥質細膩，輕薄如蛋殼，是大溪文化陶器中當之無愧的精品，應該也是當時社會物質財富最精華的部分，如造型迥異的陶杯（圖 24 ）。

　　屈家嶺文化時期，城頭山遺址曾經鮮豔了整個大溪時代的紅衣陶開始隱退，彩陶，包括最精美的米黃色彩陶，在屈家嶺文化早期還有少量殘餘，之後也退出了歷史舞台。這一時期，素淨、淡雅且光潔的黑陶與灰陶才是城頭山先民的最愛。器類有鼎、豆、壺、杯、罐、簋等。屈家嶺文化時期的陶器，輪廓普遍流暢而優美，這要歸功於此時興起的輪制拉胚成型技術。城頭山屈家嶺文化時期的陶器整體風格素淨，器表少見裝飾，唯在豆類器的大圈足上多見鏤孔與刻劃紋所構成的神祕而粗獷的圖案（圖 25 ）。

圖 24　城頭山遺址出土的陶杯

圖 25　城頭山遺址屈家嶺文化陶器

▎石器

　　城頭山遺址出土的石器多為生產工具。器型主要有斧、錛、鏟、鑿、鉞等，另有少量鐮、鑽、杵以及石球和石網墜等。斧、錛、鑿、鑽等是砍伐、加工木材的工具；鏟可用於農耕翻土；鉞是一種劈砍工具，多被當作兵器使用；鐮可用來收割稻穗；兩三個石球連在同一繩索上，投擲出去可纏絆大型獸類的腿足，應是一種狩獵工具；網墜則是漁網的配件。

　　這些石器基本上都是通體打磨，大多體形厚重。但出現於大溪文化晚期，流行於屈家嶺文化時期的石鉞，體形扁薄均勻，呈梯形或長方形狀，形制規整，通體磨光，並有鑽孔，可以說是石質生產工具中的精品。

　　例如，屬於屈家嶺文化時期的一件石鉞，青黑色的鉞身通體磨光，平頂，刃部呈弧形，靠頂部有一對鑽而成的直徑 2 公分左右的穿孔。長 19 公分、寬 16 公分的鉞身，厚度卻僅有 0.9 公分，且整體均勻。唯有掌握了成熟的石器切割與鑽孔技術，才有可能製作出如此精品。值得注意的一點是，這件石鉞雖出土於墓中，但其刃部卻有大量使用過程中留下的痕跡，當時應為一件實用器（圖 26）。

　　以製作的精美程度而論，作為生產工具的石器自然無法與作為人體飾品的石器相提並論。城頭山遺址大溪文化四期，大約距今 5,500 至 5,300 年的兩座土坑墓裡出土了一批直徑普遍在 7 ～ 8 公分間的石環，青黑色的環體截面有方形、梯形、橢圓形和月牙形等，具體形狀不盡相同，但共同特點是外緣和內孔的圓形都十分規整，環體皆通體拋光，光澤瑩潤。這些石環在出土時，都是成組地套在墓主人前臂骨之上，是墓主隨身佩戴之裝飾品，是城頭山遺址石器中最為精美之珍品（圖 27）。

圖 26 城頭山遺址出土的石鉞

圖 27 城頭山遺址出土的石環

玉器和綠松石器

城頭山遺址出土的玉器和綠松石器極少，玉器僅有 12 件，綠松石器僅有 4 件，多為殘件，保存較完整的主要是大溪文化時期的 2 件玉璜、3 件玉玦及 1 件綠松石墜。

兩件玉璜皆晶瑩剔透，微泛乳黃，尺寸、規格比較一致，長約 9.5 公分，直徑約 1.2 公分。這兩件玉璜出土於大溪文化時期隨葬品最為豐富的大墓 M678 中，兩者平行並列於墓主頸部，顯然是墓主的隨身飾品。在澧陽平原，乃至整個長江中游地區，新石器時代直到肖家屋脊文化時期之前，都沒有制玉、用玉的傳統。城頭山遺址出土的玉器，包括綠松石器，顯然是從遠方透過交換或掠奪得來的，因稀少而更顯珍貴與神祕。

我們可以想像，M678 主人生前將兩件玉璜佩於頸下，行走於陽光之下的城頭山，折射著陽光的玉器晶瑩璀璨，是如此引人注目，必然會吸引聚落中普通居民的驚羨目光，而在其驚羨的目光中，玉器主人的富有與尊貴就展現出來了（圖 28）。

玉玦和綠松石墜也都是人體裝飾品，和兩件玉璜一樣，在當時的先民眼中，除審美的價值之外，更多的應該也是其主人財富與地位的象徵（圖 29、圖 30）。

圖 28　城頭山遺址出土的玉璜

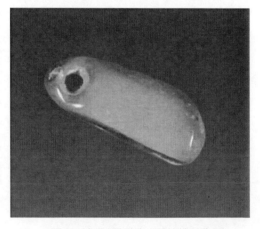

圖 29　城頭山遺址出土的綠松石墜

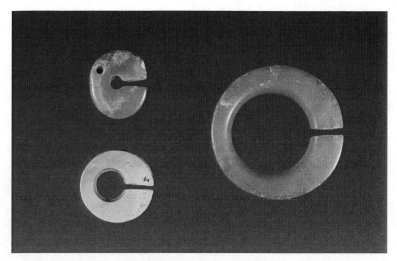

圖 30 城頭山遺址出土的玉玦

木槳、骨耜、角耒與麻布

　　中國南方地區，因土壤微帶酸性，新石器時代的木、骨類遺存很難保存下來。但城頭山大溪文化壕溝中的淤泥堆積，因其飽水環境，大量當時人們使用過的有機質遺存得以保存，如各種木器，像船槳、船艄、凳面、木刀、木矛以及各種木質的建築構件，還有骨器、鹿角器、麻布、葦席等。因為少見與難得，這批有機質遺物尤顯珍貴。

　　例如其中的木質船槳，不僅證明大溪文化城壕兼具水上交通之功能，也使今天的我們得窺 6,000 年前史前先民之舟楫與水上交通之一角；又如用牛肩胛骨做的耜，是一種翻土農具，相當於現在的犁，用鹿角做的耒，也是一種翻土農具，它們可以使今人想像到當時先民農作的情景；而其中的麻布，則使我們得以管窺當時先民的紡織物與衣著之一斑，等等（圖 31）。城頭山的遺珍當然不止這些，以上僅是其中最引人注目的一小部分。實際上，對考古學家而言，遺址中出土的一切遺物都是寶貝，它們都蘊含著考古學家們孜孜以求的遠古時代某一方面的訊息。

　　即便是肉眼看來什麼都沒有的泥土，那也是寶貝，因為其中很可能就包含著能解讀當時植被環境訊息的植物種子和孢粉等。

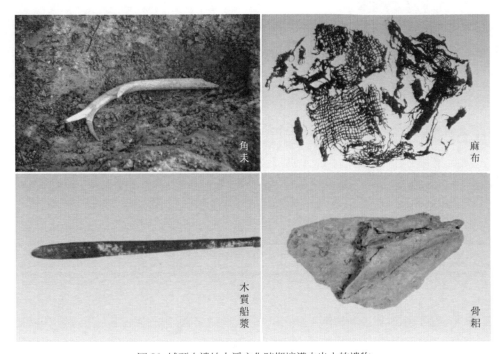

角未

麻布

木質船槳

骨耜

圖 31 城頭山遺址大溪文化時期壕溝中出土的遺物

五、文明的胎動 ── 城頭山遺址的價值與意義

城頭山遺址的價值，簡明扼要地說，就三點：第一，城是文明的象徵，作為中國最早之城的城頭山，是中國文明起源最初的座標；第二，城頭山最早的水稻田，是長江中游地區稻作農業成熟的見證；第三，城頭山延續兩千年的文化堆積，是長江中游地區史前文明起源與發展的見證。

這其中最重要的，還是其在中國文明史中的地位。在中國學術界，說到文明起源，很多時候指的就是國家起源，國家是一切文明要素的集合體。只是我們說國家，大多時候是指夏商周這些已經非常成熟和發達的國家政體，而文明還包含國家最初級、最原始的萌芽狀態。

中國人對「文明」這個詞是有特殊情結的。中國近代史上，中國傳統史觀被西方科學實證主義和古史辨學派摧折得七零八落，西方地理大發現所確立的「文明 ── 野蠻」二元區分線性時間觀被植入中國，但當時的中國，在這個時間軸

裡面卻被歸入野蠻的一端，這狠狠地刺痛了中國知識分子的神經。近代中國考古學就是在這個時候誕生，誕生後的第一個大動作就是挖殷墟，將被疑古學派認為是偽史的商王朝從地下挖了出來。現代文學對當時甲骨文的解讀和商朝的考古實證有一個非常浪漫的演繹，將其比喻為一個被打倒在地的壯士突然聽到了自己童年的歌聲，產生了力量，重新站了起來。所以，在中國，探索文明起源的學術情結，是深入考古學的基因之中的。

改革開放之後，中國進入現代世界體系，在此過程中，「一方面我們需要重新審定自己的文化歷史身分；另一方面，我們的身分也在為主導這個體系的西方世界所審定」，對中華文明起源與發展過程的探索就更加執著。1980 年代，甘肅大地灣仰韶文化晚期的 F901，遼寧牛河梁紅山文化女神廟、積石塚，浙江反山、瑤山良渚文化玉器大墓等一系列重大發現，曾在整個社會引發關注中國文明起源的熱潮。實際上，這股熱潮一直沒有消退，後來直接由國家層面主導進行的「夏商周斷代工程」和「中華文明探源工程」等都展現了這一點。「中華文明探源工程」從 2001 年的預研究開始，後面又分為四個階段，一直到 2016 年才結束項目。隨後，「考古中國」工程立為建設項目，一個明確的目標就是要實證中華文明延綿不斷、多元一體、兼收並蓄的發展脈絡。

城頭山這一早至 6,000 多年前的史前古城，是中華文明起源、發展進程中的醒目座標之一。它實證了在中華大地上早至 6,000 多年前的文明萌芽，折射出中華文明孕育、誕生過程中的第一縷曙光。

六、城頭山的今天 —— 作為國家考古遺址公園的城頭山

1990 年代，考古發掘讓城頭山這座 6,000 多年前的古城重現人間，21 世紀啟動的國家考古遺址公園建設則讓這座史前古城煥發新彩。2011 年，從國家至城頭山所在地澧縣，各級政府先後投入數億資金，用於城頭山遺址的文物保護與國家考古遺址公園的建設。

城址內，西南城牆剖面，居址區內屈家嶺文化時期最典型的 3 座房址與紅燒土大道，大溪文化時期陶窯集中的製陶區，屈家嶺文化時期的墓葬區，遺址東部的稻田、祭壇等，皆在原址建起了現代化的保護棚，將考古發掘揭示出的遠古

場景向大眾原址展示。城牆與城外護城河也透過系統的環境整治，如實展示出「城 ── 河」系統結構的同時，也形成一條環境優美的環護城河風光帶。

遺址之外，從城址南部護城河向南大約 3 公里的一條線上，依次建設了南門廣場、遺址博物館、題詞廣場、遊客中心與牌樓式公園大門等附屬設施。在這條線的兩側開闢了農耕博樂園，保持周邊平原農耕環境的同時，也為開展稻田彩繪、七彩油菜花、瓜田囍事等農事相關遊樂項目提供了空間。

城頭山國家考古遺址公園於 2016 年夏正式開園，現已成為湘西北代表性的旅遊地之一，也是當地人民休閒、遊憩的理想場所，更是周邊學生與社會團體開展研學、旅遊與愛國教育的基地（圖 32）。

距今 6,000 多年的史前古城，在當今時代又擔起時代賦予的社會、文化與教育功能。

圖 32　城頭山國家考古遺址公園

未解之謎

1. 築城之前，湯家崗文化時期的城頭山聚落到底是什麼樣的？他們的房子和墓地如何布局？到大溪文化早期，修築起最早之城的那些人是他們的後裔嗎？

2. 大溪文化時期，有城壕環繞的城頭山聚落與周圍其他聚落是什麼關係？或

者說城內和城外的人之間是什麼樣的關係？

3. 大溪文化時期，城頭山聚落的社會結構如何？貧富分化到了何種程度？原始的宗教信仰在其中扮演了什麼角色？那些精美的玉器到底來自何方？那些米黃色的蛋殼彩陶是他們自己燒製，還是從別處交換或掠奪來的？

4. 大溪文化時期至屈家嶺文化時期，城頭山的陶器面貌與聚落結構發生較大轉變，是因為發生了人群取代嗎？三、四期城牆的修建者和一、二期城牆的修建者還是同一族群的人嗎？

5. 屈家嶺文化時期，城頭山城址和長江中游地區其他同時期的古城是什麼關係？它們之間有什麼交往？

6. 屈家嶺文化晚期，城頭山的城牆、護城河為什麼會失去管理，逐漸廢棄？曾經的管理者去哪了？

7. 石家河文化晚期，作為聚落的城頭山，最終被廢棄的原因是什麼？瘟疫，戰爭，還是其他什麼原因？

屈家嶺遺址

張德偉
湖北省文物考古研究所

　　大洪山南麓向江漢平原過渡地帶的那片山水之間，座落著屈家嶺遺址。青木擋河和青木河從遺址東、西兩側靜靜地流過，訴說著遙遠而古老的往事。

　　1988 年，屈家嶺遺址被中國國務院公布為第三批全國重點文物保護單位。

　　2005 年，屈家嶺遺址被國家文物局列為首批 100 處大遺址保護項目。

　　1954 年冬季，為配合湖北省京山縣（現京山市）石龍過江水庫渠道工程建設，湖北省文物管理委員會對工程周邊地區進行了文物調查。一條寬 8.5 公尺、深 1.75 公尺的幹渠從屈家嶺遺址西南部邊緣坡地穿過，大量陶器、石器暴露出來。考古人員採集到大量薄如蛋殼的彩陶器和磨光薄胎的黑陶器。按照當時的認知，彩陶盛行於黃河中、上游的仰韶文化時期，黑陶則屬於黃河下游的龍山文化。這裡有如此多的彩陶器、黑陶器，應該是黃河流域的仰韶文化和龍山文化向外傳播的結果。但是，溝渠剖面清楚地顯示含蛋殼彩陶器的文化層疊壓於含薄胎黑陶器的文化層之上。這種迥異於中原史前文化的現象，引起了時任中國科學院考古研究所湖北隊隊長張雲鵬先生的密切關注。有著豐富考古經驗的張雲鵬先生當即決定將水渠線路改道，將屈家嶺遺址確定為重點保護對象。上報中央主管部門後，工程線上的屈家嶺遺址、石家河遺址等 4 處遺址被確定為重點搶救性考古發掘對象。至此，屈家嶺遺址乃至整個江漢地區的考古工作拉開序幕（圖 1、圖2、圖 3）。

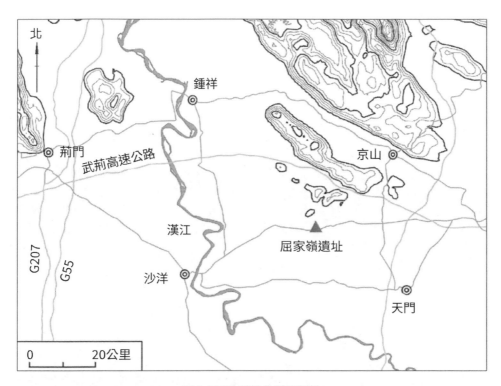

圖 1 屈家嶺遺址位置示意圖

圖 2 屈家嶺遺址俯瞰圖

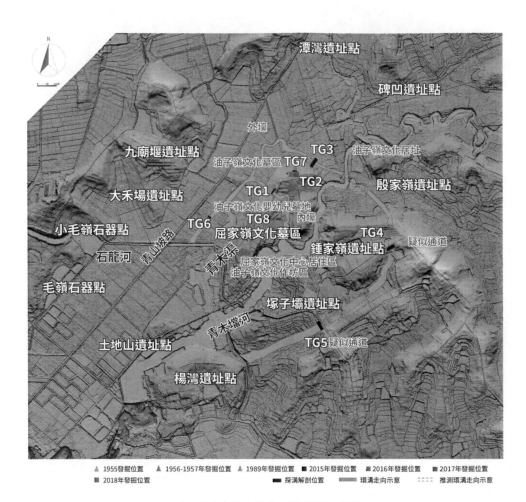

圖 3 屈家嶺遺址地形及發掘位置示意圖

一、屈家嶺遺址的發掘

處女地

　　1955 年初，為了進一步了解之前發現的屈家嶺遺址的文化內涵和地層堆積情況，湖北省石龍過江水庫指揮部文物工作隊在屈家嶺村西南部渠道經過的地方布設了 4 條長 10 公尺、寬 2 公尺的探溝。試掘的結果印證了之前的判斷，這裡的遺存面貌明顯有別於黃河流域和長江下游地區的史前文化，屬於一個新的文化系統。

　　它的文化特徵究竟是怎樣的呢？ 1956 年 6 月至 1957 年 2 月，歷時 8 個月的第二次考古發掘給出了答案（圖 4、圖 5）。發掘的遺存可分為上、下兩層，上層以雙腹碗、雙腹鼎、雙腹豆、蛋殼彩陶杯、喇叭座壺形器、高圈足杯為主要組合；下層多為磨光黑陶器，器類主要為鼎、罐。兩者的文化面貌差別較大，但又存在著發展、演變關係，屬於不同的文化發展階段。

　　這類遺存在幹渠沿線的諸多遺址中也有發現，它們有著相似的文化面貌，分布範圍廣闊，顯示著強烈的地域文化特色，屬於同一個文化系統。透過對遺存進行系統比對，發掘者認為這類遺存似乎受到晚期仰韶文化的影響，其年代略晚於黃河流域的早期龍山文化，又早於中原地區的商文化，是長江中游地區固有的史前文化。長江中游地區同黃河流域一樣，也曾存在過輝煌的史前文明。

圖 4　屈家嶺遺址第二次考古發掘場景

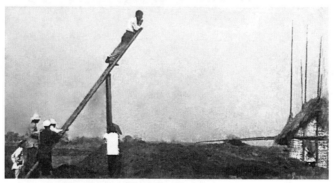

圖 5　考古人員在屈家嶺遺址第二次考古發掘現場拍攝工地照片

1989 年的突破

　　1989 年，考古人員對被破壞掉的屈家嶺遺址北部臺地厚約 30 公分的文化層進行了搶救性發掘，揭露出 13 座豎穴土坑墓和兩期文化堆積（圖 6）。在揭露的 13 座墓葬中，隨葬品組合多以鼎、簋為主，但數量懸殊，2 號墓的隨葬品多達 70 餘件，12 號墓的隨葬品也有 50 餘件，而以 1 號墓、9 號墓為代表的小型墓葬，其隨葬品僅有數件。這表明，當時已經出現了貧富不均的社會現象。這一發現為之後進一步研究遺址的聚落形態及社會結構奠定了基礎。

　　透過這次發掘和對之前的調查情況進行分析、整合，考古工作者明確提出屈家嶺遺址經歷了前屈家嶺文化時期、屈家嶺文化時期和石家河文化時期三個階段。前屈家嶺文化就是如今考古界普遍所稱的油子嶺文化。這樣，屈家嶺遺址的文化序列初步構建起來。

圖 6 屈家嶺遺址 1989 年第三次考古發掘墓葬遺跡

‖ 聚落初識

　　1998 年 5 月，為制訂屈家嶺遺址保護規劃，湖北省文物考古研究所聯合荊門市博物館、京山縣博物館（現京山市博物館），對屈家嶺遺址進行了一次詳細的調查和勘探。結果，考古人員在與屈家嶺遺址隔青木壋河相望的東部外圍區域發現了殷家嶺、鍾家嶺和塚子壩遺址點（圖 7）。這 3 處遺址點均發現了屈家嶺文化的遺物，極大地豐富了學界對屈家嶺文化的認知，同時為屈家嶺遺址聚落結構的研究提供了一批重要資料。

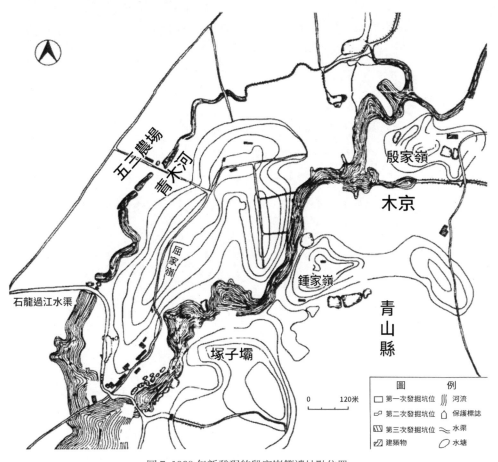

圖 7　1998 年新發現的殷家嶺等遺址點位置

2007 年，在對屈家嶺遺址所在的地理區域進行了大規模的考古調查和勘探後，考古工作者發現，屈家嶺遺址是以屈家嶺遺址點為核心，與鍾家嶺和塚子壪等遺址點共同形成的大型環壕聚落遺址。在大環壕系統外圍區域還分布著殷家嶺、九畝堰、大禾場、土地山、楊灣、熊家嶺等附屬遺址點以及毛嶺、小毛嶺、東灣等石器採集點，總面積達 2.36 平方公里（見圖 3）。

大環壕系統形成於油子嶺文化時期，面積達 70 萬平方公尺以上；小環壕系統形成於屈家嶺文化時期，主要包括屈家嶺遺址點的南部臺地，面積不超過 10 萬平方公尺。

從油子嶺文化開始，該區域形成了較為明顯的聚落等級體系，屈家嶺遺址點始終為整個聚落群的核心（見圖 3）。

▎不負韶華

21 世紀以來，考古遺址公園的建設在祖國大地上開展得如火如荼，作為長江中游地區考古工作的肇始地，屈家嶺考古遺址公園的建設也被提上日程。2015 年5 月，為配合考古遺址公園的建設，湖北省文物考古研究所會同荊門市博物館、屈家嶺遺址管理處（現屈家嶺遺址保護中心）成立了聯合考古隊，開展了屈家嶺遺址的第四次考古發掘及相關工作。

自 2015 年始，每一年的考古工作都嚴格按照既定的工作方案有條不紊地進行，工作所獲也確實值得考古人欣喜。這有助於全面揭示屈家嶺遺址的聚落面貌和文化內涵。

聚落布局

2015 年，為進一步尋找油子嶺文化晚期墓地，整體把握壕溝系統的布局與年代，考古隊對屈家嶺遺址點北部臺地進行了發掘，並對內、外壕的關鍵位置進行了解剖，發掘面積約 500 平方公尺（圖 8）。

這次發掘初步確認外壕系統的使用和廢棄年代集中在屈家嶺文化時期，但囿於地下水位過高，探溝未能發掘至底部，外壕系統的營建及最早使用年代能否早到油子嶺文化時期，尚不明晰；內壕的使用和廢棄年代則集中在石家河文化早期。

圖 8 屈家嶺遺址內壕剖面三維模型

這次發掘初步明晰了屈家嶺遺址外壕系統的基本布局，其西段和北段是人工挖掘形成的，西南段現在是青木河故道和魚塘，東段主要是依當時的地勢對自然沖溝加以改造而成的。但外壕系統在其東段及東南段地勢較高的區域並未完全貫通，從整體布局上看，形成了「環壕不環」的局面（見圖 3）。

按照地貌學原理，屈家嶺遺址點與鍾家嶺遺址點西北部之間的狹長地帶不應該形成如此寬闊的青木壋河。青木壋河東南段的兩岸均發現了新石器時代的文化層堆積，這證明在聚落形成之時，青木壋河遠沒有如今這般寬闊。從地勢上看，青木壋河的兩岸最初應該是一個整體，在某個時期，經過人為改造和拓寬而形成了如今的規模。經鑽探，大禾場、九畝堰遺址點與屈家嶺遺址點之間寬闊、平坦的區域內存在著分布很廣的淤泥層，淤泥層厚薄不均。這些跡象似乎可以說明，發源於屈家嶺遺址北端的青木壋河，最初的河道應該在屈家嶺遺址點的西部，而非東部，並且其河道存在來回擺動的現象。

如此，屈家嶺、鍾家嶺和塚子壋遺址點原本可能為一個整體，遺址點之間固有的小河溝並不影響相互之間的正常通行。屈家嶺遺址點西部寬闊的河流衝擊地帶，不僅給遺址上人們的生產、生活帶來了嚴重的安全隱患，更阻礙了人們出入核心聚落的正常通行；外壕系統東段、東南段並未完全貫通的高地，似乎是作為進入環壕內部的通道而存在的（見圖 3）。

大房子、場地和陶窯

2016 年，為尋找能夠與遺址面積相匹配的大型建築遺存，考古工作者在屈家嶺遺址點南部臺地紅燒土堆積最深厚的區域進行了約 1,000 平方公尺的發掘（見圖 3）。發掘區近代層下發現了較為豐富的石家河文化遺存，大量廢棄的厚胎泥質灰陶器及厚胎夾砂紅陶缸殘片，無聲地訴說著石家河文化時期古人生活的往事。

發掘區的石家河文化早期地層下揭露出一處結構較為完整、布局較為清晰的屈家嶺文化時期的居址（圖9）。

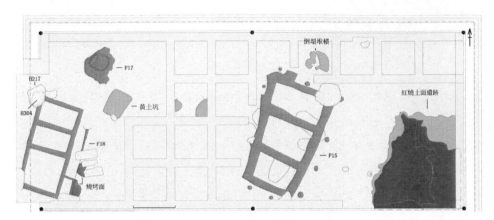

圖9 屈家嶺遺址點南部臺地屈家嶺文化重要遺跡平面布局圖

發掘區西部的房址有寬闊而筆直的長條形牆基槽和窄小的圓弧形牆基槽，兩者在使用功能上存在差異，可能是等級上的差別；這裡有大量紅燒土、青灰泥墊土層以及純淨、細膩的黃土墊面；在房址附近，還有大範圍的長期用火燒烤形成的燒結硬面。種種跡象清楚地向世人展示著彼時房屋的營建過程和精心規劃的完整布局（圖10、圖11、圖12、圖13）。

發掘區的東部，揭露了一處完整的屈家嶺文化時期的燒結硬面，面積達120餘平方公尺。它遠離西部密集的居住區，顯得那麼與眾不同。它究竟是高等級房屋的室內居住地面，還是專門用來從事某項工作的場地，我們尚未找到明確的證據（圖14、圖15）。

發掘區的西南角，在發掘至距現在地表約3.8公尺時，發現了由12座平面呈圓形或「8」字形的小型陶窯組成的陶窯群遺跡（圖16）。陶窯群整體自西向東呈坡狀排列，西部有類似操作臺性質的燒結硬面和純淨的黃灰土面。

陶窯的尺寸相對較小，圓形陶窯的內徑一般在40公分左右，「8」字形陶窯長80～100公分，寬30～40公分，窯坑深約10公分，部分陶窯內部殘留草木灰（圖17）。

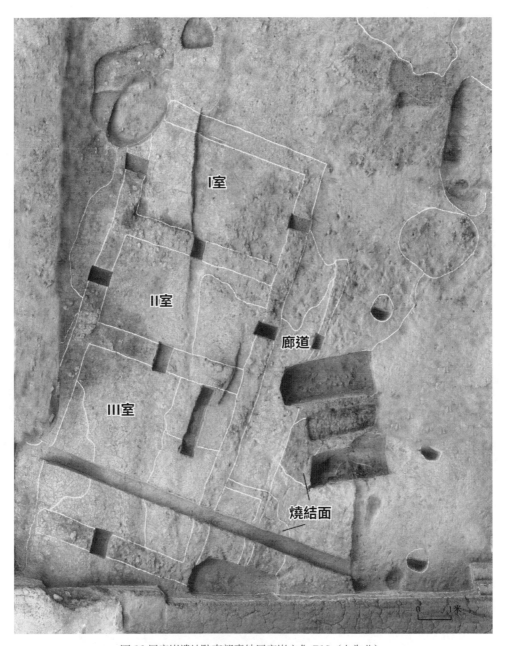

圖 10 屈家嶺遺址點南部臺地屈家嶺文化 F18（上為北）

圖 11　屈家嶺遺址 F18 南部解剖溝南壁剖面模型

圖 12　屈家嶺遺址點南部臺地屈家嶺文化倉儲類建築 F17

圖 13　屈家嶺遺址 F17 東西向解剖溝北壁剖面模型

圖 14 屈家嶺遺址點南部臺地屈家嶺文化紅燒土面遺跡

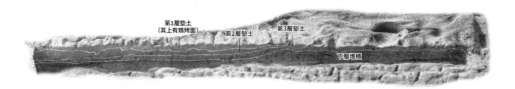

圖 15 屈家嶺遺址紅燒土面遺跡東西向解剖溝南壁剖面模型

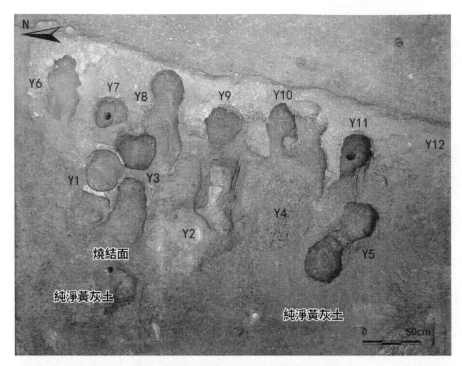

圖 16 屈家嶺遺址油子嶺文化晚期陶窯群遺跡

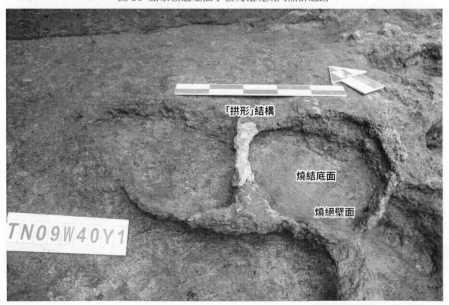

圖 17 屈家嶺遺址 Y1 結構特寫

　　陶窯群遺跡打破的地層中有炭化稻遺存，經定年，其絕對年代為距今 5,424 至 5,320 年。由此可知，陶窯群的年代大致處於油子嶺文化晚期，這一階段正是長江中游地區史前文明起源的關鍵節點。

　　據現有的考古發現，油子嶺文化晚期的墓葬往往隨葬大量小型薄胎黑陶明器。此處發現的陶窯，形制相對較小，難以燒造規模相對較大的日用器皿。由個體較小的陶窯組成的陶窯群，很可能就是為專門燒製此類小型明器而建造的。這在一定程度上展現了當時社會陶器燒造的專業化水準和產業化趨勢，是社會複雜化的重要展現。

最早的屈家嶺

　　為全面揭示屈家嶺遺址點北部臺地油子嶺文化時期居址的基本布局，2017 年 5 月，考古隊對這片區域進行了大規模發掘，所發現的遺存年代涉及油子嶺文化早期和晚期、屈家嶺文化早期三個階段，油子嶺文化早期遺存最為豐富，居址面貌也較為清晰。

　　油子嶺文化早期的房屋分為方形和圓形兩種。方形房屋室內面積較大，往往存在分間的布局，單間面積 15 ～ 20 平方公尺；圓形房屋均為單間，室內面積與方形房屋的單間面積相當，也有一些 5 ～ 10 平方公尺的小型圓形房屋。

　　不同類型的房屋可能有不同的用途。方形多間式房屋或許為尚未「分家」的大家庭所有；室內面積相對較大的圓形房屋可能為婚配後的獨立家庭所有；而面積較小的圓形房屋，無法作為生活起居的場所，可能有其他功用。

　　在房屋的附近分布著數量眾多的灰坑，大小不等，形制各異，內部填埋著破碎不堪的日用器皿和大量生產、生活垃圾。其中一座灰坑中出土的炭化稻，經定年，距今約 5,900 年。根據植物考古研究，油子嶺文化早期（距今 5,800 年左右）已經出現較成熟的稻作農業；最早距今 5,600 年左右，至遲不晚於距今 5,300 年左右，粟作農業已傳播至此，這是長江流域目前發現的年代最早的粟作遺存。因此，這座灰坑中炭化稻遺存的年代數據，是目前所知最早的，代表了遺址的年代上限。

　　油子嶺文化早期階段居址的成片揭露以及年代稍晚的稻、粟作農業遺存的發現，向世人生動地展示了屈家嶺遺址中油子嶺文化早期先民的生活圖景（圖 18）。

屬於油子嶺文化晚期的遺跡是一座圓形的破碎陶器坑，裡面填埋著大量薄胎磨光黑陶器殘片，已復原了 20 餘件（圖 19）。在陶器坑周圍擺放著 3 個扣碗和帶蓋陶鼎。根據以往的考古發現，這一現象明確屬於房屋建造時的奠基性遺存。

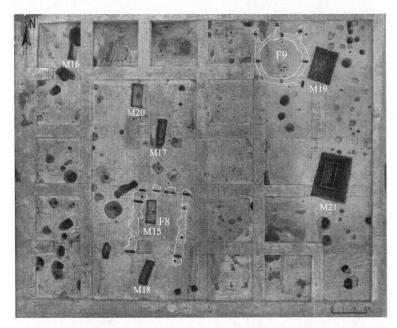

圖 18 2017 年屈家嶺遺址點北部臺地發掘區航拍（局部）

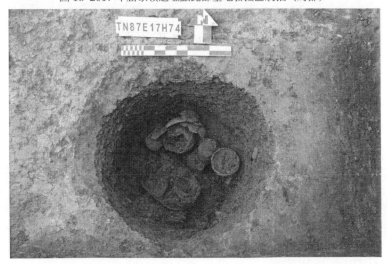

圖 19 屈家嶺遺址 H74 器物出土情況

琵琶猶抱

經過幾十年的努力，在屈家嶺遺址中，與各個文化階段的社會生活相關的考古發掘成果已經非常豐碩了，但是墓葬非常少。總共發掘的 14 座墓葬均為油子嶺文化晚期墓葬，這遠遠不能與該階段聚落的規模相匹配。

墓地都去哪兒了？這成為困擾數代考古人的問題。直到 2018 年 8 月的一天，在屈家嶺遺址點中部臺地突然發現了一處破碎陶器較為集中的地方。仔細刮面後，考古人員找到了它的開口線，確認其為一處屈家嶺文化墓葬，並將其命名為 34 號墓葬。

隨之，在 34 號墓葬西南部又發現了 2 座同時期的墓葬，考古人員將其命名為 38 號、39 號墓葬（圖 20）。39 號墓葬中還保留著已經粉化的人骨，頭南腳北。墓內南部修建有兩層臺，臺上放置 1 件彩陶壺形器、1 件雙腹陶豆，陶豆內放置 1 件小型陶鼎。靠近墓主頭部的位置放置 4 件大小不一的薄胎紅陶杯。

圖 20 屈家嶺遺址發現的屈家嶺文化墓葬

目前所發現的這三座屈家嶺文化時期的墓葬，隨葬品組合完全不同。34 號墓葬以彩陶壺形器、蛋殼彩陶杯、夾砂紅陶圈足杯以及雙腹器為主要組合，38 號墓葬以大型的陶罐、折沿盆和雙腹碗為主要組合，39 號墓葬則以彩陶壺形器、薄胎紅陶杯、雙腹陶豆和小型陶鼎為主要組合。三者之間的差異很大，展現不出較大的共性。

即使這樣，這些屈家嶺文化時期的墓葬的發現，也是屈家嶺遺址 60 餘年考古工作的重大突破。千呼萬喚始出來，猶抱琵琶半遮面。隨著後續工作的開展，屈家嶺文化墓葬的全貌終有呈現在世人面前的那一天。

二、屈家嶺遺址珍貴的遺物

‖ 稻與粟

　　屈家嶺遺址的第二次考古發掘，發現了大量屬於建築遺存的紅燒土塊，這些紅燒土塊內夾雜大量稻穀殼和植物根莖。中國科學院院士丁穎教授對稻穀殼形態進行了鑑定，確認其屬於人工栽培的粳稻。這表明，今人所食用的人工栽培粳稻，早在 5,000 多年前就已大規模地出現在屈家嶺這片土地上。這在稻作起源研究中具有里程碑式的意義。

　　2017 年，在屈家嶺遺址發現了距今 5,600 至 5,300 年的粟作遺存，這是目前長江流域所發現的年代最早的粟作遺存，為研究起源於北方的粟作農業向南傳播的路線及過程提供了珍貴的資料。

　　這些發現表明，在 5,000 多年前的屈家嶺，稻、粟作農業已經成熟（圖 21、圖 22）。

油子嶺文化時期碳化稻　　　　屈家嶺文化時期碳化稻　　　　石家河文化時期碳化稻

圖 21　屈家嶺遺址出土的碳化稻

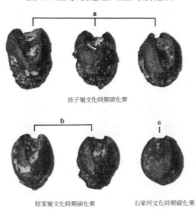

油子嶺文化時期碳化粟

屈家嶺文化時期碳化粟　　　　石家河文化時期碳化粟

圖 22　屈家嶺遺址出土的碳化粟

▍快輪製陶

2017 年，在屈家嶺遺址點北部臺地屬於油子嶺文化晚期的 74 號灰坑中，出土了一批製作精美、器型規整的薄胎磨光黑陶器，部分器物的圈足內壁有較明顯的螺旋式拉坯指痕（圖 23）。1989 年發掘出土的黑陶遺存也有這種指痕。

這種清晰的螺旋式拉坯指痕，是快輪製陶的直接證據，代表了生產力的革新。快輪製陶技術的出現，不僅使器物的造型更加規整，胎壁更薄，而且大大提升了陶器的製作速度，可以說是陶器製作的一次產業化革命，在中國同時期的史前遺址中處於領先地位。

圖 23 屈家嶺遺址 74 號灰坑發現的器物外底快輪製陶痕跡

▍蛋殼彩陶

蛋殼彩陶因胎壁只有約 0.3 公釐厚，薄如蛋殼而得名，是屈家嶺文化最為顯著的文化符號，更是屈家嶺文化製陶水準和社會發展水準之高的重要展現。

屈家嶺遺址出土的薄如蛋殼的彩陶杯，多數內、外壁皆繪黑彩，有的內壁還裝飾多組等分分布的「心」形紋（圖 24、圖 25）。嚴格的彩繪布局形式，別出心裁的精美紋樣，不得不令人感嘆屈家嶺先民製陶技術之高超、審美情趣之高雅。

透過對彩陶杯內壁提取樣品的澱粉粒進行分析，考古人員發現了可能跟酒的發酵相關的線索。如此，蛋殼彩陶杯很可能就是屈家嶺先民飲酒用的杯具，胎壁極薄的彩陶壺形器則可能是盛酒的酒壺（圖 26）。如此精美的彩陶器，必然凝聚了工匠的大量心血，目前發現的蛋殼彩陶器的數量很少，我們不禁要問，這些器物在當時是不是具有一定社會地位的人才能使用呢？

圖 24　屈家嶺遺址出土的蛋殼彩陶杯及內壁心形圖案

圖 25　屈家嶺遺址出土的蛋殼彩陶杯及標本

圖 26　屈家嶺遺址出土的彩陶壺形器

‖ 彩陶紡輪

作為一種紡織工具，紡輪在新石器時代的遺址中被大量發現，但表面施以彩繪的紡輪則不多見。

屈家嶺遺址出土了大量屈家嶺文化和石家河文化時期的彩陶紡輪，極具地域文化特色。彩繪的紋飾多樣，主要有呈對旋分布的渦旋紋、直線橫豎垂直的四分紋、魚形紋等。魚形紋被認為是後世太極陰陽魚圖的原型，可能與中國太極的起源有一定的關係（圖 27）。

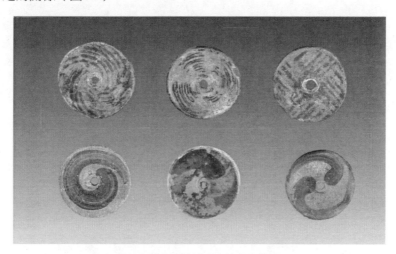

圖 27 屈家嶺遺址出土的彩陶紡輪

‖ 陶四耳器與陶筒形器

祭祀天地與祖先是遠古先民生活中必不可少的重要活動。

陶四耳器和陶筒形器在屈家嶺遺址中較少，它們為屈家嶺文化所獨有，被視為屈家嶺文化先民祭祀天地與祖先的專用器具，目前也只在具有區域性中心聚落性質的大型遺址中出土，是了解屈家嶺文化先民精神世界的重要物證。

陶四耳器的形態不一，但全都口、底相通，一般有 4 個凸於器腹之外的喇叭形流，流與器腹相接的區域也被鑿通。陶筒形器的形態更加誇張，一般由細管形器、乳釘管形器和粗管形器自上而下相互套接而成，長度可達數公尺，蔚為壯觀（圖 28）。

　　如此形制的器物，自然無法作為日常生活器皿來使用。在以往的考古發現中，這類器物的出土地附近往往分布著用火遺跡，而屈家嶺遺址的陶四耳器和陶筒形器殘片多出土於大型灰坑中，灰坑周圍尚未發現跟祭祀相關的跡象。是否有祭祀完畢後「毀器」的習俗，還是其他原因，還需要進一步尋找相關的證據。

‖ 銅礦石

　　自 2016 年開始，屈家嶺遺址陸續出土了數量眾多的銅礦石（圖 29），年代涵蓋油子嶺文化、屈家嶺文化和石家河文化時期，個體大多較小，形狀多不規則，表面多有銅鏽。經科學檢測，這批銅礦石大部分含銅量高達 94% 以上，部分銅礦石表面覆蓋著一層黑色氧化銅，應是礦石焙燒的產物。這一現象是否與冶煉活動有著某種連繫，還有待進一步研究。屈家嶺遺址銅礦石的發現，為探索中國史前礦冶資源的開發和利用提供了重要線索。

圖 28　屈家嶺遺址出土的陶四耳器和筒形器

圖 29　屈家嶺遺址出土的銅礦石

‖ 雙腹陶器

雙腹陶器是屈家嶺文化最為典型的陶器組合，器類主要有雙腹鼎、雙腹豆和雙腹碗三類（圖 30）。

仔細觀察它們的形態特徵可以發現，雙腹豆和雙腹碗的「雙腹」特徵最為明顯，即腹部內折，形成雙腹。從外觀上看，上、下腹的形態較為明顯；從年代上看，內折的痕跡越明顯，其年代相對越早，反之則晚。

雙腹鼎的「雙腹」特徵則有所不同，嚴格來講，它屬於寬仰折沿系統，由於沿面過寬，從側面看，也類似「雙腹」了。

從源流上看，屈家嶺文化的雙腹鼎應源自油子嶺文化的寬仰折沿鼎，雙腹豆和雙腹碗則很可能是屈家嶺文化時期新的器型。其中，雙腹互為屈家嶺文化所獨有，雙腹碗則延續至石家河文化早期。

圖 30 屈家嶺遺址出土的陶雙腹鼎、雙腹豆和雙腹碗

三、意義

作為屈家嶺文化的命名地以及長江中游地區發現、發掘最早且極具代表性的新石器時代大型環壕聚落遺址，屈家嶺遺址的發現，第一次揭開了長江中游地區特徵鮮明的史前文明的面紗，率先打破了固有的「黃河流域文化中心論」的學術觀點，有力地證明了長江流域與黃河流域都是中華文明的起源地。

長江中游地區的文明化進程大約始於油子嶺文化晚期，此階段出現了一系列的社會複雜化現象，如以城址聚落、大型環壕聚落為核心的聚落分化，社會階層

分化，生產技術的革新等。隨著屈家嶺文化的強勢崛起，長江中游地區原有的以二元譜系為主體的結構被打破，達成了空前的統一和繁榮，加速了該地區的文明化進程。

相信隨著考古工作的持續推進，屈家嶺遺址作為間接、真實地展示長江中游史前輝煌文化和文明進程的物質載體，必將舉世矚目。

四、今生

目前，屈家嶺考古遺址公園正在建設當中，依據遺址原貌設計了多條供遊客遊覽的道路和臨河棧道，道路的兩邊將復原並現場展示屈家嶺先民留給後人的珍貴遺產。公園內還設有考古研究基地以及考古發掘模擬現場，將帶著今天的我們穿越到遙遠而神祕的 5,000 年前。

未解之謎

1. 屈家嶺遺址中，青木壋河如今的規模始於何時？

2. 石家河文化時期的墓地去哪兒了？

3. 如此規模的聚落群為何沒有同時期長江中游地區所常見的城牆？

石家河遺址

劉輝

湖北省文物考古研究所

　　石家河遺址位於湖北省天門市石家河鎮北的土城村，南距天門城區約 15 公里，東距湖北省會武漢市約 140 公里。遺址所在的江漢平原自古以來就是魚米之鄉，明代以來就有「湖廣熟，天下足」的諺語。中華人民共和國成立後，這裡一直是全國商品糧基地、全國油菜基地、全國棉花基地，是最優質的稻米產地之一，天門是其中最耀眼的一顆明珠。正是這樣豐饒的土地，孕育出石家河這樣享譽世界的遺址。

　　石家河遺址（圖 1）以南為遼闊的江漢平原，地勢低平，河湖縱橫，其間還有雲夢古澤。往北，地勢漸高，由平原逐漸向崗地、丘陵過渡，北約 20 公里即為著名的大洪山。遺址就處在平原低地向低山丘陵的過渡地帶，海拔最高處為北部的嚴家山，高約 49.7 公尺；最低點位於肖家屋脊西側新農村一帶，海拔 29 公尺；平均海拔 35 ～ 40 公尺。石家河遺址規模較大，總占地面積約 8 平方公里，主要分布在東河和西河兩條小河之間（圖 2），由四十多個大小不一的遺址構成一個規模龐大的遺址群，其中最有名的當屬譚家嶺、鄧家灣、三房灣、肖家屋脊、羅家柏嶺等遺址。一個遺址大約占據一個臺地，遺址之間的文化層幾乎完全連接。遺址地表，陶片、石器、燒土塊等遺物俯拾皆是。

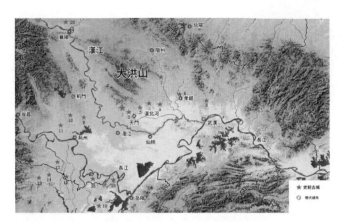

圖 1 長江中游史前城址分布圖

1. 天門石家河（含譚家嶺）；2. 天門龍嘴；3. 天門笑城；4. 應城陶家湖；5. 應城門板灣；6. 孝感葉家廟；7. 安陸王古溜；8. 黃陂張西灣；9. 沙洋城河；10. 沙洋馬家垸；11. 荊州陰湘城；12. 公安雞鳴城；13. 澧縣城頭山；14. 澧縣雞叫城；15. 公安青河；16. 石首走馬嶺；17. 大悟土城；18. 華容七星墩；19. 南縣盧保山；20. 襄陽鳳凰嘴

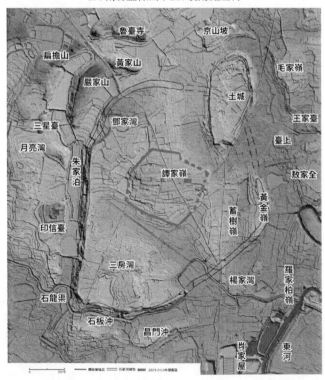

圖 2 石家河遺址三維影像圖

　　石家河古城位於遺址的核心區，城址環壕內的面積約 2 平方公里（圖 3）。
據研究，石家河古城存在的時間大約為中國史前的五帝時代，這裡的文化和早期
文明應該是華夏三個古代民族集團之一的三苗集團所創造的。據徐旭生《中國古
史的傳說時代》一書論述，三苗集團與北方的炎黃集團、東方的東夷集團進行了
長期的交流與衝突。

圖 3 石家河遺址結構布局圖

一、石破天驚的發現 —— 湖北兩個最重要的史前遺址

　　1954 年冬，湖北省修建石龍過江水渠，這是一條在考古界享有極高知名度的水渠。水渠起於京山石龍水庫，終於天門漢北河。在這次水渠修建過程中，發現了位於水渠兩端的湖北最著名的京山屈家嶺遺址和天門石家河遺址。這兩大遺址的發掘，堪稱一次石破天驚般的發現，將江漢平原文明起源、稻作農業的繁榮一下推進到距今 5,000 年前，並就此拉開湖北省新石器時代考古的序幕。以這兩個遺址命名的屈家嶺文化和石家河文化，是長江中游史前文化最為鼎盛的時期，與楚文化一道成為長江中遊歷史上最為輝煌的兩個時代，在早期中國的形成、中華文明的起源過程中具有不可替代的作用。

　　遺址發掘的主持者張雲鵬、王勁先生，為江漢考古的開拓者。兩人先後主持了屈家嶺、石家河、螺螄山、放鷹臺等遺址的發掘，首次提出「屈家嶺文化」的概念；在當時對比資料極為匱乏的情況下，對各遺址乃至湖北省新石器時代文化的認知和提出的一些觀點，極大地推動了湖北省新石器時代考古的發展。

　　石家河遺址第二次大規模的考古發掘始於 1987 年，著名考古學家嚴文明先生於當年對遺址進行了考察，制訂了長期、系統的考古工作計畫，由北京大學考古學系、湖北省博物館（後成立湖北省文物考古研究所）、荊州博物館三方組成石家河考古隊，嚴文明先生任總領隊。從 1987 年秋到 1991 年秋，先後對鄧家灣、譚家嶺、肖家屋脊和土城等遺址進行了 8 次發掘。這一階段，北京大學考古文博學院的趙輝先生和張弛先生對遺址進行了系統的調查和勘探，發現橫亙在遺址西部的一道南北向土埂實際為人工堆築的城垣，使石家河古城得以正式確認，具有里程碑式的重要意義。在此基礎上，湖北省陸續發現了一系列史前城址，到目前已經發現了 20 個。此後，對石家河古城的認知逐步深入，一座都城級別的史前大型城址逐漸展現在世人面前。

　　第三次發掘始於 2014 年 10 月，至今已經連續發掘了 6 年，重點在全面認知遺址的聚落結構和形態演變，探討長達 2,000 年的史前文化持續繁榮的動力、重要意義以及石家河古城在中華文明起源進程中的地位和貢獻。此次發掘有三大重

要發現，一是在遺址中心發現了一座時代更早的城址 —— 譚家嶺古城；二是在石家河古城西部發現了一個祭祀遺址 —— 印信臺祭祀遺存；三是再次發現了一批後石家河文化時期製作水準更高的玉器。

二、譚家嶺古城 —— 石家河古城的前身

石家河的「鑰匙」

譚家嶺古城是石家河古城的前身，位於石家河遺址群的最中心 —— 譚家嶺遺址。譚家嶺遺址存在的時間為油子嶺文化早期到後石家河文化時期，延續時間超過了 2,000 年，是石家河遺址群內延續時間最長的遺址。如果說石家河遺址是了解長江中游史前文化和文明起源最重要的遺址，那麼，譚家嶺遺址就是揭開石家河遺址近 2,000 年興衰史的一把鑰匙。

早在 2011 年，筆者已注意到譚家嶺西部、北部一連串的水塘和周邊異常的淤泥堆積現象，推測其可能與城垣及環壕有關。2015 年，考古隊對譚家嶺遺址再次進行了詳細的勘探，發現遺址南部、東部也存

圖 4 譚家嶺古城城垣發掘現場

在帶狀的淤泥堆積。為了進一步確認環壕的分布範圍和形成年代，考古隊對譚家嶺遺址北部進行了發掘，發掘到一定階段後，逐漸暴露出人工堆築的黃土城垣和城垣外側的壕溝，並在壕溝與城垣之間發現了人工架設的木構擋板（圖 4）。就這樣，一座湮沒在歷史塵埃中的城址橫空出世，給學術界帶來巨大的驚喜。

三苗人的龍興之地

譚家嶺古城的城垣和環壕系統較為清楚，城址平面大體呈不規則方形。城垣基本上沿譚家嶺臺地邊緣堆築，東西長 440 公尺，南北寬 390 公尺，城垣內總面積達 17 萬平方公尺，城壕內總面積達 26 萬平方公尺（見圖 2、圖 3）。譚家嶺古城是目前發現的同時期中國規模最大的城址，不僅大於其前身龍嘴古城，也遠大於澧陽平原的城頭山古城。

城垣外側與壕溝之間還發現了疑似護坡的木構遺跡。木構遺跡位於城垣外側壕溝第 6 層下的淤泥中，由一排與城垣平行的長木欄、木欄托梁、托梁下的橫梁和以榫卯接於橫梁兩端的支撐木椿構成。我們推測這樣的木構遺跡應為城垣外側的護坡，其構築的方法是先在壕溝內打椿立柱，然後在椿上架設橫梁，木柱與橫梁之間以榫卯結構連接。木構遺跡儘管被埋於地下數千年，它的結構依然保存完好（圖 5）。

城垣用較為純淨的黃土堆築，底寬 15 ～ 18 公尺，頂部寬約 10 公尺，殘高 0.8 ～ 2 公尺。部分牆體直接在湖相沉積的淤泥堆積上興建。透過對疊壓在城垣上的地層和遺跡進行研究，考古工作者確認，城垣的堆築年代早於屈家嶺文化晚期，應為油子嶺文化（距今 5,900 至 5,300 年）晚期。從時代上看，這正是中華文明起源的關鍵階段，是文獻記載中長江中游三苗民族的興起之時。因此，可以說，譚家嶺遺址是石家河遺址的發端，也是三苗古民族的龍興之地。三苗人從這裡走出長江中游，走向中國。

圖 5 譚家嶺古城城垣外坡木溝擋板

▌龍嘴古城 —— 石家河古城前身的前身

　　早在 1980 年代第二次全國文物普查時，龍嘴遺址就被發現了。它位於天門市石家河鎮，北距石家河遺址僅 6 公里。荊州博物館對其進行了發掘，判斷其為大溪文化遺址。那時候，油子嶺文化還沒有被正式提出，但學者已經注意到漢水東部的大溪文化與鄂西地區的大溪文化之間的巨大差別。

　　2005 年，湖北省考古研究所再次對龍嘴遺址進行了大規模發掘。本次發掘，最大的收穫是確認龍嘴遺址實際是一座古城，屬油子嶺文化早期。城址周邊地勢比譚家嶺古城更為低平，整體形成三面環湖、一面為壕的相對封閉的城垣結構（圖 6），更像是抵禦洪水的水利設施，類似於江漢平原普遍存在的「垸」。遺址平面形狀近圓形，南北長約 305 公尺，東西寬約 269 公尺，面積不到 7 萬平方公尺。城垣殘高僅 1 ～ 3.2 公尺，底寬不到 17 公尺，堆築的土方量比譚家嶺古城小得多。

圖 6　龍嘴古城航拍

儘管面積比譚家嶺古城小，結構也較為簡單，但麻雀雖小，五臟俱全，龍嘴古城具備了城址的一切要素。而且它作為油子嶺文化早期面積最大的遺址，又是當時江漢平原唯一的一座城址，其文化屬性和城址特徵與譚家嶺古城一脈相承，可稱為石家河古城前身的前身。龍嘴古城的興起，象徵著漢東地區文化在江漢平原北部的崛起，具有劃時代的重要意義。

龍嘴古城地勢低平，南、西、東三面多為湖相沉積，已處於油子嶺文化區分布的最南緣。在鐵器和水利興起之前，南部的湖泊和沼澤周圍其實並不適合人類生存。因此，龍嘴古城注定不可能發展成更大範圍的政治中心和文化中心。是偏安一隅，還是向外擴張？三苗人選擇了後者。隨著油子嶺文化晚期的對外擴張，這裡顯然已不再適合作為聚落中心，其中心區向北轉移便成為必然趨勢。

而譚家嶺古城所在的石家河地區，相比龍嘴古城，儘管只是北移了幾公里，但這裡接近大洪山南麓的低山丘陵地區，地形起伏略大，地勢更為開闊，東西向的交通更為順暢，更容易與其他區域的文化進行交流、融合。其多樣的生態景觀也能為人類提供更多的資源和更廣闊的生存空間。因此，大約在油子嶺文化晚期，龍嘴古城被廢棄了，規模更大、結構更複雜的譚家嶺古城興起於北部地勢高凸之處，成為歷史的必然。

從龍嘴古城到譚家嶺古城，具有劃時代的重要意義，說明在距今 5,300 年左右的油子嶺文化晚期，長江中游以石家河為中心的局面開始形成。放眼這個時期的江漢大地，譚家嶺古城如鶴立雞群一般孤獨地存在著。毫無疑問，其剛出現在石家河地區，就已經是漢水東部甚至是江漢平原的文化中心、聚落中心了。以此為中心，江漢平原漢水以東地區成為一個文化面貌大致相同的考古學文化區，其影響範圍包含鄂西地區、隨棗走廊、鄂東地區、洞庭湖周邊區域。此時，三苗人直接控制的區域，已經大大超過了早期。也就是從這個時期起，油子嶺文化的創造者與仰韶文化、大汶口文化、崧澤文化的創造者一道成為各自地區文化的主力，各種小範圍的地方文化逐漸被整合、吞併，長江中游的文化開始走上一條對外擴張的道路。

三、從譚家嶺到屈家嶺 —— 憂患意識下的擴張

根本上改變

譚家嶺古城廢棄於油子嶺文化晚期至屈家嶺文化早期，大約距今 5,300 至 5,100 年。考古工作者在譚家嶺古城牆的頂部發現了該時期的墓葬、灰坑等。這一時期的城垣已經與城內的地面大致齊平，壕溝內填滿了厚厚的淤泥，地面上已經看不到城高池深的景象了。

在譚家嶺古城廢棄之後、石家河古城興建之前，有一個過渡期，這一時期相當於油子嶺文化晚期至屈家嶺文化晚期，絕對年代約為距今 5,300 至 4,800 年，兩城之際的過渡期，至少有 500 年之久。雖然此時石家河的城垣尚未修建，但石家河聚落在前一階段的基礎上，以譚家嶺為中心，大大擴展，形成一個北到嚴家山、南到肖家屋脊、西到朱家墳頭、東到羅家柏嶺的規模龐大的聚落，占地面積不少於 4 平方公里，儘管還不是石家河聚落範圍最大的時期，但這樣的遺址規模在長江中游地區已是首屈一指。它意味著遺址群已經初具規模，聚落結構空前複雜，並已匯集了大量人口。

環顧周邊，在大洪山南麓的天門北部和京山南部不到 2,000 平方公里的範圍內，匯集了數量眾多的聚落居址，並形成了石家河和屈家嶺兩個規模龐大的遺址群，聚落的密集程度超過長江中游其他地區。其中，規模最大的石家河遺址群，已經具備了都邑性聚落的特徵，其中心地位逐漸凸顯，地域之間、聚落之間的等級差異加大，社會組織形態正處在從根本上改變的過程中。

兩城之際的文化擴張

油子嶺文化晚期的擴張，主要在南、東、西三個方向進行，以向南的擴張最為強勁，整個洞庭湖平原均處於其文化輻射和影響範圍之內，在公安王家崗，松滋桂花樹，石首走馬嶺，華容車牯山，澧縣城頭山、雞叫城、三元宮遺址中，均發現了典型的油子嶺文化晚期遺存。

屈家嶺文化早期，擴張和整合的聲勢比前期更為強勁。與前期相比，一是基本上完成了江漢平原和洞庭湖平原的文化整合，儘管兩地仍然保留著較多的地方

特色,但整體的文化面貌已經在大範圍內趨向一致。二是向北的突破性擴張,在西北方向,宜城以北的整個漢水通道已經完全成為其文化輻射和影響之地。這種持續的擴張,最終迎來了長江中游史前文化的鼎盛時期,一個全新的文化大一統的時代即將到來。

也是在這個時期,長江中游地區迎來了築城的高峰期,出現了湖北的石首走馬嶺、荊州陰湘城、荊門馬家院,湖南的澧縣雞叫城等古城。它們主要分布在湖北西部和洞庭湖西北部,屬於屈家嶺文化的邊緣地區。

那麼,為什麼在屈家嶺文化的中心地區沒有築城,周邊地區反而城址林立呢?這種現象恰恰反映了三苗人長期在炎黃集團、東夷集團等族群的環伺下產生的強烈的憂患意識。在這種意識的支配下,三苗人努力開疆拓土,這些城址應該就是文化擴張與衝突的產物。

如果我們把整個屈家嶺文化早期的三苗社會看作一個「王國」,那麼周邊的這些城址就是在王國制約和分權之下的封國或者諸侯國。此時的石家河是政治中心,周邊的諸侯身為地方大員,具有較高的軍事權力,護佑政治中心的安全。這可以從出土的墓葬資料中獲得訊息。

我們知道,鉞是古代的一種兵器,象徵著軍權。目前發現的屈家嶺文化早期的墓葬,如石家河遺址中心區的肖家屋脊、朱家墳頭墓葬,均沒有發現石鉞,而周邊地區的沙洋城河、宜城顧家坡、安鄉畫城崗、澧縣城頭山、華容李家屋場等城址或大型公共墓地中則發現了石鉞或玉鉞,墓葬的規格和隨葬陶器的數量均不亞於石家河遺址,有的甚至大大超過石家河遺址。這種現象說明,屈家嶺文化早期,中心與邊地、社會的頂層與各諸侯之間的差距並不大,各諸侯擁有較高的軍事權力和資源分配權力。邊地的諸侯實力強大,在擴張的過程中所向披靡,很短的時間內就完成了向西和向南的文化整合。

三苗人擴張的祕密

在距今 5,300 至 4,800 年的油子嶺文化晚期至屈家嶺文化晚期,三苗人能夠達成快速擴張,很大的原因是他們掌握了兩大利器:一是快輪製陶技術,二是稻作農業及其加工技術。

　　第一個利器快輪製陶技術其實不是三苗人的發明，很可能起源於山東大汶口文化，但大汶口文化只有少數人掌握了此技術，且主要用於生產高柄杯等奢侈品，而三苗人卻把這種技術推廣到日用生活陶器的製作上，並迅速普及。生活中最常見的炊器鼎，儲存器罐、甕，盛儲器豆、簋等，無一不採用快輪製陶技術生產。這種技術生產出來的陶器，器形渾圓規整，器表光滑細膩（圖 7）。由於快輪製陶技術可以使陶胎大大變薄，加上燒製技術也達到了火候高、受熱均勻的水準，所以，生產出來的陶器，胎質更加輕薄、堅硬。

　　第二個利器是稻作農業的成熟。此時的長江中游地區，水熱同期，氣候適宜，稻作農業得到快速發展，糧食產量劇增，能夠養活更多的人口，所以該時期長江中游地區人口激增。從遺址的分布密度看，這一時期成為該地區人類歷史上第一個人口高峰期。三苗人的對外擴張，也可能有人口壓力下拓展生存空間的因素。

圖 7　譚家嶺遺址出土的陶器

四、從屈家嶺到石家河 —— 三苗王國政治中心的形成 ==

‖ 三苗人問鼎中原

屈家嶺文化晚期，隨著周邊文化的衰落，三苗人攜製陶和稻作兩大利器，大規模開疆拓土。向北，原屬北方部族傳統之地的河南南陽、信陽均成為南方文化的勢力範圍。在中原地區的鄭州大河村、鞏義雙槐樹遺址中，都能找到屈家嶺文化北上的證據。

全盛時期的三苗人已經有足夠的實力問鼎中原了。西北方向，三苗人沿漢水逆流而上，最遠進入陝西東南部。向西，三苗人沿長江三峽西進，到瞿塘峽天險，與三峽地區西部的土著文化 —— 哨棚嘴文化形成東西對峙之勢。向南，三苗人沿著洞庭湖湘、資、沅、澧四水逆流而上，最遠到達懷化南部的崇山峻嶺之中，大有「天下種稻之處，皆為我土」之勢。三苗人向東的擴張反而不突出，江漢平原的本土文化，即使在最強勢時，也沒有跨過蘄春巴河一帶，與長江下游皖江地區的文化形成奇妙的和平共處之勢。隨著三苗人的擴張，長江中游地區迎來了以石家河為中心的空前鼎盛的局面，這是長江中游地區在人類歷史上第一個文化面貌一致、生活方式相同、有明確文化中心的時期。

‖ 長江中游「四最」史前古城

此時，原譚家嶺古城的外圍出現了一個特大型古城 —— 石家河古城。它位於石家河遺址的中心，是目前長江中游地區發現的面積最大、等級最高、結構最為複雜、遺存最為豐富的史前城址。

石家河古城東北部被西周時期的土城所破壞，環壕圍合的部分總體呈長方形。相比長江中游地區出現的其他史前城址，石家河古城具有以下特徵：

- **位置居中**：石家河古城雄踞大洪山南麓、江漢平原北部，長江中游地區發現的十多座同時期城址呈新月形分布於它的東、西兩側，王居之地石家河古城被其他古城以眾星捧月之勢東、西拱衛（見圖 1）。
- **規模特別大**：古城城址僅環壕內的面積就超過 2 平方公里，城址內外總面積

達 8 平方公里。以城址為核心，周邊匯聚了 40 多個大小不等的遺址，且基本上連成一體。

■ **結構複雜**：城址由多重環壕和城垣構成，在西北、北部和東北部尤為明顯。經調查和勘探，這些城垣都興建於屈家嶺文化晚期至石家河文化早期。

第一重城垣是鄧家灣 —— 土城北部。這一重城垣的東北部被西周時期的土城所破壞，西部和南部保存最好，至今地面形態清晰，結構完整。城垣內的面積約 12 平方公里，通常所說的石家河古城，就是指這一相對封閉的部分（圖8、圖9）。

圖 8 石家河古城西南角城垣三維影像

圖 9 石家河古城西城垣及印信臺遺址航拍

第二重城垣為嚴家山 ── 黃家山。它們之間形成的是弧形城垣，其中嚴家山的最高點也是整個遺址的海拔最高點。

第三重是扁擔山 ── 魯臺寺 ── 京山坡 ── 毛家嶺。這幾個臺地之間不相連接，中間多有缺口，構成古城最外圍的防禦體系。

古城的環壕構成也非常複雜，除了環繞城址一周的環壕外，西北方向也有兩圈複雜的環壕，組成 Y 字形環壕系統（圖 10）。

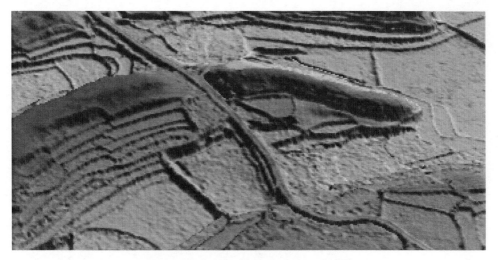

圖 10 石家河古城西北部三圈城垣三維影像

顯然，如此複雜的城垣和環壕結構，是一項非常浩大的工程，需要一個強有力的組織機構，調動大量人力、物力，歷經多年才能完成。但令人費解的是，第二和第三道城垣在東、西兩端很突兀地消失於低窪地帶，究竟是本來如此，還是後期遭到破壞，還需要做更多的考古工作來證實。

四是古城城內明顯經過科學布局，各部分功能一目瞭然。譚家嶺位於城址正中央。1980 至 1990 年代，在對這裡進行發掘時，揭露出大量的紅燒土建築。這些建築分布密集，部分牆體厚達 1 公尺以上。室內建造也較為考究，部分地面還發現了竹蓆痕跡（圖 11）。因此，可以斷定，這裡是高等級居住區，非一般平民所能居住。遺憾的是，儘管有線索，至今還是沒有發現與石家河古城地位相匹配的大型禮制性建築。

圖 11 譚家嶺遺址屈家嶺文化時預售屋址

城內東南的蓄樹嶺為一般居住區，從屈家嶺文化晚期一直延續到後石家河文化時期。

城東的羅家柏嶺，在 1950 年代即已被確認為屈家嶺文化晚期至石家河文化早期的居住區。

南部的三房灣在整個古城中的地位較為特殊，可能是石家河古城最重要的製陶作坊區，主要生產紅陶杯、紅陶鬶等飲酒類陶器。2015 至 2016 年，在三房灣東臺出土了大量紅陶杯堆積。紅陶杯從屈家嶺文化晚期開始生產，到石家河文化晚期達到高峰。根據此次發掘的情況，整個三房灣東臺地南北長 106 公尺，東西寬 52 公尺，5,512 平方公尺的範圍內均為含陶杯文化層，最厚處達 2.4 公尺，最薄處也有 1.2 公尺。目前的發掘厚度僅 1.2 公尺，其下仍有 1 ～ 1.5 公尺厚的含陶杯文化堆積層。僅 RT9251 一個探方，不到 20 平方公尺的範圍內，就埋藏著不少於 8,156 件紅陶杯（圖 12、圖 13、圖 14）。據此推算，整個三房灣製陶區 5,512 平方公尺範圍內埋藏的紅陶杯數量驚人，多達 2,242,570 件。

墓葬區在城內、城外均有分布。石家河古城城內西北部的鄧家灣，可能是高級貴族墓葬區。1980 至 1990 年代對鄧家灣進行了發掘，發現了屈家嶺文化和石家河文化兩個時期的墓葬，還發現了屈家嶺文化時期的墓祭場所。出土的遺物中，有一種器物是將泥質紅陶的筒形器首尾套接在一起，較為壯觀。這種特殊的祭祀用品，目前僅發現於石家河遺址（圖 15、圖 16）。

圖 12 三房灣遺址東臺堆積層中的紅陶杯

圖 13 三房灣遺址
紅陶杯堆積層局部

圖 14 三房灣遺址
套接在一起的廢棄紅陶杯

圖 15 鄧家灣遺址出土的筒形器遺跡

圖 16 鄧家灣遺址出土的筒形器

石家河古城城址周圍也發現了墓地。南部的肖家屋脊遺址發現了屈家嶺文化晚期和石家河文化時期的土坑墓，其中不乏規模較大的墓葬。北部的田家沖遺址也大致可確定為屈家嶺文化晚期至石家河文化早期的墓地。西部的朱家墳頭遺址發現了從屈家嶺文化早期到石家河文化早期的墓葬。另外，在羅家柏嶺北部也發現了零星的石家河文化早期的土坑墓。

目前，在石家河古城城西和城北各發現了一個專用的祭祀遺址。城西為印信臺遺址，其與石家河西城垣隔護城河相望。印信臺頂部地勢較為平坦，因整體形狀呈方形，像一個印章而得名（圖 17）。

印信臺頂部發掘出 4 個人工堆築的長方形黃土臺基。最大的臺基東西長 30 公尺、南北寬 13 公尺左右，全部由較為純淨的黃土夯築而成。沿臺基邊沿發現了甕棺葬、扣碗遺跡、土坑墓等。臺基 2 與臺基 3 之間的低窪地帶還發現了兩組由數十個紅陶缸首尾套接而成的套缸遺跡，氣勢宏偉，儘管局部遭到破壞，但仍可清晰地看出其基本的排列規律（圖 18）。多數陶缸底部被敲掉，缸底集中堆積於一側，部分陶缸上還有刻劃的符號，目前已經發現的符號有十多種（圖 19）。

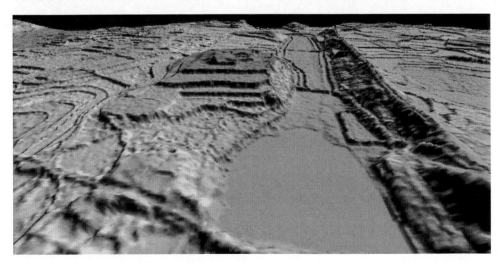

圖 17 印信臺遺址三維影像

圖 18 印信臺遺址套缸遺跡

圖 19 印信臺遺址出土陶缸上的刻劃符號

　　可以確認，印信臺遺址是長江中游地區目前發現的規模最大的祭祀場所，其宏大的祭祀臺基、奇特的祭祀用品為我們生動地展現了史前人類的祭祀場景。

　　城北的周家灣遺址基本上在遺址群的最北界，這裡發現了一個圓形臺基（圖20）。臺基西部也發現了首尾連接的套缸遺跡，南、北部發現了大量廢棄的缸片堆積。根據其形狀與位置，大致可以確認這是一處專用的祭祀場所，其使用年代從屈家嶺文化晚期延續到石家河文化早期。

圖 20　周家灣遺址圓形臺基遺存

　　城外四周還匯集著數量眾多的遺址。在石家河遺址外圍 5 公里的範圍內，至少發現 30 多處同時期的聚落遺址，形成一個規模巨大的遺址群。其匯聚的人口規模已經遠遠超過了現代村莊，這樣的城址已經遠遠超過早期單一城址的規模。周邊的普通聚落則從事農業生產，為城內供給食物。產品的交換必然帶來貿易的發達，因此，石家河特大城址很可能還是該區域的經濟中心和貿易中心。

那麼，這個城址有著什麼樣的社會組織形態呢？放眼此時的中華大地，我們發現，這是整個長江流域文化大放異彩的時期。長江下游地區的良渚文化，此時也迎來了最為強盛的時期。它以290萬平方公尺的超大城址、全世界最大規模的大型水利工程，成為整個環太湖地區當之無愧的政治中心。同時期，長江中游地區石家河古城的三苗社會，與良渚社會一起成為長江流域史前文明的代表，兩者幾乎同時開始了對北方地區大規模的衝擊和影響。這種衝擊直接導致北方仰韶文化和大汶口文化的衰落，乃至解體，創造了中國5,000年文明史上的長江時代，為早期中國的形成帶來了深遠的影響。與良渚社會相比，三苗社會除缺少明確的一神教特點外，其餘各方面與良渚社會並無二致，甚至在聚落等級、結構體系方面更為複雜。因此，如果良渚是一個王國，那麼，江漢平原以石家河遺址為中心的新月形城址分布帶，也應該有一個有著嚴密控制體系的王國。

五、從石家河到後石家河 —— 盛極而衰後的中心遺失

石家河文化晚期（距今4,300年左右），石家河古城延續了前期的輝煌。對外，他們踏著先人的腳步，繼續與中原地區的炎黃集團爭霸天下，繼續在北部邊緣地帶築城，把土築的城垣一直推進到淮河中游的信陽地區。對內，石家河古城也迎來了頂峰時期，壕溝經過多次維修、疏濬，城內及周邊8平方公里內的居住人口達到了頂峰，城外的居住區已經連成片，古城各個部分的功能分區更加固定；城址周邊10公里的範圍內，遺址數量和人口規模也達到頂峰。整個江漢平原和洞庭湖平原無論是生產、生活方式，還是喪葬習俗，都高度一致。石家河文化特有的紅陶杯遍布整個文化區，似乎這裡文化繁榮，人民富足，四海昇平。但輝煌的背後，巨大的危機已經開始滋生。

▍石家河的危機

禍兮，福之所倚；福兮，禍之所伏。過於安逸的生活，滋生了衰亡的危機。

一是貧富差距、地區差距加大。從墓葬出土的隨葬品可以看出，石家河文化晚期，石家河古城內土坑墓的隨葬品數量驚人，如鄧家灣、肖家屋脊發現的隨葬品最多的墓，僅清一色的陶壺就達100多件。而朱家墳頭髮現的幾座墓葬，隨葬

品都不超過 10 件。周邊非中心區的普通聚落的墓葬，隨葬的陶器更是少得可憐，有的僅僅發現幾個紅陶杯，有的甚至完全沒有隨葬品。這說明，財富在加速向中心區特大城址集中，向少數特權階層集中。貧富差距、地區差距的加大，最終會動搖社會穩定的根基。

二是奢侈腐化之風盛行，浪費嚴重。從三房灣南部製陶作坊區的出土遺物看，只有兩種陶器：一種是紅陶杯，占 90%；另一種是陶鬶，一種盛酒的器具。

絕大多數紅陶杯都是石家河文化晚期生產的。這種杯底厚，腹淺，容量較小，其實並不適合飲水，很可能是一種飲酒器。如果說屈家嶺文化時期的紅陶杯數量少，僅供少數人使用，那麼石家河文化晚期紅陶杯如此龐大的出土數量，表明紅陶杯已經不是少數人使用的奢侈品，而是全民普及的用品。如果這種紅陶杯是一種飲酒器，那麼全民飲酒需要消耗多少糧食？墓葬內隨葬的陶高領罐，很可能是一種盛酒器，高領罐的數量很可能是財富和地位的象徵，越富有、越有權力的人，隨葬的數量越多。另外，印信臺和周家灣祭祀場所出現的浪費現象也觸目驚心，大量紅陶缸被頻繁地用於祭祀。經檢測，印信臺紅陶缸裡裝的都是稻穀。

三是文化體內部已經處於刀槍入庫、馬放南山的狀態。長江中游南部和西部的大多數古城，如城頭山、雞叫城、走馬嶺、陰湘城等，這個時候已經基本上停止使用了。這個時期的土坑墓中，多隨葬陶器，幾乎不隨葬兵器，僅在石家河肖家屋脊 M7 中發現 1 件石鉞。自廢武功的後果是很嚴重的，尤其是在外部形勢出現重大變化的時候。隨著中原龍山文化的崛起，以炎帝和黃帝為首的部落聯盟已經基本上整合了中原地區，至少從堯開始，已經開始了對三苗集團的持續反擊和征討。三苗集團已經頹勢盡顯，繁榮背後出現了巨大的危機，但三苗人意識不到危機來臨，或者已經意識到了，而假裝看不到，利益集團繼續享受盛宴。

三苗集團與炎黃集團攻守轉換的時間大約在距今 4,100 至 4,000 年，雙方對峙的戰線從河南信陽、南陽一線向南逐漸推進。這個時期，三苗集團最終敗下陣來，「城頭變幻大王旗」，整個石家河古城幾乎是在一夜之間就出現了重大的結構性改變，以至於很多學者認為其前後的文化出現了斷層，長江中游地區進入後石家河時代。

後石家河時代

考古學上的「後石家河文化」，是一種完全不同於屈家嶺 —— 石家河文化系統的文化類型，被深深地打上了北方龍山文化的烙印。後石家河時代的石家河古城及其所反映的文化，與前期相比，有了很大的變化，主要展現在以下四個方面。

第一個變化是石家河古城作為城址，已經完全廢棄，東南部的城牆甚至被完全推平，壕溝被填滿，古城的各項功能已經不復存在。儘管石家河遺址 8 平方公里範圍內仍然人口密集，但結構已經改變。譚家嶺不再是遺址的中心，遺址居住區似乎南移到蓄樹嶺、楊家灣、羅家柏嶺一帶。三房灣儘管還在生產紅陶杯，但規模已經大大縮小。印信臺不再是祭祀區，周家灣祭祀區也已經停止使用。

第二個變化是石家河古城已經失去了中心地位，整個石家河遺址就像一個龐大的村落，到處居住著人，但就是找不到中心在哪裡，也不清楚是否存在集中、統一規劃的公共墓地。這種變化在長江中游地區是全局性的，各地之間的文化不再具有高度的一致性，地區差異、文化差異比較突出。湖南的文化不同於湖北的文化，三峽地區、漢水西部、漢水東部、隨棗走廊之間不太遙遠的範圍內都存在著明顯的區別。一句話，石家河遺址很可能已經不再是長江中游地區的政治中心、文化中心。

第三個變化是喪葬習俗的巨大改變。至今沒有在石家河遺址內發現後石家河文化時期的土坑墓，普遍發現的是用陶器作為葬具的甕棺葬，玉器作為隨葬品埋藏於甕棺內。目前，在石家河遺址的譚家嶺、肖家屋脊、羅家柏嶺、嚴家山、譚家港等地均發現了這一現象。

第四個變化是，後石家河時代，藝術和個性文化大放異彩。後石家河文化時期的玉器，是繼良渚玉器之後，玉器工藝的又一個高峰，也是史前玉器工藝的最高峰。羅家柏嶺、肖家屋脊、譚家嶺先後出土了三批玉器。2015 年，譚家嶺出土的玉器數量最多，有 246 件，超過了前兩次出土數量的總和。這批玉器全部出自甕棺墓葬，因數量較多、造型生動、工藝精湛，一經出土，便在學術界引起了極大的轟動。

與其他史前文化出土的玉器相比，後石家河文化的玉器獨具特色，自成一

體，普遍使用了圓雕、透雕、減地陽刻、淺浮雕線刻等工藝，代表了史前中國乃至東亞地區玉器加工工藝的最高峰。材質多數為透閃石軟玉。種類主要有人頭像、動物造型、裝飾品及工具類（圖21）。

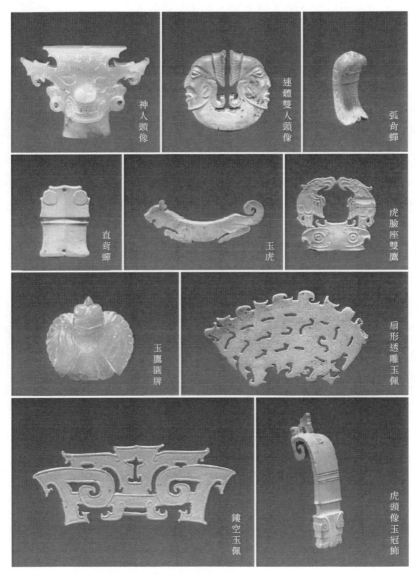

圖21　譚家嶺遺址出土的玉器

317

　　人頭像共出土了 4 件，分為神人頭像和普通人頭像。神人頭像的基本特徵是頭上生鳥形角，兩腮生獠牙。普通人頭像的形象較為多樣，不拘一格，如連體雙人頭像。

　　動物造型的玉器種類豐富，數量也非常多，多數具有寫實的特徵。除了虎、鷹等凶猛的野獸與禽類，還有鳥、蟬等小動物。蟬的數量最多，有直背蟬、弧背蟬。虎形玉器有完全寫實的猛虎形象、虎頭像、管狀虎頭。玉鷹形玉器有虎臉座雙鷹玉珮、玉鷹圓牌等。此外，石家河遺址出土的玉冠飾和佩飾，也是後石家河文化特有的器型，基本上不見於其他文化區。

　　後石家河文化的陶塑品也是該時期一個突出的藝術成就。所有陶塑品均為泥質紅陶，顏色鮮豔，燒製火候較低，質地細膩，均用手捏塑而成。根據器物造型，陶塑品可分為陶塑人偶和陶塑動物兩大類，絕大多數是陶塑動物。人偶姿態生動有趣，有的舞手抬腿，有的抱魚抱物，有的背物擁狗。陶塑動物多具有寫實性，也有少數特徵不突出，難以確切定名。動物形象主要有狗、豬、羊、兔、貓、猴、象、貘、狐、鳥、龜鱉、魚等，有的狗背上還馱著一個小狗，有的小鳥兩個長尾相連，想像豐富，意趣十足（圖 22）。

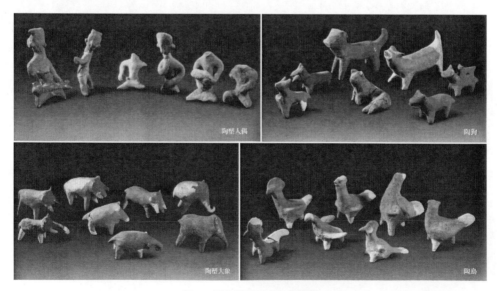

圖 22　鄧家灣遺址出土的陶器

六、石家河古城的歷史定位

　　石家河古城的形成與演變，經歷了龍嘴城－譚家嶺城－石家河城－古城廢棄四個階段約 2,000 年的漫長過程。其間，兩條主線貫穿始終，一是長江中游地區江漢平原東部的本土文化從弱小到壯大，從小範圍到整合全區；二是向北方的擴張和與北方部族之間的衝突，影響了整個中華文明的進程。這種文化的衝突，客觀上促進了中原文明與長江文明之間的交流與融合，最終構成整個中華文明的基石。縱觀石家河古城的興衰史，真所謂「其興也勃焉，其亡也忽焉」。眼見他起高樓，眼見他宴賓客，眼見他樓塌了，興起的過程是漫長的，而衰亡只在一瞬間。歷史是勝利者書寫的，真實的歷史需要考古學家去孜孜不倦地探索。但我們仍可以從石家河古城盛極而衰的歷史過程中得出認知到 —— 生於憂患，死於安樂。

未解之謎

1. 我們知道，石家河古城的城垣和環壕本體基本上是一個封閉、完整的結構，西面和南面保存最好，結構也最清楚。而古城的北部還發現兩圈城垣和環壕，這兩圈城垣的兩端都很突兀地消失在低窪地裡。那麼，這兩圈略呈弧形的城垣到底是做什麼的？當時的人們為什麼花費巨大的人力、物力去修這樣兩圈在今天看來毫無意義的城垣呢？

2. 以石家河古城的等級和地位，一定有與其地位相匹配的大型禮制性建築，雖然已經在古城中心譚家嶺發現了屈家嶺文化時期的房屋建築，也有一些線索顯示這裡很可能存在高等級的禮制性建築，但是，考古學是一門實證科學，得靠事實說話，目前的發現還遠遠不夠。要想在譚家嶺找到大型禮制性建築，還需要考古學家們持之以恆地努力。

3. 城址的管理者、首領們、特權階層們，他們的墓地在哪裡？儘管目前在鄧家灣、肖家屋脊、朱家墳頭、羅家柏嶺發現了一些鼎盛時期的墓葬，有些墓葬，如肖家屋脊 M7，隨葬品的數量也冠絕當時、當地，但這些墓葬別說與同時期良渚文化、大汶口文化的墓地相去甚遠，就算與本文化區的城

河遺址墓地、顧家坡墓地、穆林頭墓地相比，也顯得較為寒磣，既沒有隨葬顯示財富和地位的玉器，隨葬鉞的現象也極為罕見，整個石家河遺址，僅 M7 隨葬 1 件石鉞，屬於石家河文化時期，油子嶺文化和屈家嶺文化時期則完全沒有發現。是我們還沒有找到，還是石家河高等級貴族墓葬顯示權力、財富、地位的方式與眾不同，別具一格？

4. 我們知道，石家河古城從屈家嶺文化到石家河文化這一最鼎盛的時期，一直不流行玉器，這與良渚文化形成鮮明對比。在古城廢棄後的後石家河文化時期，卻突然流行小型玉器，且一出現就以令人瞠目結舌的高超工藝和藝術化、生活化的豐富造型，讓現代人嘆為觀止。那麼，玉料從哪裡獲得？這樣的玉器傳統和加工技術來自何處？為什麼具有如此高的水準？是來自良渚文化，還是來自山東龍山文化？

5. 後石家河文化之後，本地區大量密集的人口去了哪裡？石家河遺址在距今 3,850 年之後的夏代紀年裡，在相當長的時間內幾乎沒有發現人類居住遺跡，江漢平原的其他地方也大致上這樣，發現的夏時期的遺址寥寥可數，三苗盛世景象不再，整個江漢大地幾乎呈現一片千里無人煙的景象。文獻記載，禹征三苗之後，遷三苗於三危。如果說遷走一部分人和三苗王國的統治階層，還可以理解，把整個三苗集團分布範圍的人全部遷走則是一件不可能完成的事情。或者是當時的入侵者把三苗人趕殺殆盡？這樣的事情雖不能完全否認，但真要實行起來幾乎不可能。那麼，大量的三苗人到底去了哪裡？這是留給學術界最大的一個難題，只能留待以後的考古學家去解答了。

凌家灘遺址

張小雷
安徽省文物考古研究所

　　凌家灘遺址位於安徽省含山縣裕溪河北岸一個叫做「凌家灘」的小村莊。凌家灘遺址是中華五千年文明的重要起源地之一，開啟了一個文明化進程的嶄新時代。凌家灘遺址以其鮮明的地域和時代特點，被命名為「凌家灘文化」，與「紅山文化」、「良渚文化」，並稱「中國史前三大玉文化中心」。

　　凌家灘遺址被評為「1998年度全國十大考古新發現」之一。

　　2001年，被中國國務院公布為第五批全國重點文物保護單位。先後被納入國家「十一五」、「十二五」、「十三五」重要遺址保護規劃中。2013年12月，凌家灘國家考古遺址公園由國家文物局批准建立。

一、凌家灘遺址的發掘軌跡

‖ 文明遺址新發現

　　在中國東部，巢湖之東，有一座高山，名曰「太湖山」。太湖山向南延伸出幾條山崗，其中最長的山崗向南直抵裕溪河畔，俗稱「十里長崗」。這條山崗的南部漸收成條形，從空中俯瞰，宛如一尊仰身安臥的大佛（圖1、圖2、圖3）。這裡就是凌家灘遺址所在地。

　　1985年冬日的一天，安徽省含山縣長崗鄉凌家灘村村民萬傳倉的母親去世，在為這位老人挖墳的過程中，村民們挖出了許多陶器、石器、玉器。「村裡的地底下挖出了很多老物件」，這一消息迅速在村裡傳開，村民們紛紛過來圍觀。長崗鄉文化站站長李余和聽聞此事後立即趕到現場。他敏感地意識到：「這是挖到了文物，得趕緊上報。」他一方面疏散了聚集的村民，讓人保護好現場，一方面收集了部分文物，緊急送到60里外的含山縣文物管理所。含山縣文物管理所立即將情況上報給安徽省文物考古研究所。安徽省文物考古研究所馬上派考古部主

任楊德標和張敬國趕往凌家灘進行實地調查。

他們趕到文物出土現場，發現出土文物的地點位於比較高的崗地上，挖出的土比較純，不像一般的灰坑或文化層堆積，據此，他們判斷此地可能是一處窖藏地點。在出土現場往南 400 公尺的裕溪河邊，他們也發現了許多陶片，與葬墳處出土的陶片相似。兩人結合地形、地貌，初步判斷凌家灘是一處新石器時代遺址，面積比較大，葬墳地可能是新石器時代遺址的墓葬區，有必要進行試掘，一探究竟。

經過一年多的準備，1987 年 6 月，安徽省文物考古研究所派出了由張敬國、蔣楠、靳永年、李余和組成的考古隊，由張敬國擔任隊長，用 3,000 元經費開始了對凌家灘遺址的試掘。

圖 1 凌家灘遺址全景

圖 2 凌家灘遺址遠景

圖 3 凌家灘遺址宛如一尊臥佛

初戰大捷

新的遺址該從何處下手，這是所有考古工作者都要面臨的一個問題。按照現在的做法，一般是先仔細調查，然後進行大規模系統勘探，最後選擇勘探效果好的地點進行發掘。但在當時，一是人手缺乏，二是發掘經費有限，只能根據已有的線索選擇發掘區域。已有的線索就是那座萬家的新墳，於是張敬國在緊挨墳堆的西側布了 3 個 5 公尺 ×5 公尺的探方進行試掘。

發掘開始後沒幾天，在編號為 T1 的探方內發現了一片土質、土色比較特別的區域。考古隊員經過仔細刮、鏟，發現一個橢圓形遺跡。大家的注意力集中在這個橢圓形上。很快，土層中出土了 3 件玉人。這是中國乃至世界新石器時代考古中首次發現玉人，證明該區地下確實有重要的新石器時代墓葬。這一重要發現，極大地鼓舞了考古隊員的士氣。

緊接著，更重大的發現接踵而來。在 M1 的西南側，清理完第三層土後，考古隊員發現了一件長 34 公分、寬 23 公分、重達 4.25 公斤的大型石鉞，石鉞周邊有一片大致呈長方形的區域。多年的考古發掘工作經驗讓張敬國意識到這應該是一座墓葬，而且是一座不一般的墓葬。

果然，隨著墓內填土的不斷清理，一件件玉器出現了，其中就包括後來非常著名的玉龜和玉版。隨後，T2 內也發現了 2 座墓葬，出土了少量玉璜、玉環、石斧等。兩個小探方，50 平方公尺，就發現了這麼重要的墓葬，出土了這麼多重要文物，這一成果著實出乎張敬國的意料。初戰告捷！

二戰受阻

1987 年 11 月。經中國國家文物局批准，正式對凌家灘遺址進行第二次發掘。張敬國任領隊。參加人員有賈慶元、胡欣民、何長風、張捷、葛林、何愛平、祁述義、李余和。為了繼續尋找幕葬。這次發掘緊挨上半年發掘位置，向北布了 11 個 5 公尺 ×5 公尺的探方，面積達 275 平方公尺。共發現新石器時代墓葬 11 座，出土了虎首璜等玉器 360 餘件。

由於種種原因，這次發掘進展得非常不順利。在沒有辦法推進的情況下，考古隊只得做好善後工作，暫時撤離了現場。沒想到這一別就是 10 年。

第三次發掘

　　鑑於凌家灘遺址的重要性和遺留下的許多沒有解決的問題，1998 年，國家文物局批准了凌家灘遺址的第三次發掘。

　　這一次，發掘區的主體位於 1987 年發掘區北部、西部和東南部。隊長張敬國帶著考古隊，對凌家灘遺址進行了規模最大的一次發掘，面積達 1,600 平方公尺，發現了新石器時代墓葬 29 座，出土了玉人、玉鷹、玉龍等玉器 315 件。另外，為了充分了解聚居區的情況，在裕溪河北岸平地還發掘了 225 平方公尺。在這次發掘中，一座祭壇轟動了考古學界，凌家灘遺址成為「1998 年度全國十大考古新發現」之一（圖 4）。

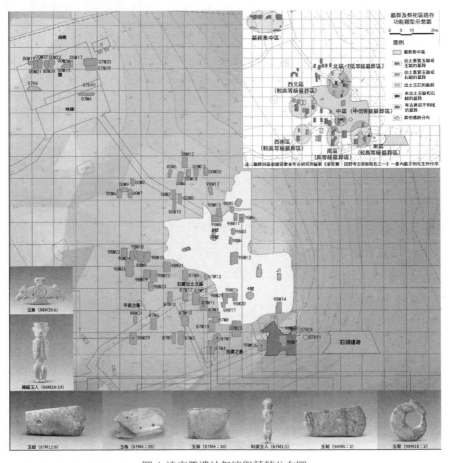

圖 4 凌家灘遺址祭壇與墓葬分布圖

其實，凌家灘祭壇在 1987 年第一、二次發掘時就已經出露了，只是當時發掘面積小，發現的石子層不夠具代表性，被考古隊員當作普通文化層看待了。這一次，隨著發掘面積的擴大，考古隊員發現這一石子層範圍明確、堆築講究，表面類似圓形，從頂部到邊緣最大高差約 1 公尺。透過局部解剖和對石子區域中部因後期墓葬打破而形成的剖面進行觀察，可分為三層：最上層用大小不一的鵝卵石、碎石為原料，以黏土為黏合劑鋪設而成，結構略為鬆散，中間含有少量陶片；中間一層用灰白色膠泥摻和石英碎塊、大粒黃沙和小石子攪拌夯築而成，結構十分緊密，中間不含陶片；底層為純淨、細膩的黃斑土，厚 10 ～ 20 公分，比較硬，似為夯築。最上層大體覆蓋了中間層，但中心向北有一定程度的偏移，面積約 800 平方公尺，近似方形。在石子層的表面發現了 3 處祭祀坑和 4 處積石圈。祭祀坑內出土了少量陶器、石器。

透過種種跡象判斷，它是一個祭壇。該祭壇位於遺址的最高處，是一處相對獨立的祭祀和埋葬場所。

那麼，祭壇與墓葬是什麼關係呢？

這些墓葬大多分布在祭壇周圍，出土較多玉器的大墓基本上在祭壇第一層的南面，呈東西向排列；西、北面則相對集中地分布著一批隨葬石器較多的墓葬，石鑽、礪石、大量玉芯均出土於西邊墓葬中。這批墓葬與祭壇第一層沒有打破關係，布局具有一定的規劃性，從平面上看，它們基本上圍繞著祭壇，應與祭壇屬同一時期。在祭壇的表面還有一批較小的墓葬，打破了祭壇第一層。它們多數僅隨葬石器、陶器，玉器極少，在排列上也比較無序，從類型學上看，遺物也顯得略晚，因此這些墓葬應是祭壇廢棄或遭遇某種變故之後的遺跡。

祭壇應是凌家灘人祭神、祭祖以祈求保佑的地方，是凌家灘人心中的聖地。

第四次發掘

2000 年 10 至 12 月，張敬國帶隊，對凌家灘遺址進行了第四次發掘，發掘面積達 525 平方公尺。

這一次發掘在墓葬區和凌家灘村內紅燒土區兩個地方進行。墓葬區發掘地點位於祭壇北側和西北部，發現了新石器時代墓葬 20 座，出土了玉器、玉料 35 件。

對村內紅燒土區域的發掘則結合了鑽探技術，發現該紅燒土區域的平均厚度

在 1.5 公尺左右，紅燒土遺跡上發現少量木炭、陶片、石器和一口深約 3.8 公尺的水井。據此，考古隊員推測，此遺存屬於當時重要的建築遺跡。由於這一次的發掘面積較小，這處大型紅燒土遺跡的完整形態、性質和功能並沒有完全弄清楚。

第五次發掘

2007 年 5 月 10 日，凌家灘遺址的第五次發掘在得到國家文物局批准後開始了。張敬國依舊出任考古隊領隊。

這一次的發掘地點位於墓地的西北部和祭壇束部。發掘進行了一個多月，在墓地西北部主發掘區域僅發現了 3 座小墓，這令張敬國有些失落。恰巧，當時祭壇上有一座現代墳遷走了，兩座現代墳中間出現了一個狹窄的區域。這一片距離 1987 年第一次發掘時出土玉人的位置僅僅 5 公尺，張敬國決定從這裡入手，試試看會不會有新的發現。

這一試不要緊，凌家灘遺址的「王者之墓」就此展現在世人面前，成為凌家灘遺址迄今發現的規模最大、隨葬品最為豐富的墓葬。

6 月 24 日，在編號為臨 T1 的探方西部發現一件大玉豬。25 日，在其南側發現一個長方形坑，坑內北側有一組陶器。考古隊員在清理這組陶器時又發現了玉環、玉鉞等器物。玉器的不斷出現，觸動了考古隊員們的興奮心情，張敬國決定連夜加班。至晚上 8 點多，玉器越出越多，特別是一件深綠色精美玉鉞的出土，讓張敬國意識到這是一座大墓。當夜已經不可能清理完了，大家進行到晚上 10 點便停下來，請當地派出所的警員和考古隊隊員值夜班看護。26 日，考古隊在墓的上方搭了簡易棚後繼續工作，直至 7 月 13 日才清理完畢，有些還整體提取，進行實驗室考古。

大玉豬所在的小坑位於墓的中部，該墓坑打破祭壇，呈不規則長方形，長 3.45 公尺，寬 2.1 公尺，深 0.3 公尺，墓底至地表深 0.55 公尺，面積約 7 平方公尺，是整個墓地中最大的一座。頭向南。墓坑內有棺槨的痕跡，人骨已腐朽無存。隨葬的玉器、石器排列緊湊，局部層層疊壓達 2 ～ 6 層。共出土玉器 210 餘件、石器 90 餘件、陶器 20 餘件。在墓坑南端大致為墓主頭部的位置密集放置了 20 多件玉環。在雙臂位置，左右各有 10 件玉鐲對稱放置。在腰部位置放置 1 件

玉龜和 2 件龜狀扁圓形器。墓坑南部靠近墓主胸部位置放置 10 件玉璜。墓坑底部排滿石錛（圖 5、圖 6）。

　　能有如此豐富的隨葬品，這位墓主到底是什麼樣的人物？根據當時社會的特徵和隨葬品特點，考古隊員推測，墓主應該是當時政教合一的既掌握神權又控制軍（王）權的最高統治者。

　　被譽為「王者之墓」的 07M23 堪稱凌家灘墓地歷年發掘中最重要的發現，也是長江中下游地區新石器時代考古最重要的發現之一，為探討中國文明起源提供了極其重要的資料。

　　張敬國任領隊的凌家灘前五次發掘，發掘面積共 2,960 平方公尺，發現大型祭壇 1 座、墓葬 68 座，出土玉器和玉料 1,100 餘件、石器 600 餘件、陶器 500 餘件。凌家灘遺址作為中國史前三大玉器中心之一，得到了學界認同。帶著這些光環和榮耀，2008 年，張敬國光榮退休了。

圖 5　凌家灘遺址 07M23 墓主身體上方放一組石鉞（東—西）

圖 6 凌家灘遺址 07M23 棺底所鋪玉石器（鋪於棺底之上）的石鑽排列情況（南－北）

探尋活著的世界

　　隨著凌家灘墓地考古成果的不斷出現，墓地在凌家灘遺址中的情況已經比較清楚了。但是，凌家灘遺址的整體布局和居住區方面的情況，只是大致知道墓地南邊有大型紅燒土區域、崗地兩側的平地為生活居住區，其他就所知甚少了。比如，凌家灘周邊的聚落情況是怎樣的？是「一枝獨秀」，還是「眾星捧月」？因此，從 2008 年開始，凌家灘考古工作的方向從玉器研究轉變到聚落研究，以達到「探尋活著的世界」的目標。

　　這個時期的凌家灘遺址考古掌門人已經順利完成了交接，吳衛紅身為第二任考古隊長，扛起了凌家灘遺址新一輪考古的重擔。新一輪考古工作從區域系統調查開始。2008 至 2013 年，利用每年的冬春時節，吳衛紅從全國招募大批考古及相關專業的本科生、研究生，對凌家灘及裕溪河流域進行了 8 次區域性系統調查，調查面積達 400 平方公里（圖 7）。在凌家灘周邊新發現了 9 處同期略早的遺址，這些遺址的面積多在 1 萬～ 4 萬平方公尺（圖 8）。它們的分布明顯是以凌家灘為中心的，這證明凌家灘是在社會發展的基礎上產生的中心聚落。

　　隨著區域性系統調查的推進，吳衛紅找來勘探隊，借助專業勘探的力量和科技方法，如碳 14 定年和光釋光定年、動物考古研究、環境植被研究、陶器工藝和科技研究、澱粉粒分析、玉器科技研究等，使凌家灘遺址鮮活了許多（圖 9）。

圖 7 區域系統調查

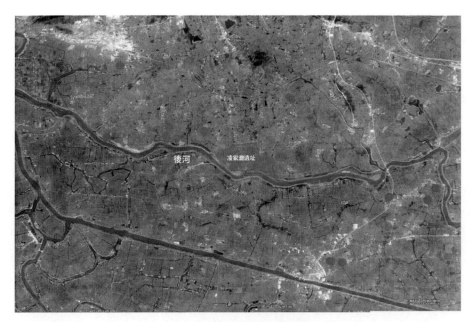

後河　　凌家灘遺址

圖 8　凌家灘及周邊遺址略圖

圖 9　考古鑽探

2014 年的一天，在遺址東北部，勘探隊員們鑽探出一條壕溝狀的遺跡。善於捕捉蛛絲馬跡的吳衛紅抓住這一線索，對這條壕溝進行了重點鑽探。勘探隊越往前推進，考古隊員的期待越大。壕溝遺跡在石頭圩一帶向南轉折，又繼續向南，直到裕溪河北堤，隨著壕溝西段鑽探的推進，內環壕封閉了。

內環壕全長 2,000 多公尺，平面大體呈梯形，與裕溪河圍成一個封閉空間，南北寬 400 多公尺，東西最長 1,200 多公尺。溝口寬窄不等，兩側平地最寬處達 30 多公尺，窄的也有 8 ～ 17 公尺，溝深 1 ～ 2 公尺。崗地上的壕溝最深處近 7 公尺。內環壕以內面積近 50 萬平方公尺，是整個凌家灘聚落主要的生活區，與顯貴墓葬區隔溝相望，只在墓葬區南側的山崗最高處有一個寬 15 公尺的缺口，應該是出入通道（圖 10）。

真是一個驚喜接著一個驚喜。不久，勘探隊在內環壕以西 500 公尺處發現了外壕溝。外壕溝呈西南 —— 東北走向，北段折向東，長不足 1 公里，在遺址東北角的低窪處消失了，不知是後期被破壞了，還是其他什麼原因，也就是說，外壕溝並沒有環起來。所以，準確地說，外壕溝不能稱為「環壕」，只能稱為「壕溝」。外壕溝寬 20 餘公尺，自深 1 ～ 2 公尺，在崗地北端的高處也有一個缺口。

至此，凌家灘遺址的重要發現，有著兩道壕溝的超大型聚落完整地呈現出來。它是目前國內同時期規模最大的壕溝之一，反映了凌家灘文化時期，社會已具有一定的公共資源調配能力。壕溝的主要功能是保護其包圍著的生活區域以及生活在這裡的居民（圖 11）。

圖 10 凌家灘遺址內壕溝北段解剖全景

圖 11 凌家灘遺址內、外壕溝與功能區分布位置示意圖

▎文化遺址的當代身分

經過數十年的發掘，凌家灘遺址已經完成了最主要的考古使命，成為一處成熟的文化遺址。2019 年 11 月，張小雷正式接手凌家灘遺址，成為凌家灘遺址第三任考古隊領隊。凌家灘墓葬區已經基本上發掘完畢，兩道壕溝的整體布局已經揭示，凌家灘的考古工作下一步怎麼做？張小雷日思夜想，終於理清了思路，確立了新的目標：一方面，進一步明晰凌家灘遺址的聚落布局，內、外壕溝的完整形態及壕溝缺口等防禦設施，大面積紅燒土區域的情況等專業問題；另一方面，繼續做好多學科合作研究，配合凌家灘國家考古遺址公園建設，讓遺址公園真正惠及人民群眾，實現中華文明遺址身分的現代轉化。

二、凌家灘遺址寶玉庫

凌家灘出土了大量玉器，都很精美，可分為兵禮器（鉞、斧）、象生禮器（龜、龍、鷹、人等）、特殊禮器（版、勺、三角形玉片）、飾品（璜、玦、環、鐲、璧、管、珠、耳璫、墜），料和芯等幾大類。其中，最精美、最神祕、最特殊、最具代表性的是玉龜、玉版、玉人、玉鷹和玉豬等。

▌玉龜

在第一次發掘的凌家灘墓葬 87M4 中出土了 1 件玉龜，由背甲、腹甲兩部分組成。

背甲呈圓弧形，背上有脊，兩邊各對鑽兩圓孔，背甲尾部對鑽 圓孔。腹甲的兩側與背甲鑽孔對應處也對鑽 2 圓孔，腹甲尾部對鑽 1 圓孔。這些上下對應的孔應是拴繩固定之用（圖 12）。玉龜旁邊是刻紋玉版，在其東北 0.15 公尺處出土 1 件長條形玉器，當時命名為玉簪，不過根據 07M23 玉龜內有籤的情況來看，這件玉簪也應為玉籤。

07M23 大墓中也出土了玉龜，而且一出就是 3 件，均位於墓主人腰部正中位置。其中 2 件不是太像龜，被命名為龜狀扁圓形器。玉龜背甲的尾部兩邊有兩個對鑽小圓孔，腹甲尾部中間對鑽一圓孔，腹甲琢刻成龜甲樣式。龜狀扁圓形器一端平口，一端斜口，在上腹面的平口一端對鑽 3 個小圓孔。這 3 件器物腹腔內各放置一兩件玉籤，玉籤頂端有一對鑽圓孔。考古工作者初步推測這是一組占卜工具，也有人認為是玉鈴（圖 13）。

圖 12　凌家灘遺址 87M4 玉龜

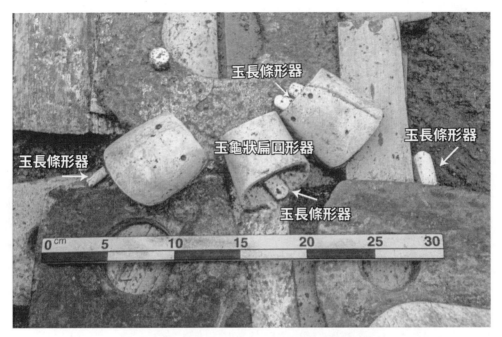

圖 13 凌家灘遺址 07M23 腰部三個玉龜形器（北－南）

‖ 玉版

　　玉版正面呈長方形，兩短邊略內
弧，背面略內凹。兩短邊各鑽 5 個圓孔，
一長邊鑽 9 個圓孔，另一長邊在兩端各
鑽 2 個圓孔。中部刻有一小圓圈，圈內
刻八角星紋。圈外刻一大圓，兩圓之間
以直線平分八等分，每等分中刻一圭形
紋飾，在大圓外沿對著長方形玉版的四
角各刻一圭形紋飾（圖 14 ）。

圖 14 凌家灘遺址 87M4 玉版

這件玉版是目前全球所發現的唯一一件。

這件玉版究竟有什麼用途呢？眾多研究者對此進行了研究，發表的論文不下幾十篇，包括饒宗頤、俞偉超等大家。所得結論多不同，大體可概括為：與「元龜銜符」的八卦有關，與方位和數理有關，與天文觀象授時有關，與式盤有關，與良渚玉琮仰視角度展開有關，與中國文化中的宇宙觀有關。著名國學大師饒宗頤先生研究後認為「荒誕不經的神話怪談，都可印證起來，竟有它的事實依據，那真是匪夷所思」。

玉人

凌家灘遺址共出土了 6 件玉人，分別出自 87M1 和 98M29，各出土 3 件。

87M1 出土玉人為站姿，98M29 所出玉人呈蹲踞姿態。玉人均為長方臉，大眼，濃眉，蒜頭鼻，兩大耳，耳墜穿孔，大嘴，上唇留短鬚。頭戴縱梁冠，冠後刻四條橫線。兩臂彎曲，十指張開，置於胸前，似祈禱狀。兩臂各戴 5～6 件玉鐲。腰部飾斜線紋以示腰帶。背部鑽一隧孔（圖15、圖16）。

關於這件玉人的作用，說法不一，大致認為是崇拜對象或法器。

圖 15 凌家灘遺址 98M29 蹲踞玉人

圖 16 凌家灘遺址 87M1 站姿玉人

‖ 玉鷹

　　在出土玉人的 98M29 中，還出土了一件凌家灘和安徽考古的代表物——玉鷹。玉鷹呈展翅飛翔狀，頭和嘴琢磨而成，眼睛用一對鑽的圓孔表示，兩翅各雕一豬頭，似飛翔狀，腹部刻劃兩周圓圈，圓圈之間刻八角星紋，最內對鑽一圓孔。器下部刻扇形齒紋，作鷹的尾部。令人稱奇的是，鷹兩面雕刻紋飾完全相同。這件玉鷹其實不大，寬 6.35 公分、高 3.6 公分（圖 17）。

圖 17　凌家灘遺址 98M29 玉鷹

‖ 玉龍

　　玉龍出自 98M16，呈扁橢圓形，首尾相連。兩面刻相同紋飾，吻部突出，頭頂雕刻兩角，陰線刻出嘴、鼻、眼、須。龍身脊背兩面刻對稱的斜線，近尾部對鑽一圓孔，顯示玉龍應屬懸掛之物（圖 18）。

圖 18　凌家灘遺址 98M16 玉龍

‖ 玉豬

　　07M23 大玉豬的發現過程比較奇特。2007 年 6 月 21 日，在臨 T1 西部第二層下發現一塊大石頭，西面部分被壓在探方外。6 月 22 日，向西擴方 1 公尺。6 月 24 日下午，大石塊全部暴露，準備運回駐地。起運時，負責該探方的齊紀緒發現該石塊朝西南方向的一端有雕刻痕跡，全部取出後才發現這是用簡潔手法雕刻成的大石豬（圖 19）。他立即找來在北區的現場負責人吳衛紅。為明確該玉豬的時代，他們仔細研究了地層關係，確定為凌家灘文化時期的文物。當晚運回駐

地後，張敬國用水進行了清洗，石豬形態顯現，被認為是玉豬。不到一小時，消息傳遍全村，村民紛紛前來圍觀。

該玉豬長 72 公分，寬 32 公分，重 88 公斤，扁圓形，呈東北 ── 西南方向側面放置，利用玉料的自然形態雕刻而成，形態逼真。吻部突出，嘴部雕刻明顯，其上有兩個鼻孔，在嘴的兩側刻向上彎曲的一對長獠牙。眼睛用減地法表現。在頭部上方刻一對向上豎立的耳朵。頸部略加思索，形成一個較寬且淺的半圓形脖子。在腹部的一側，簡單地琢出兩條彎曲的線，形似蜷曲的雙腿或帶翼的翅膀（圖 20）。

這件玉豬是中國考古發現的時代最早、形體最大、最重的玉雕豬形器。豬在中國古代文化中是財富的象徵，將這件大玉豬放在墓的上方，顯然是用來表明墓主人的社會地位。

圖 19　凌家灘遺址 07M23 玉豬出露時（東─西）

圖 20　凌家灘遺址 07M23 玉豬

三、凌家灘是良渚的「叔父」嗎？

如此講究的聚落選址、如此有規劃的聚落布局、如此宏大的工程、如此精美神祕的玉器，無不彰顯著凌家灘這個神祕的社會組織。它在中國考古學文化中處於什麼樣的階段？又在中國文明演進過程中有什麼重要性和意義呢？

我們首先從它與良渚文化的關係來看凌家灘遺址在中國史前文明中的時空位置。一生致力於良渚文化發掘與研究的浙江省文物考古研究所王明達先生曾說：「我們到凌家灘是來朝拜的，即使凌家灘不是良渚的直接源頭，也應該是叔父輩。」可謂一語道破凌家灘與良渚的關係。

在07M23發現之前，著名考古學家嚴文明先生在凌家灘發掘報告的序言中寫道：「可以毫不誇張地說，在長江下游，凌家灘人是首先走上文明化道路的先遣部隊……在凌家灘之後，文化發展的重心可能有所轉移。至少玉石工業的重心轉到太湖流域的良渚文化那裡去了。因為良渚文化前身的崧澤文化玉器很少，加工技術也不高。良渚文化的玉器工業則發展到了登峰造極的地步。如果沒有技術上的傳承，這樣突然爆發式的發展是難以想像的。事實上良渚文化玉器製造的各種技術，除了微雕式的線刻不見於凌家灘外，其他技術在凌家灘都已經採用。」

著名考古學家張忠培先生也曾說：「凌家灘的玉器，有別於良渚文化，異於紅山文化，彰顯出強烈的自身個性。其呈現的文化進程，領先於同期的其他文化。回溯其所處年代，當謂中國只此一家，世界別無分店。凌家灘的總體文化面貌具有一定的地域特點，可看作一支獨立的考古學文化，或可稱之為「凌家灘文化」。凌家灘的玉器，昭示出中華文明的多樣性、複雜性和一體性，是中華五千年文明不可多得的寶貴實證。……凌家灘墓地中那些既以卜卦器具隨葬，又用玉鉞隨葬的墓葬主人，應是當時政教合一政權中既掌握神權又控制軍（王權）的最高統治者。凌家灘墓地所表徵的社會，已邁進了文明社會的門檻。」

目前，中國史前考古學界已普遍認為凌家灘玉器與良渚文化玉器、紅山文化玉器等，同為中國新石器時代晚期第一個用玉高峰期的傑出代表，其年代略早於良渚文化，且對環太湖地區良渚文化玉器系統的形成產生過重要影響。凌家灘遺址與紅山文化晚期玉器間的相似因素，應是前者早於後者，前者影響後者。這不僅顛倒了兩個考古學文化間相互影響的程序、方式與途徑，無疑也將衝擊我們對

整個中國史前區系類型考古學文化格局的認知。

因此，從這個角度來說，凌家灘文化所反映的不僅是發達的玉器文化，它的重要性更展現在對中國文明的促進方面。凌家灘文化和相近時代的其他文化已為中國文明起源打下了良好的基礎，孕育了中國古代文明的多種特徵。凌家灘文化更由於其年代較早和內涵豐富，成為促進中國文明誕生的先行者之一。

2012 年，在含山召開的凌家灘文化論壇上，與會專家一致認為凌家灘遺址具有鮮明的地域和時代特點，可以稱為「凌家灘文化」。它的出現，開啟了一個嶄新的時代，展現了中華文明的曙光，在中華文明起源和形成過程中處於象徵性地位，是中華五千年文明的重要起源地之一。

四、凌家灘遺址今天的身分

凌家灘研學旅行基地其實是凌家灘國家考古遺址公園先行開放的重要功能區。先行開放的還有墓葬 —— 祭祀區，將祭壇、已發掘墓葬按 1：1 的比例現場抬高，復原展示。

2013 年 12 月 17 日，國家文物局正式公布第二批國家考古遺址公園名單和建立名單，凌家灘考古遺址公園被列入建立名單，這象徵著凌家灘遺址將成為安徽省首批國家考古遺址公園。經過近 6 年的持續建設，凌家灘國家考古遺址公園已基本上建成，防洪工程、環遺址柏油公路、遊客服務中心、內外環壕展示項目、墓葬 —— 祭祀區、文明探源館、考古工作站、環境整治等項目均已完成，並對外開放，正等待著驗收掛牌。遺址博物館正在建設，相關的考古工作正在開展，為下一步的展示打下基礎（圖 21）。

如今，漫步在凌家灘考古遺址公園，不僅能領略純淨的江淮美景，還能學習凌家灘文化，感受中國文明起源地的神聖。

圖 21 凌家灘研學旅行基地及考古工作站

未解之謎

經過 30 多年的考古發掘和研究，凌家灘遺址已經和今天的我們有了穿越時空的廣泛「交流」，但是，他、他們，於我們而言，依然有許多待解之謎，是下一個 30 年我們需要持續「交流」的問題。

1. 凌家灘外壕溝為什麼沒有閉合？內、外壕溝向南還有嗎？原來是閉合的長方形，被裕溪河沖毀了嗎？凌家灘有城牆嗎？內、外壕溝的關係是怎樣的？內、外兩重壕溝，是護城河的雛形嗎？

2. 凌家灘墓地以北還有墓地和祭壇嗎？凌家灘還會有更大的墓葬和更精美、神祕的文物嗎？

3. 凌家灘西北 5 公里的那條長崗為什麼會內收？跟凌家灘有關嗎？

4. 凌家灘玉器究竟來自哪裡？

5. 凌家灘與紅山真的存在上層社會交流網嗎？凌家灘人真的去過紅山嗎？或者紅山人真的來過凌家灘嗎？

6. 凌家灘為什麼衰落了？凌家灘人真的去過良渚地區嗎？

良渚遺址

王寧遠

浙江省文物考古研究所

世界遺產委員會認為：「良渚古城遺址展現了一個存在於中國新石器時代晚期的以稻作農業為經濟支持，並存在社會分化和統一信仰體系的早期區域性國家形態，印證了長江流域對中國文明起源的傑出貢獻。此外，城址的格局與功能性分區，以及良渚文化和外城臺地上的居住遺址分布特徵，都高度展現了該遺產的突出普遍價值。」

2019 年 7 月 6 日，在亞塞拜然首都巴庫舉行的聯合國教科文組織第 43 屆世界遺產大會上，隨著大會主席法槌的落下，良渚古城遺址成功列入《世界遺產名錄》。

太湖南側，浙西丘陵山地與浙北平原交界地帶西側的天目山，其南北兩支餘脈向東延伸，彷彿臂膀一樣將其間的平原環抱，形成一個三面環山、東側開放的 C 形盆地。良渚遺址群即位於這個大 C 形盆地的北側，它的中心就是良渚古城（圖 1）。良渚古城位於浙江省杭州市餘杭區瓶窯鎮。1936 年之前，世人對良渚一無所知。良渚人真可謂「事了拂衣去，深藏功與名」。在文獻和傳說中，良渚都了無痕跡，直到考古人的加入……

一、良渚古城的考古歷程

1930 年代，考古這一媒介讓我們發現了又一個中華文明的起源地 —— 良渚。

隨著現代科技的發展，加之考古人的努力，良渚一步步走出塵封的歲月，越來越清晰地走入這個時代，與今天的我們交流。這是一個不算長，但也不短的過程，大致可以分為 4 個階段。

圖 1 C 形盆地與良渚遺址

‖「遺址點」考古階段（1936 至 1985 年）

　　1936 年，施昕更先生首先發現了良渚遺址。由於當時盜掘出土的良渚玉器被認為是周漢之物，所以良渚遺址的重要性並沒有得到充分認知。學術界認為，良渚遺址出土的黑陶是北方龍山文化南漸的結果。

　　1959 年，夏鼐先生提出「良渚文化」的命名。1973 年，根據江蘇吳縣草鞋山遺址出土的文物，第一次確認原來被認為屬周漢時期的良渚遺址出土的琮、璧等玉器，是良渚文化時期的遺物。其後，良渚一帶的考古工作進入一個一個遺址點發掘的默默累積階段。

‖「遺址群」考古階段（1986 至 2006 年）

轉折突然出現在 1986 年⋯⋯

這一年的 5 月，餘杭反山王陵發掘出一批擁有大量玉琮、玉璧、玉鉞等玉禮器隨葬品的權貴大墓，證實了良渚遺址是整個良渚文化區的中心。此後，良渚的重大發現便不斷出現。1987 年，發掘了瑤山祭壇墓地，同時發現了莫角山巨型土臺；1991 年，發現了匯觀山祭壇和墓地，又發現了塘山水壩。這些遺跡的發現，使我們對良渚文化的社會發展水準有了新的認知。學術界普遍認為，良渚文化已顯露出文明的曙光，甚至已經進入了文明階段。王明達先生首先提出「良渚遺址群」的概念。良渚遺址考古的著眼點也由「遺址點」轉為「遺址群」。

‖「都邑」考古階段（2007 至 2014 年）

2006 至 2007 年，面積達 300 萬平方公尺的良渚古城被確認。它的出現，使我們認知到，良渚文化已處於成熟文明和早期國家階段，是同時期中國古文化中文明程度最高的，良渚古城就是良渚文明的都邑。這象徵著良渚遺址的考古工作由結構功能模糊的「遺址群」考古階段，跨入中心明確的「都邑」考古階段。原來的 130 餘處遺址，都能在新的考古版圖上找到基本的功能定位。隨後發現的規模宏大的外郭、水利系統，就是在全新的大遺址考古思路上的成功實踐。

‖「古國」考古階段（2015 年至今）

隨著外圍水利系統的確認和公布，我們認知到良渚遺址的結構範圍遠遠超出了原來的保護區邊界，良渚古城需要周邊各類資源的供應、支持才能正常運轉。因此，結合文明探源的研究，我們對整個 C 形區域進行了全面的遺址調查、石玉料鑑定、資源調查、水稻田分布調查、水利工程結構功能研究等，將 C 形區作為一個遺址單元進行統一觀察，研究拓展到了「古國」這一更廣闊的視角。

二、良渚古城的結構與認知

　　良渚古城遺址是一個結構功能完備的大規模城市系統，占地面積達 100 平方公里，包含城址區、水利系統、祭壇墓地和外圍郊區等（圖 2、圖 3）。

　　布局上，城址區從中心向外依次有宮城、內城、外郭三重結構。堆築高度也由內而外逐次降低，顯示出古城布局已有了明顯的等級差異。內城面積 290 萬平方公尺，外郭之內的面積達 630 萬平方公尺。這是目前發現的中國最早的三重城市格局（圖 4）。

圖 2　良渚古城系統結構圖

圖 3　良渚古城系統復原圖

圖 4　良渚古城三重格局示意圖

　　根據年代學的研究，良渚古城從距今 5,000 年左右開始營建，到距今 4,000 年左右廢棄，歷時約 1,000 年。它的廢棄時間已經超出了良渚文化的下限，期間可能經歷過多次擴建、改建或廢棄。現在的考古工作尚無法精準復原這種歷時性的變遷，年代學的資料只能為我們粗略辨析古城各大功能區形成的先後順序：水利系統、反山、莫角山宮殿區先建造，形成於距今約 5,000 至 4,850 年；卞家山、美人地等外郭和內城牆後建造，形成於距今約 4,850 至 4,600 年。這其中，城牆的資料很少，不排除先有卞家山和美人地這些環狀聚落的可能。

　　我們將從內到外，按照宮城、內城、外郭的順序，一一呈現良渚古城。

▌宮城

　　宮城區包括莫角山、皇墳山組成的宮殿區，反山和姜家山墓葬所在的南北向的高壟，池中寺糧倉，池中寺兩側的池苑水域，次一級高地李家山、毛竹山等。與 8 個城門相通的 4 條最大的幹河將這些區域圈成了獨立的宮城區（圖 5、圖 6）。

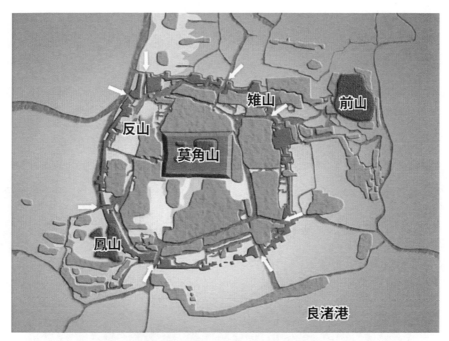

圖 5 良渚古城結構 （白色箭頭為水門位置）

圖 6 1960 年代衛星影像下的良渚古城三重結構

從良渚古城現代的數字相對高度模型來看，中心部分的莫角山、皇墳山，西部的反山、姜家山和桑樹頭所在的南北向的土壟最高。莫角山南部是池中寺倉儲區和池苑水域，糧倉建在水中，有利於防火和安全。除了西南側有一個水路出口與外界相通外，皇墳山和西部的長壟如伸向莫角山的雙臂一般，緊緊地將池中寺糧倉和池苑水域抱於懷中。

這說明了池中寺糧倉的重要性，它在設置的時候就被嚴密地保護起來了，同時也說明它應該屬於宮城內部控制的設施，可能是王族專用的糧倉 —— 御倉。

四條幹河圍繞的這個區域構成了一個功能完備的獨立區塊。它不僅建築高度最高，體量最大，等級最高，居於中心位置，而且功能齊備，有宮殿、廣場、房屋、墓地、糧倉、池苑，說明該區域的地位和獨立性是被重點強調的，與周邊區域判然有別（圖7）。所以，它應該是良渚古城內一個功能完備、結構獨立的宮城區域，類似於後代的故宮。

圖7 良渚古城宮城內部功能區

莫角山：土築「金字塔」

　　莫角山土臺位於古城中心，是良渚古城最大的單體建築。整個莫角山土臺的人工堆築土方達到 228 萬立方公尺，是古埃及金字塔之前全世界規模最大的單體建築工程，也是西元前 2000 年以前全世界規模最大的土方工程。

　　莫角山土臺以西側姜家山的東坡為基礎，向東擴展，堆築、整修成一個長方形覆斗狀高臺。高臺上分布著大莫角山、小莫角山、烏龜山三個小土臺。莫角山底部西高東低，西部起築面為山坡，東部地基為坡腳的自然淤積土。因此，整體上看，莫角山的堆土結構如同一個豆沙包，餡是溼軟的淤泥，皮是較硬的黃土。

　　莫角山上 3 個小土臺下的淤泥面也相應較高，表明在堆築之前，良渚先民先對大、小莫角山和烏龜山的位置做了規劃，有意識地將淤泥面堆高，所以整個莫角山的堆築應該是一次性完成的。

　　莫角山範圍內共發現 35 座房屋臺基、1 處沙土廣場（圖 8）。沙土廣場散布於大莫角山南部、小莫角山南部、烏龜山南部及三座宮殿臺基之間，大致呈曲尺形，面積達 7 萬平方公尺，由黏土和沙土相間夯築而成。沙土廣場應是莫角山內舉行某些重要儀式的場所。

圖 8　莫角山上的建築布局

南北長壟：良渚文化最高級別的王陵墓地

西側的南北向高壟上，北邊是反山王陵，中間是姜家山墓地，南邊是桑樹頭地塊。桑樹頭地塊也發現了大型建築基址，出土了大量玉璧，這裡應該也有高等級貴族墓地。

反山墓地東西長約 90 公尺，南北寬約 30 公尺，高約 6 公尺。1986 年，發掘了其西部的三分之一，發現了 11 座大型墓葬，出土了大量玉器、石器等珍貴文物，是整個良渚文化級別最高的王陵墓地（圖 9）。

圖 9 反山墓葬

反山的墓葬基本上可以分成早、晚兩個階段。早期階段的 9 座墓葬保存較好，年代為良渚文化早期晚期。晚期階段的墓葬大多被毀，殘存的 M19、M21 兩座墓葬的年代當屬良渚文化晚期，與城牆的營建年代相對應。

反山墓葬南北分排，頭向皆朝南。根據隨葬品組合上的明顯差異，大部分學者都同意南排為男性墓，北排為女性墓，並可能保持著某種南北對應的配偶關係。從墓坑大小看，它們似乎皆為成人墓。M12 出土的玉器，種類和數量都是最豐富的，其中的玉琮王（圖 10）、玉鉞王（圖 11）以及完整的神徽圖案（圖 12），說明墓主人同時掌握神權和軍權，應該是神王合一的良渚國的一位王者。

神徽形象是良渚社會最重要的崇拜對象，從良渚早期到良渚最晚階段，在整個江、浙、滬良渚文化分布區內，其形象基本上保持統一、穩定，說明良渚文化長時期內都實行統一的一神教。

圖 10　反山玉琮王

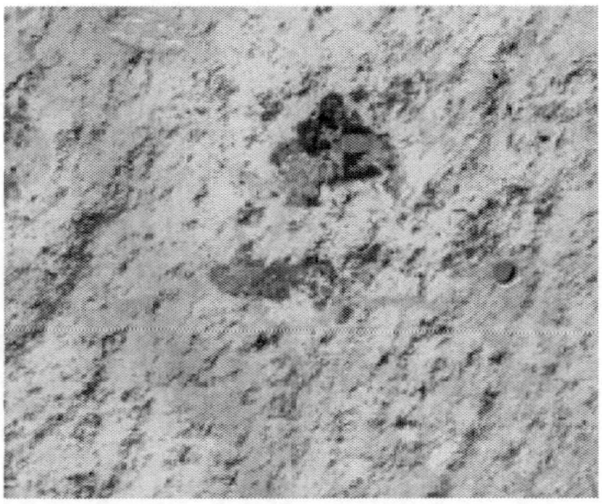

圖 11　反山玉鉞王

圖 12　反山琮王上完整的神徽符號

糧倉與池苑：5,000 年前的「國家糧倉」？

池中寺遺址位於莫角山的南部。經鑽探，其底部有南、北兩大片炭化稻穀堆積。南片面積達 6,700 平方公尺，堆積厚度普遍約 70 公分，局部厚達 120 公分；北片面積達 5,150 平方公尺，堆積厚度約 25 公分。總體量達 6,000 立方公尺，稻穀總量約為 20 萬公斤。

這些炭化稻穀呈黑灰色，夾雜大量炭灰及紅燒土顆粒。但其顆粒飽滿，沒有與陶片、豬骨等普通生活垃圾混雜。據此推測，這裡曾是集中堆放大量稻穀的場所，這些炭化堆積可能是在穀倉失火後形成的。目前，因為尚未進行大規模發

掘，這裡的穀倉形式和布局還無從知曉。

　　從池中寺遺址所處的位置來看，它的設置是經過精心規劃的。池中寺東、西兩側皆為水域，池中寺臺地實際是個島（圖13、圖14）。穀倉最怕失火，把倉儲區設置在水流環抱的臺地上，能最大限度地避免這種危險。

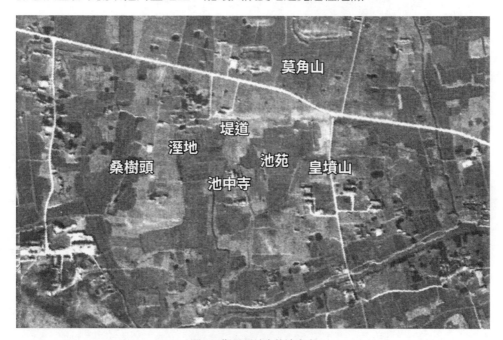

圖13　衛星照片中的池中寺

圖14　池中寺遺址復原圖

　　經過對良渚古城的全面勘探，我們確認，整個良渚古城外郭城之內的區域都沒有水稻田，因此，這些糧食應該全由外部輸入。透過對炭化稻穀的 DNA 進行分析，發現其具有很高的離散性，說明這些稻穀的來源非常分散，符合一個國家都邑的糧食來自廣大周邊地區的特點。在良渚古城東側 20 多公里的臨平茅山基層聚落遺址，曾經發現 80 多畝形態規整的水稻田，表明良渚文化的水稻田已有明確的道路系統和灌溉系統，良渚先民對水稻田已有了比較先進且細緻的規劃。正是大量基層生產性聚落將剩餘的糧食匯聚到良渚古城，才使都邑得以正常運轉。

　　池中寺西側的水域被各高地包圍，僅在南側有一處通道，通向幹河良渚港。這樣，既提高了安全性，又保證了糧食運輸的便捷性。

　　池中寺東側的水域是一個人工池苑，底部明顯高於西側的自然水面。池中寺東部修有一條南北向的堤道，連接著莫角山和皇墳山，既是南北通道，也造成堰壩的作用，使東側池塘的水位得以保持，以供整個宮殿區使用。

▌ 內城

內城的結構分區

　　我們將宮城之外、內城牆之內的區域稱為內城區。4 條幹河以及其他河道將宮城之外的內城區分割成若干區塊。我們發現，這些區塊普遍經過人工墊高，因而比城外區域的地而高出 1 公尺左右。這些區塊除了以河道作為邊界外，有的還存在圍牆類的設施，說明在內城牆這個統一邊界之內的各小區也有著一定的獨立性。

　　城內的幹河中，南部的良渚港現在仍為河道；東部的鐘家港已經大致淤塞，為配合古城申遺的防洪工程建設，整體做過較大範圍的清埋。鐘家港河道發掘區分北、中、南三段。南段和北段由於緊鄰兩岸臺地，所以河道堆積中有大量陶器、石器、木器等遺物。南段西岸的李家山臺地邊緣揭露出保存良好的木構護岸遺跡，同期河道的東岸則沒有這麼考究的河岸設施（圖 15）。

　　在同一處水流平緩的河道，出現兩岸基礎設施不同的情況，可能不是因實際需求而產生的功能性差異，而是與兩邊區域的等級不同相對應。西部李家山屬於宮城區，級別高；東部鐘家村臺地屬宮城以外的內城區，級別較低。

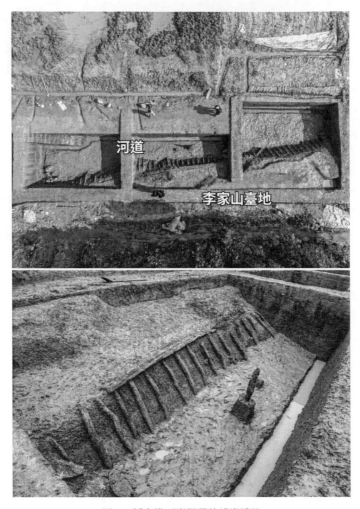

河道

李家山臺地

圖 15 鍾家港西岸揭露的護岸遺跡

　　鍾家村臺地上發現了大片的紅燒土堆積，臺地邊緣堆積中出土了很多黑燧石石片、玉料、玉鑽芯、木器壞件等遺物（圖 16）。

　　這些遺物和各類陶片、有機質垃圾混合在一起，說明此段河岸臺地應該是製作玉石的手工業作坊區，並且是居住和作坊混合的，可能就是家庭作坊的形式。目前，河道堆積出土物較豐富的區域主要靠近東側臺地，顯示出河道東岸有較多的人口生活，這也為「東岸是居住與作坊混合的手工業作坊區」提供了證據（圖17）。

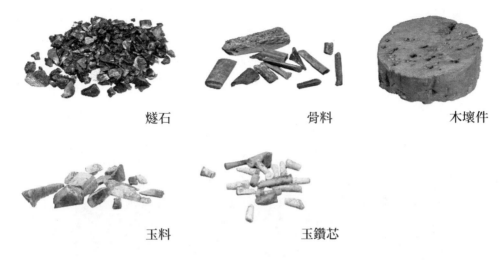

燧石　　　　　　　　骨料　　　　　　　木壞件

玉料　　　　　　　玉鑽芯

圖 16　鍾家港出土的各類遺物

圖 17　鍾家港沿岸作坊場景復原圖

城牆：不同於傳統的特殊功用

　　古城牆平面略呈圓角長方形，正南北方向，大致以莫角山土臺為中心，東西長約 1,500～1,700 公尺，南北長約 1,800～1,900 公尺。城牆部分地段殘高 4 公尺多。

從城牆四周各試掘地點所獲取的地層剖面情況看，城牆的總體結構比較一致。牆體做法考究，先在生土面上鋪墊一層 10～20 公分厚的膠泥，然後在膠泥之上鋪放塊石。鋪石面寬度多為 40～60 公尺，局部寬達 100 公尺。大部分地方的鋪石面兩端下斜，中部平整，中部之上以純淨的黃土堆築成牆體（圖 18）。透過觀察目前解剖的幾個地點，可以發現，緊貼城牆分布的河道應為外城河。西、東面貫穿城牆的剖面顯示，牆內側也存在著相似結構的內河道。這說明古城牆採取了「夾河築城」的營建模式，鋪石面兩端以較緩的角度深入到內、外河道邊。

圖 18　良渚古城城牆結構示意圖

「夾河築城」是一種經濟、高效率的傳統營城模式。其流程是在規劃建造土墩的附近開挖河溝，與外圍密布的水網連通。透過掘河，一方面可以就近獲得堆築土墩所需的部分土方；另一方面，擴大了蓄水容積，方便雨季時土墩上積水的外洩，同時還滿足了周邊聚落人們日常用水、運輸、漁撈等各種需求。

本地區史前時期可能缺乏大型畜力，也沒有輪式運輸工具，水運顯然是較人力肩扛手挑更為方便和經濟的運輸方式。如果築牆時在其內外同時挖溝，可使運輸效率成倍提高。完成築城工程之後，外河內壕的結構也同時形成了，不僅擴大了防禦範圍，而且方便交通，利於給排水和漁獵養殖等，是一舉多得的舉措。

透過對比較完整的良渚古城城牆剖面進行觀察，在牆體的內、外側坡面上普遍有數層傾斜堆積。這些堆積土質鬆軟，呈灰黑色，從坡面一直漫延到內、外城河靠近城牆一側的河岸之上。堆積地層的土色、土質與堆築牆體的純淨生土判然有別。多見鼎、豆、罐、盆、鬶、盉等日常生活陶器，少見石鉞、箭鏃等與軍事用途相關的遺物，所以推測這是某個時期居住在城圈之上的人群在日常生活中所

丟棄的垃圾。

　　古城城牆截面呈梯形，透過對保存狀況較好的城牆進行觀察，發現城牆內、外兩側的坡度很緩。南方地區雨水較多，人工壘築的牆土又缺乏直立性，所以不能形成較為陡峻的邊坡。牆體地基寬 40 ～ 60 公尺，殘存高度 4 公尺多。考慮到幾千年來的水土流失，其原高度應當不低於 5 公尺。如以 5 公尺的高度、1：2 的坡比計算，即使在牆體地基最窄的位置，其牆頂平面寬度也在 20 公尺左右。近年來，在北城牆東側的牆頂發現了兩個長方形的臺基，應該是房屋建築的基礎。由此可知，城牆上是住人的（圖 19）。

圖 19　良渚古城城牆場景復原圖

　　鑽探發現，城牆的基礎部分，內、外側邊緣並非平直，每間隔一段距離，常向內、外側凸出，寬度近百公尺，俯視城牆，平面呈凹凸狀。這些由城牆伸向城河的緩坡是方便城上居民上下城河的通道，類似於埠頭或碼頭。

　　由於本地黃黏土缺乏直立性，南方多雨的條件下，土築城牆的壁面不可能過陡，很可能是緩坡狀。從西牆和北牆剖面看，牆內外側與現在土築的苕溪大堤的坡度類似，可輕易走上頂部。因此，僅憑牆體本身形態，要完全阻擋外敵侵入的可能性很小。要真正造成保衛作用，就要依賴牆體上的其他輔助設施和大量人員了。這也就可以解釋城牆寬度何以要達到 40 公尺甚至上百公尺了。良渚人費時費力壘築如此寬的城牆，或許原本就設計有居住功能，兩側通往內、外壕的緩坡，則有方便交通之用。所以，良渚古城的城牆，與一般觀念中歷史時期作為軍事防禦設施的城牆形態和功能差距很大，是南方溼地平原早期都邑的一種特別設施。

城門與水道：良渚古城的水上交通體系

據鑽探，良渚古城北、東、南、西四面牆體上各有兩個缺口。有的缺口現在是低平的稻田，其下沒有塊石和黃色牆土，為淤泥堆積，顯示其是古代水域，與城內外的古河道連通；有的缺口現在仍貫穿河道。這些缺口應該就是古城的水城門。如今天的良渚港就從南牆西門和東牆南門間穿過。我們曾分別在良渚港南北兩岸的小山橋和響山兩個地點發現了良渚文化晚期的河岸堆積，說明今天良渚港的格局在良渚文化晚期就已形成，幾千年沒有大的變化。

其他水城廣門的河道多已湮沒淤塞，但附近常見斷續分布的水塘等舊河道的子遺。

透過對北牆東門所在的火溪塘進行發掘，發現這裡是一種河道狀結構，有埋藏完整陶器的木構儲藏坑，年代也為良渚文化晚期。此門的水道與北牆南側的水塘連接，證明這一長條形水塘實為古城內城河的一部分。

由此可知，良渚古城四面共 8 個水門，城內外的河道穿城而過，相互連通，構成完整的水上交通體系（圖 20）。牆本身是作為居住臺地而設計的，從結構上被 8 個水門等分成獨立的八段，可以理解成 12 個獨立的居住區。

目前，在南牆中部略偏東的位置發現了一處由三個墩臺形成的品字結構的小缺口，可能與陸城門相關。總之，良渚古城的主要交通系統為水上交通。

圖 20 良渚古城南城牆東南水門復原圖（從城外向內看）

‖ 外郭城

　　外郭由若干具有獨立功能的區塊組成，城北有扁擔山 —— 和尚地這一組東西向高壟，並與前山連接；城東南部外側，美人地、裡山 —— 鄭村、卞家山分別構成北、東、南三面牆體，形成一個長方形結構，並和古城的東牆、南牆相接續。從衛星圖片觀察，城西南角存在一個體量較小、圍護著鳳山的框體。城牆東北轉角處的雉山外側，也有類似的結構。從結構看，這些區塊雖然整體上圍護在內城之外，但彼此並不構成如內城牆那樣標準的城圈，而是各自具有獨立性（圖 21）。

圖 21　相對高度模型顯示的良渚古城外郭結構

　　現在的美人地和裡山臺地是良渚文化晚期的長條狀居址，經過多次擴建、堆高而成。

　　美人地是地勢低平的溼地環境。良渚先民堆築土地時，下層採用青灰色淤泥，上層鋪較緻密的黃色土，其上建造房屋。現尚存溝槽、柱洞等遺跡。下層的青淤泥可能取自土壟外側的平地，因而形成人工河道。美人地發現了東西向並列的兩排建築，兩排建築間有一道寬約 2 公尺的溝，溝底鋪一層灰土，應當是兩側建築使用過程中形成的廢棄堆積。

　　美人地的土臺原來較窄，後來向南擴寬了 10 公尺多。南排房屋南牆位置就在擴建的斜坡上。擴建的土臺堆築在鬆軟的淤泥上，所以在這個位置挖溝，底部放置了考究的枕木和墊木，防止地基下陷，又在墊木上豎立木板，作為南牆的承重設施。這些木板寬約 20 ～ 30 公分，厚約 8 ～ 13 公分，存高 170 餘公分。下部為墊木，墊木下隔一定距離鋪有橫向的枕木，墊木、枕木都是方木。木板表面加工規整，部分留有石錛的加工痕跡。在豎立的木板上部和底部方形枕木頭端發現 4 個牛鼻孔，可能與木材運輸有關（圖 22）。

　　在河道及北排土壟北側的廢棄堆積層中，出土了大量陶、木、石、玉等材質的生活遺物，其中有精美的刻紋黑皮陶、彩陶、漆器等。這些堆積與城牆兩側的堆積類似，應該屬於生活廢棄堆積。

圖 22　美人地板樁細部

　　總之，外郭的框體是由人工堆築而成的，被用作居址和墓地，與內城大部分被墊高的塊狀居住區不同，是一種堰居式的形態。框體之內是低平的溼地，沒有居址、稻田等遺存，與歷史時期太湖平原著名的圩田形態不同。由此推測，這種特殊的聚落形態，可能是為了在人口數量相同的條件下，能夠形成更大範圍的圍護而已。

‖ 外圍水利系統

　　良渚古城的水利系統主要位於古城的北面和西面，形成面積約 13.29 平方公里的庫區，相當於兩個西湖的面積，總庫容 4,635 萬立方公尺，相當於 3 個西湖的水量。目前，共確認 11 條堤壩，這些堤壩是良渚古城建設之初便統一規劃、設計的有機組成部分（圖 23 ）。堤壩主要修築於兩山之間的谷口位置，可分為南、北兩組，分別是由塘山、獅子山、鯉魚山、官山、梧桐弄等組成的南邊低水壩群（圖 24 ）和由崗公嶺、老虎嶺、周家畈、秋塢、石塢、蜜蜂弄組成的北邊高水壩群（圖 25 ）。它們構成古城前後兩道防護體系。

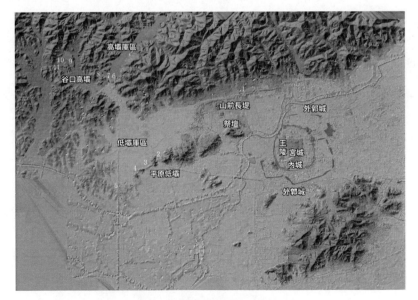

圖 23　良渚古城外圍水利系統
低壩系統：1. 塘山；2. 獅子山；3. 鯉魚山；4. 官山；5. 梧桐弄
高壩系統：6. 崗公嶺；7. 老虎嶺；8. 周家畈；9. 秋塢；10. 石塢；11. 蜜蜂弄

圖 24 低壩系統：獅子山 ── 鯉魚山 ── 官山壩展現狀（北向南拍攝）

圖 25 高壩系統：秋塢 ── 石塢 ── 蜜蜂弄壩展現狀（北向南拍攝）

整個水壩系統人工堆築土方達 288 萬立方公尺，僅塘山長堤堆築的土方就達 198 萬立方公尺，這是同時期世界上規模最大的水壩系統，也是同時期規模最大的公共工程。

水壩系統透過自然山體將多段壩體勾連而成。從堆築結構的角度看，塘山壩底部鋪石、上部堆土的模式，與良渚古城城牆的堆築方式是一致的。崗公嶺、蜜蜂弄等大型壩體，則採用內芯以淤泥堆築、外部包裹黃土的模式，和莫角山土臺的堆築方式如出一轍。

從工藝的角度看，崗公嶺、秋塢、梧桐弄、獅子山等壩體的壩芯部分都使用草裹淤泥的工藝堆築。我們推測，水壩系統可能兼有防洪、運輸、調水、灌溉等方面的用途。

從防洪角度看，天目山係浙江省最大的暴雨中心，夏季極易形成山洪，對地處下游平原的良渚遺址群形成直接衝擊。古城透過高、低兩級水壩，將大量的上游來水攔蓄在山谷和低地內，因而解除了洪水的直接威脅。

這一水利系統在運輸上應該也發揮著重要作用。天目山有著豐富的石料、木材及其他動植物資源。但與平原區發達的水系不同，本地區山谷陡峻，降水季節性明顯，水量變化大，夏季山洪暴發，冬季則可能斷流，大多時候不具備行船的條件。透過築壩蓄水形成水庫，就可以在各個山谷間搭建起便利的水上交通運輸網絡，因而解決了交通運輸不便的問題。

良渚古城是一個政治、宗教、手工業中心，其居民除貴族、祭司等特權階層外，還有人量手工業者，但是沒有農民，因為區域內沒有稻田。這就意味著良渚古城不具備自給自足的農業生產能力。像現代城市一樣，其後勤供應應該是依賴於外部的生產型聚落。因此，在上游建立便利的水利系統，汛期蓄水，旱期向城內調水，以此保證古城全年的水上交通不斷。

另外，我們在低水壩群下的幾個位置的土壤內發現水稻植物矽酸體密度較高，據此推測，可能存在古代稻田。因此，也不排除水利系統具有灌溉功能。

▍祭壇

　　良渚古城的外圍還分布著瑤山、匯觀山等祭壇遺址和權貴的墓地。

　　瑤山是一座海拔約35公尺的自然山丘，位於良渚古城東北約5公里處。1987年，在瑤山的頂上第一次發現了良渚文化時期的祭壇。祭壇的西邊和北邊是覆斗狀的石頭護坡。祭壇頂部平整，以挖溝填築的方式，做出規則的回字形灰土框，由內而外形成紅土臺、灰土框和礫石臺面三重結構。祭壇上共清理出13座良渚文化時期的大墓，分兩排埋在祭壇南側（圖26）。

圖26　瑤山祭壇及權貴墓地

　　匯觀山位於良渚古城西邊約2公里處，是一座海拔約22公尺的自然小山。這裡發掘出一座形制與瑤山祭壇十分相似的祭壇。祭壇西南部發現了4座良渚文化時期的大墓。

關於瑤山、匯觀山兩處人工營建的祭壇的性質,劉斌先生經過多年的觀察與研究,推測其應是透過觀測太陽來定年的,利用類似立桿觀影的方式,以確定一個回歸年的週期(圖27)。

埋設在祭壇上的墓葬等級都很高。從層位學角度看,墓葬晚於祭臺,但是卻都空出了祭壇的中心位置,推測這些墓可能就是從事這些觀象活動的巫覡之類的人物死後的埋身之地,祭壇則持續保持著原有功能。

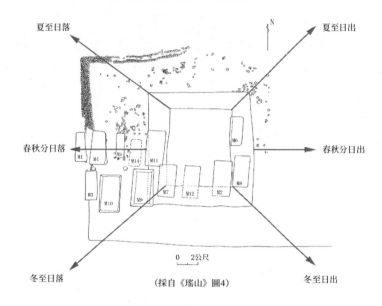

（採自《瑤山》圖4）

圖27 瑤山祭壇的觀象示意圖

‖ 近郊與遠郊

除良渚古城,水利系統,瑤山、匯觀山祭壇等核心區之外,100平方公里的城市系統範圍以內還分布著廣闊的郊區。

據最新統計,目前,良渚古城系統所在的100平方公里的範圍內已發現各類遺址300餘處,其中郊區聚落220餘處。這些聚落與古城應有密切的內在聯繫,除了部分可能為次級中心聚落外,大部分應是直接從事農業活動的基層小聚落。相信隨著今後100平方公里範圍內全覆蓋式勘探工作的持續開展,將會發現更多的遺址。

從更大的區域觀察，良渚古城東側的臨平遺址群和東北側的德清楊墩——中初鳴遺址群可以視為與良渚古城關係密切的遠郊，因而可以將這 800 平方公里的 C 形盆地內所有的良渚遺址視為一個超級大聚落，類似後代的「京畿」（圖28）。目前，雖無法斷定當時整個環太湖地區的遺址是否屬於同一個古國實體，但良渚古城無疑是其中發展水準最高、規模最大的都邑級遺址。

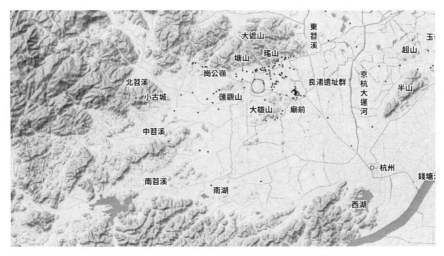

圖 28　C 形盆地及其內的良渚文化遺址分布圖

三、良渚實證了中華五千年文明

對於中國文明史的階段劃分，說法不完全一致，但是比較具有代表性的意見是經歷了古國（邦國）——王國——帝國三個發展階段。古國階段是剛剛進入文明時代，萬國林立，此起彼伏，屬於沒有中心的多元文明時期。許宏先生具體地將其比喻為「滿天星斗」，其後大致以二里頭遺址為界，進入以中原為中心的廣域王權國家階段，涵蓋夏、商、周三代。此階段，雖然中央王朝在法理上統有天下，宣稱「溥天之下，莫非王土；率土之濱，莫非王臣」。但實際上，天子只直接控制王畿地區，周邊區域都是分封給同姓親戚和近臣的諸侯國，實施獨立管理，所以本質上是有中心的多元文明時期。許宏將其形容為「月明星稀」的時代。這個階段的後期，周天子對各諸侯國的實際控制能力逐步瓦解，各諸侯國實力強盛，彼此征戰不休，形成春秋五霸、戰國七雄的紛亂景象。直到秦滅六國，

統一天下，推行郡縣制，實施中央政權的直接管理，才進入帝國時代。許宏形容為「皓月當空」，星星都看不見了。因此，從社會發展史的角度而言，夏代和秦代分別是王國和帝國時代的開端節點，而良渚是 5,000 年前進入古國時代的象徵。

從距今 6,000 年開始，各區域進入文明化、城市化、複雜化加速發展的新時期。距今 5,500 至 4,000 年，形成了許多強勢的文化，如較早的廟底溝文化、凌家灘文化、紅山文化，稍晚的良渚文化、屈家嶺文化、大汶口文化，更晚的龍山文化、石家河文化、齊家文化、陶寺文化等。這些文化中，不少已進入文明階段。但這一時期，面貌統一的中華文明尚未形成，我們不妨稱之為區域文明時代。良渚文明是中國區域文明時代的重要代表，在其所處的西元前 3000 年前後，中華大地上已孕育了多個區域文明或強勢文化，如良渚、屈家嶺、大汶口等，這些文明之間存在著緊密的文化交往。這一時期，中原地區反而處於文化發展相對緩慢的階段，大汶口文化、屈家嶺文化和良渚文化都對中原地區的文化發展進程產生了強烈的影響。

良渚古城的考古成果得到國內學術界的廣泛認可。張忠培先生根據反山、瑤山等墓地的發現指出良渚文化已經進入文明社會。隨著良渚古城的發現和日益豐富的考古成果，他進一步指出，如果談到中華五千年文明，只有良渚文化的良渚遺址能拿得出來，而且這一時期已是神權和軍權並重的神王之國的國家形態。嚴文明先生認為，假若良渚是一個國都的話，那麼，福泉山、寺墩等就是各個州郡所在地，這就是一個很像樣的廣域王權國家。李伯謙先生也認為，良渚文化已正式進入王國階段，是中國王國階段的開端。

隨著幾次國際會議的召開，良渚古城也越來越得到國際考古學家的關注。倫福儒先生最近與劉斌先生撰文指出，良渚古城已展現出強大的社會組織能力，良渚文化的複雜程度超過英國的巨石陣、希臘的克羅斯等早期文明，良渚社會已超出「酋邦」的範疇，是東亞最早的國家社會。

良渚文明有著許多與西方文明不一樣的特徵，如以稻作農業為基礎，以玉器為核心的文明載體。良渚古城的城市格局也具有唯一性。良渚遺址豐富了世界遺產中早期文明的類型。良渚文明作為東方文明圈的典型代表，對其進行探索，無疑有助於豐富對世界早期文明形成的認知。

未解之謎

1. 良渚古國是將整個長江三角洲太湖平原的 3.6 萬平方公里作為一個政治實體，還是具有共同信仰的不同的地域小國？

2. 良渚文明的社會組織結構為何？特別是基於血緣關係管理的基層聚落與其上的二級聚落、一級聚落之間是按照何種方式進行組織管理的？

3. 良渚社會的物資流動範圍和模式為何？尤其是玉器、石器、陶器、稻米等生產、流通和分配方式，是商品交換，還是類似於貢賦制度？

4. 良渚古國因何而亡？良渚人最後去了哪裡？為何在歷史記載和傳說中了無痕跡？

廣富林遺址

陳杰

上海博物館

在一個垃圾堆裡能發現什麼呢？

一件夾砂灰陶鼎。垂腹，圜底，底部飾有錯亂繩紋，器身下接側裝的三角足，足尖按壓捺成勾狀，出土時器表還黏滿厚厚的煙灰 —— 好像它的主人昨天還在用它烹煮食物，我們眼前好像還閃爍著柴火的光芒。

當先民的「廢棄物」碰到考古隊長，廣富林遺址，這個重要的考古發現露出了冰山一角。

廣富林遺址位於上海市松江區廣富林街道，是一處以新石器時代遺存為主的遺址，是上海考古史上發掘面積最大的一個考古項目。廣富林遺址是反映上海地區古代文化演進過程的重要載體，是上海城鎮歷史發展中的重要實證，因廣富林遺址而命名的「廣富林文化」，填補了長江三角洲地區考古學文化譜系的空白。

2013 年 5 月，廣富林古文化遺址被中國國務院公布為第七批全國重點文物保護單位。蘇秉琦先生曾經使用「滿天星斗」來形容中國早期文明發展的態勢，長江下游地區的良渚文化無疑是中國境內史前文明最耀眼的一顆星。然而，正如湯因比所說，文明就像一個有機體，都會經歷起源、生長、衰落、解體和死亡 5 個發展階段。在經歷快速發展的繁華之後，良渚文明也走向衰落、解體，廣富林遺址的考古發現為這一文明的演替提供了關鍵性的證據。從良渚文化到廣富林文化，顯示出早期文明化進程的複雜性，由此引發的思考可以啟示現代文明的發展。

一、良渚文化圈裡的「外來者」

秋冬時節是上海地區進行考古發掘的最好季節。這個季節雨水少，農忙剛剛結束，考古發掘不會影響農業生產，空閒著的農民也是考古工作的重要勞動力資源。1999 年國慶節後不久，按照工作計畫，上海博物館考古工作隊在宋建先生的帶領下進駐廣富林遺址，希望透過再次發掘，為良渚文化的研究積累更多的資料（圖1）。

圖 1　廣富林遺址一角，遠處為佘山、鳳凰山

　　經過一個多月的發掘，出土了一些陶器殘片，這些陶片器表或刻劃花紋，或拍印繩紋、籃紋等。陶器式樣顯然不是良渚文化的遺物，也不同於長江下游地區本地傳統史前文化的遺物。那麼，它們來自哪裡？是什麼部族的先民創造的呢？許多問號盤旋在大家的心裡。

　　12 月的一天，一個灰坑中出土的器物為考古隊員找到了解開謎底的鑰匙。這個灰坑，坑口平面近橢圓形，坑壁較直，平底，可能是垃圾坑。灰坑中出土了一些陶片和龜甲殘片等，其中的兩件器物引起了大家的注意，一件是夾砂灰陶鼎，一件是一小片流口殘片。

　　夾砂灰陶鼎的形製為折沿，沿面內凹，似盤口狀，垂腹，圓底，底部裝飾錯亂的繩紋，器身下面有側裝的三角足，足尖有按捺的痕跡。這是一件炊煮用具，出土時，器表黏滿厚厚的煙灰，彷彿告訴我們，先民們昨天還將其置於柴火之上烹煮著食物（圖 2）。

　　流口殘片上有三道凸弦紋，應該是一件夾砂白陶鬹口沿部位的殘片（圖 3）。夾砂白陶鬹在當時應該是作為盛水器物使用的。

圖 2 廣富林遺址灰坑中發現的陶鼎

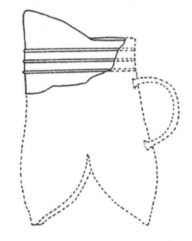

圖 3 廣富林遺址出土的
流口殘片示意圖

此外，在地層中也出土了一些器物殘片，如泥質灰陶杯殘片，僅存杯身下半部，杯身下部內收，近底部外撇，凹底，腹部飾豎條紋；豆座殘片，多為細高形，上部常飾多道弦紋或凸稜。宋建先生敏銳地意識到，這些遺物可能與北方新石器時代晚期的龍山文化有關。隨著考古發掘的逐步進行，這類遺存的特徵越來越清晰。為了便於進一步研究，他把這類遺存命名為「廣富林遺存」。由此，一個重要的考古發現露出了冰山一角。

二、時間到哪兒去了？

1980 年代以來，基於田野考古發現，學界逐步構建出長江下游地區的考古學文化譜系。一般認為，長江下游地區新石器時代文化到早期青銅時代文化經歷了馬家浜文化 —— 崧澤文化 —— 良渚文化 —— 馬橋文化這樣一個演進過程。前三者屬於新石器時代晚期文化，從文化面貌而言，相互之間的承繼關係比較明確。馬橋文化則屬於早期青銅時代文化。這個文化譜系顯示了從早到晚的相對年代關係。

雖然相對年代的方法極其有用，但是考古學家最終還是想要知道那些器物、遺跡及其反映的文化事件的絕對年代有多古老。不同學者對各個考古學文化絕對年代的斷定存在差異，其中，爭議最大的就是良渚文化絕對年代的下限。

關於良渚文化的結束年代，目前有三種典型認知。

- 最早提出良渚文化絕對年代方案的夏鼐先生，根據當時 4 個遺址中 7 個標本的定年數據，認為良渚文化的年代為距今 5,300 至 4,250 年，相當於黃河流域的河南龍山文化和山東龍山文化。

- 一些學者根據德清輝山 M2 木質葬具和金山亭林 M12 樣品的測定數據，認為良渚文化的下限應為距今 4,000 年或距今 4,100 年左右。
- 以張忠培、欒豐實先生為代表的一些學者，提出良渚文化的結束年代大致相當於山東地區大汶口文化的中晚期，應該在距今 4,600 年左右。

於是問題來了，根據文化譜系反映的承繼關係，良渚文化之後是馬橋文化，而根據碳 14 定年的數據，馬橋文化的絕對年代為距今 3,900 至 3,200 年，那麼，在良渚文化和馬橋文化之間存在幾百年的時間空白。這段時間去哪兒了？這段時間內，是否有人在長江下游地區活動，其文化面貌是怎樣的？可以說，長江下游地區文化譜系的構建遇到了巨大的挑戰，直到廣富林遺址的發掘。

三、廣富林文化的面世

廣富林遺址歷年的考古發掘顯示，廣富林文化遺存直接疊壓在良渚文化晚期遺存之上，提供了良渚文化與廣富林文化的地層學證據，據此可以判斷兩者之間的相對年代關係。在浙江省湖州市錢山漾遺址和嘉善縣的大往遺址中，廣富林文化層之上都疊壓著馬橋文化堆積。因此，田野考古發現的地層學證據證明，廣富林文化是晚於良渚文化而早於馬橋文化的一支考古學文化。

關於廣富林遺址的絕對年代，1999 年發掘時，曾選取兩個樣品進行了常規性碳 14 年代測試，經樹輪校正，為 4260±170aB.P. 和 4270±170aB.P.。進入 21 世紀以後，碳 14 定年法經過不斷改進，AMS 技術和高精度校正年代的方法使定年的科學性得到增強，而採樣過程中強調系列樣品的重要性，使定年樣本與考古環境相結合，因而令定年的數據更加可靠。2008 年，廣富林遺址發掘簡報中公布了 5 個樣品的 AMS 定年數據，樣本主要是桃核、葫蘆籽和稻米等；錢山漾遺址發掘簡報中也公布了 11 個 AMS 定年數據，其樣本為木頭和木炭。這些數據中，除了明顯超出該時期年代範圍的樣本外，經過樹輪校正的絕對年代區間大致為西元前 2200 至前 1900 年（圖 4），即大致距今 4,200 至 3,900 年，存續了大約 300 年。因此，根據現有研究，我們可以明確地提出廣富林文化是處於良渚文化和馬橋文化之間的一支考古學文化。2006 年，根據考古學文化的命名原則，我們提出將「廣富林遺存」命名為「廣富林文化」，獲得考古學界的廣泛認同。

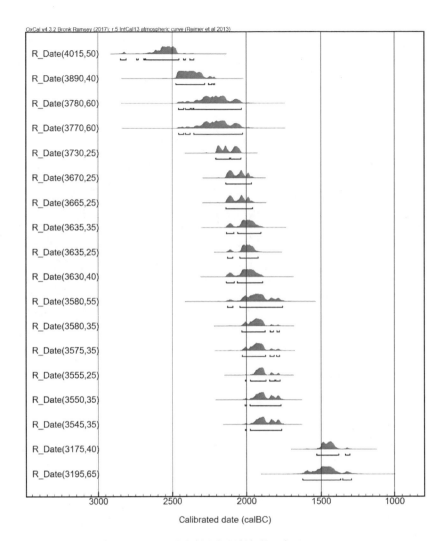

圖 4 廣富林文化絕對年代示意圖

　　實際上，廣富林遺址早在 1961 年就進行過小範圍的試掘，已經發現了現在被稱為「廣富林文化」的遺物。試掘時發現 2 座古墓葬、1 座灰坑，出土較完整的石器、陶器 30 餘件，並採集到一部分遺物。從墓葬的隨葬品判斷，其應是良渚文化的典型墓葬。在地層和灰坑出土的數十件器物中，有一件夾砂紅陶鼎，小口，唇稍外折，鼓腹，圜底，鼎足為側裝三角足，足尖殘，頸部有五道弦紋，器底有劃紋和煙燻痕跡（圖 5）。這件器物就是後來被確認的廣富林文化的陶鼎，

只不過圍於當時對環太湖地區乃至全國其他地區新石器時代文化的認知水準，還無法辨識其準確的文化屬性，也看不到此類遺存的重要性。廣富林遺址這一重要發現直到 38 年後世紀之交的 1999 年才初顯真容。

從良渚文化到馬橋文化間「丟失」的時間，透過廣富林遺址「遲到」的發現，彌補了文化譜繫上的部分空白。

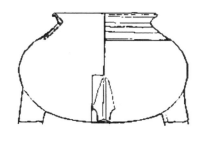
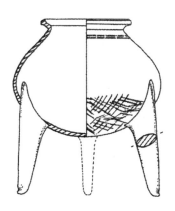

1. 1961年在廣富林遺址發掘出來的陶鼎　　　　2. 新發現的廣富林文化的陶鼎

圖 5　廣富林文化陶鼎

四、廣富林文化的多元性

無論是生產工具、生活物品、美術作品，還是建築形態、聚落格局和墓葬結構等，往往受到當時技術水準、審美情趣、思想信仰等的影響，因此，透過分析這些遺存，可以基本了解一個考古學文化的特徵。陶器、石器等是考古發掘中最為常見的出土器物，所以它們成為研究考古學文化的主要資料。

前面說過，廣富林文化的陶器、石器等展現出異於本地傳統的特點，它們不同於長江三角洲地區以往發現的新石器時代文化遺存，在當地既找不到它的淵源關係，又缺乏可資比較的資料，因此必須與其他地區的文化遺存進行比較，以尋找其來源。

▏廣富林文化與黃河流域新石器時代文化的關係

宋建先生提出，廣富林文化與長江以北分布於江蘇高郵、興化一帶里下河地區的南蕩文化遺存有較多的相似之處。南蕩文化遺存在里下河地區也非「土著」，其來源可追溯到黃河流域的王油坊類型。

王油坊類型分布於河南東部、山東西南部和安徽北部地區，因河南商丘市永城王油坊遺址而得名。廣富林文化的遺物與王油坊類型的遺物，在器物的種類、形制和裝飾手法上有很多共同點。比如，兩地的夾砂陶侈口甕，在器型、肩部紋飾的特徵方面基本上相同。杯、缽和覆碗形器蓋等幾乎沒有區別。如杯都是筒形，腹部裝飾豎條紋；夾砂陶器蓋頂部常有切坯後留下的同心箕紋。深腹盆，兩者均為侈口、束頸、弧腹。

平底盆，均為淺腹，大平底。廣富林文化的豆，分細柄與粗柄兩類。細柄豆與王油坊遺址同類器物相比，弧腹淺盤和豆柄底部外鼓的特徵極為相似。廣富林文化細柄豆根部的凸稜裝飾風格，常見於該地區的同時期文化。廣富林文化粗柄豆豆柄上飾凸弦紋，這一特徵與河南夏邑清涼山遺址的同類器物相似（圖6）。

此外，廣富林文化的一些陶器雖在器型上與王油坊類型的同類器物基本上相似，但是裝飾風格卻具有自身的特色。這些器物主要為鼎、直領甕等。

兩種文化的鼎在器型和工藝特點上極為相似。只是廣富林文化的鼎，腹部一般裝飾弦紋，底部多有錯亂的繩紋，這一點與王油坊類型的鼎有著比較大的區別。王油坊類型的鼎裝飾籃紋、繩紋或大方格紋。

兩種文化的直領甕器型相似，都為直領，鼓肩。但是王油坊類型的甕，紋飾以籃紋為主，廣富林文化的甕或是肩部有組合豐富的刻劃紋和弦紋，或是器表素面，沒有裝飾（圖7）。

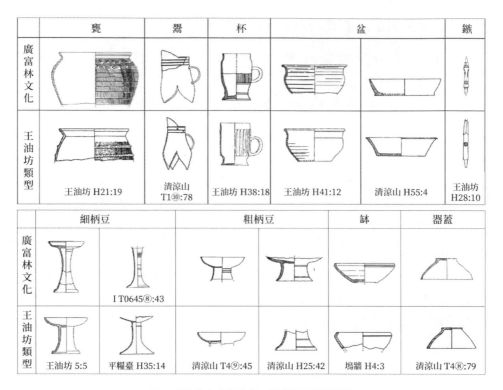

	甕	鬶	杯	盆		鏃
廣富林文化						
王油坊類型	王油坊 H21:19	清涼山 T1⑩:78	王油坊 H38:18	王油坊 H41:12	清涼山 H55:4	王油坊 H28:10

	細柄豆		粗柄豆		缽	器蓋
廣富林文化		I T0645⑧:43				
王油坊類型	王油坊 5:5	平糧臺 H35:14	清涼山 T4⑨:45	清涼山 H25:42	塢牆 H4:3	清涼山 T4⑧:79

圖 6 廣富林文化器物與王油坊類型器物對比

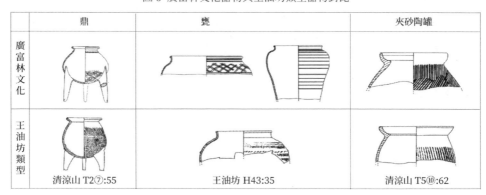

	鼎	甕	夾砂陶罐
廣富林文化			
王油坊類型	清涼山 T2⑦:55	王油坊 H43:35	清涼山 T5⑩:62

圖 7 受王油坊類型影響的廣富林文化器物

值得注意的是，由於龍山文化時期的黃河流域各地區之間相互交流、相互影響十分頻繁，有些器型成為黃河流域各地區的共有特徵。比如直領甕、夾砂陶罐、盆、斂口缽和覆碗形器蓋等，基本上在中原地區的龍山文化遺址中都發現過。廣富林遺址中發現的袋足肥大、口沿下裝飾弦紋的陶鬶（圖8），在王油坊類型中也有同類器物。由於山東龍山文化的陶鬶演變序列完整，因此推測廣富林文化的陶鬶或者直接受到山東龍山文化的影響，或者是山東龍山文化影響了王油坊類型，進而傳播到廣富林文化。王油坊類型的生產工具以骨角器為主，石器較少，所以，廣富林遺

圖8 廣富林遺址出土的袋足陶鬶

址出土的一些石器，如半月形和雙孔長方形石刀（圖9），可能來源於其他區域的龍山文化。

	刻槽盆	鬶	盉	半月形石刀	長方形石刀
廣富林文化					
中原龍山文					
	孟莊 VIII T151H169:2	白營 T4④:122	王油坊 T25⑤:3　瓦店 II T5H28:12	瓦店 IV T5③:11	孟莊 VIII T93F8:1

圖9 廣富林文化器物與中原龍山文化器物對比

廣富林文化與本地傳統文化的關係

廣富林文化處於長江三角洲地區，其文化內涵不可避免地會受當地傳統文化的影響，這類器物主要有三角形大石犁、鼎和玉琮等。

三角形石犁是長江三角洲地區特有的生產工具，早在崧澤文化晚期就已經出現。良渚文化時期，石犁被廣泛地應用到農業生產中。廣富林遺址出土的石犁，在

器型上與良渚文化有傳承關係，說明農業生產方式具
有一定的延續性（圖10）。

　　玉琮是良渚文化的代表性器物，是精神文化的象
徵。廣富林遺址發現的多件玉琮，雖然在選材、製作
工藝和紋飾特點等方面都與良渚文化的玉琮存在明顯
的區別，但基本特徵卻被保留了下來。

　　廣富林文化的鼎明顯受到王油坊類型的影響，但
其垂腹、鼎足單面或雙面有豎向刻劃紋、足背略鼓、
抱腹式的特徵，又似乎與更早的錢山漾遺存（距今
4,400至4,200年）中的魚鰭足鼎有著一定的嬗變關
係（圖11）。

圖10 廣富林遺址出土的石犂

	廣富林 H43:1		廣富林 G47:1	廣富林 H2769④:1
廣富林文化				
太湖地區文化	廣富林 J14	廣富林 H93	新地里 M109:21	福泉山 M65:50

圖11 與本地傳統有關的廣富林文化器物

廣富林文化與浙南、閩北地區新石器時代文化的關係

　　浙南、閩北地區的新石器時代文化中，陶器主要以印紋陶為特色，出現時間
較早，延續時間長。

　　印紋陶器在燒造工藝、製作方法、裝飾風格和器型特徵上與其他陶器有著明
顯的差別。我們曾經對廣富林遺址地層出土的陶片進行過統計，印紋陶陶片大約

占陶片總量的 3%，說明相較於豫、魯地區的史前文化，浙南、閩北地區的新石器時代文化對廣富林文化的影響力是比較弱的。

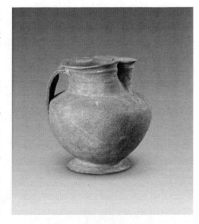

廣富林文化的印紋陶，主要是造型各異的圈足或凹底的罐。比如，廣富林文化的高領罐，與浙南好川墓地 M71 填上中的一件同類器十分相似，兩者都是高領，唇部外勾。這一特徵還見於福建閩侯溪頭遺址下層文化中，年代稍晚的縣石山遺址三期遺存的高領罐仍能看到這種特徵的延續（圖 12）。廣富林文化的寬把硬陶鬶甚至與

圖 13 廣富林文化印紋陶鬶

廣東曲江石峽遺址發現的同類器如出一轍（圖 13）。從這些斷斷續續的線索中，能清楚地看到浙南、閩北地區以印紋陶為特徵的新石器時代文化對廣富林文化的影響。

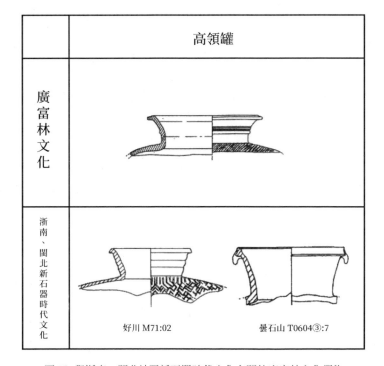

圖 12 與浙南、閩北地區新石器時代文化有關的廣富林文化器物

▌廣富林文化的自身特色

廣富林文化陶器中，還有一些器物，如泥質陶罐（圖14），是廣富林文化所特有的，在其他文化中尚找不到可資比較的參照物。這些器型很可能是先民在廣富林文化的形成過程中將外來的文化因素與自身的土著文化雜糅創造出來的。

圖14 廣富林文化泥質陶罐

五、廣富林文化在早期文明研究中的啟示

早期文明研究是人類進化史中最引人注目的話題之一。世界歷史上，曾經存在過許多古代文明，如古埃及文明、古馬雅文明、美索不達米亞古代文明、印度古文明等，它們就像燦爛的煙火，在歷史的天空中一閃而過，然後消失。因此，文明的衰落與文明的起源一樣，同為早期文明研究的重要問題。

研究表明，廣富林文化是處於良渚文化和馬橋文化之間的一支考古學文化。它明顯晚於良渚文化，卻在各個方面反映出與良渚文化文明發展水準上的巨大差異。

▌聚落規模上的差異

良渚社會具有運轉良好的組織架構和社會管理職能，其物化表現就是可以徵調大量人工進行大型：工程建設。良渚遺址是良渚社會的中心性聚落，也是良渚社會大型工程建設的典範，其主體是一座面積達300萬平方公尺的土築古城，古城外圍有規模宏大的防洪和灌溉系統。這些工程需要動用大量的勞力，花費大量的時間來完成。

目前，確認含有廣富林文化遺存的遺址只有20餘個，遺址數量的銳減，反映了人口的大幅減少和社會規模的緊縮。在這些遺址中，沒有發現任何大型工程建築的遺跡。大型紀念性建築的缺失，反映了社會控制能力和管理層次的降低。

社會等級分化方面的差異

良渚社會已經形成了明顯的等級差異。這首先展現在不同聚落之間的級差上，既有以良渚遺址為代表的中心性聚落，也有以福泉山遺址、寺墩遺址為代表的次級中心聚落，更多的是一般性聚落。等級差異還展現在人群間的社會分層現象上。良渚文化的墓葬規模已經出現了明顯的等級分化，大墓結構複雜，多使用棺椁，隨葬品的數量眾多，且以玉器為主。小墓形制簡單，少見或不見隨葬品。

廣富林遺址中發現的 500 餘座新石器時代的墓葬中，廣富林文化時期的只有 11 座。這些墓葬分布散亂，其中 6 座相對集中，其餘 5 座分布於遺址的北部、南部，相互之間沒有聯繫（圖 15）。墓葬基本上以長方形豎穴土坑墓為主，除了常見的單人仰身直肢葬外，還有 2 座為側身屈肢葬。如 M254，墓主為 30 多歲的男性，頭向東，面向北，雙膝彎曲（圖 16）。各墓主頭向也不一致，東北、西南、東南等不同方向都有。墓葬的隨葬品較少，11 座墓葬中僅有 3 座發現少量的隨葬品。其中，

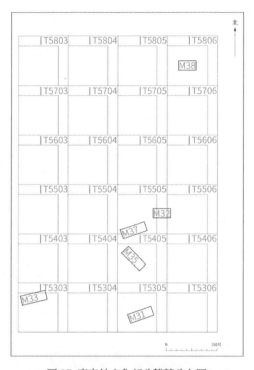

圖 15　廣富林文化部分墓葬分布圖

圖 16　廣富林文化 M254

M35 的隨葬品數量最多，共 9 件，有夾砂陶鼎、泥質陶罐、豆、器蓋、紡輪、石刀等（圖 17）。

圖 17 廣富林文化 M35 隨葬器物

‖ 手工業水準的差異

　　良渚社會具有高超的手工業水準。良渚文化的陶器普遍使用輪制，器整胎薄，製作精美；玉器思索精巧，雕刻細微；絲織品、漆木器、象牙器都是使用當時最高技術製作的工藝品。

　　而廣富林文化的陶器裝飾較為簡單，拍印或者刻劃的紋飾大都比較粗獷，與良渚文化黑陶上精緻、細巧的細刻紋相去甚遠。僅見的幾件玉琮，材質以絹雲母類石質為主，表面或素面，或飾簡單的弦紋，不見良渚文化製作玉器的淺浮雕、微雕等技藝（圖 18）。這種情況反映了當時的經濟和手工業水準無法完成高等級藝術品的生產。同時，手工業的生產涉及社會資源的獲取和分配，一些技藝的失傳也反映了資源貿易與再分配貧乏的事實。

　　中國常常被視為世界四大文明古國中唯一文明未曾中斷、延續至今的國家。張光直先生曾經把中國早期文明的起源概括為連續性的形態，將之與西方世界斷裂性的形態相對比。但仔細分析，新石器時代末期向青銅時代過渡的這段時間，中國史前文明只有中原地區保持著原有的節奏，持續發展。中原地區以外的許多早期文明，如長江中游地區的石家河文化、東北地區的紅山文化、黃河下游地區的山東龍山文化、長江三角洲地區的良渚文化等，都走向衰落。這些地區後起的新文化，與前期文明之間呈現出明顯的斷裂。因此，從中國的實例分析，文明的

衰落也是文明發展的一種普遍現象，也有學者將之稱為「連續」中的「斷裂」。從良渚文化到廣富林文化的文明衰落現象，說明文明的進程並不是單線條直線進化的模式，它警醒著後人：文明是脆弱的，並非永恆的！

圖 18 廣富林文化玉琮

未解之謎

由廣富林遺址的考古發現而命名的廣富林文化，為探索長江下游地區早期文明化進程提供了重要資料，解決了一些問題，但同時也帶來了更多新的疑惑。

1. 廣富林文化的確認是否完全填補了「時間黑洞」？

廣富林文化的發現，部分證實了欒豐實先生等人關於良渚文化年代的認知，原來所說的典型良渚文化遺存的結束年代與馬橋文化的起始年代之間大致有 500 ～ 600 年的時間空白。廣富林文化填補了兩者之間的部分時間空白，但是依然沒有完全解決歷史問題。

根據對比分析，可以看出廣富林文化與典型良渚文化之間差異很大，似乎從良渚文化到廣富林文化之間缺乏一種文化的過渡。實際上，上海松江廣富林遺址還發現了一類以魚鰭足鼎和細長頸鬶為代表的遺存。這類遺存於 1950 年代首先在浙江錢山漾遺址出土。廣富林遺址的田野考古工作，從地層關係上明確了這類遺存的年代晚於典型良渚文化，早於廣富林文化，這種地層關係也被錢山漾遺址新的發掘成果所證實。為了與典型良渚文化、廣富林文化有所區別，我將之稱為「錢山漾階段」遺存，它代表了良渚文化向廣富林文化過渡的一個特殊的時間階段。但是，從文化面貌來看，錢山漾階段遺存與廣富林文化之間還是存在比較大的差異，是什麼原因造成了這種文化上的演變？

青銅時代的馬橋文化的器物組合、裝飾方式、製作技術等都與廣富林文化存在巨大的差異。馬橋文化的文化因素無法從廣富林文化中找到源頭。同時，參考夏商周斷代工程的研究結果，與馬橋文化的年代上限大致相當的二里頭文化二期的絕對年代為距今 3,750 至 3,600 年。如果參考二里頭文化的年代，馬橋文化的年代上限時間也應該推後。如果這個年代數據比較客觀，那麼在廣富林文化與馬橋文化之間還存在一段時間空白，或許還存在一個我們未發現的考古學文化。

2. 廣富林文化是移民文化嗎？

由於文化因素的多元性，廣富林文化在被確認之後，上海當地的媒體就不斷在報導中稱其為「上海最早的移民」。

從廣富林文化的主體文化因素來看，它來源於黃河流域的王油坊類型。張敏先生曾經考證，王油坊類型可能是有虞氏部落所創造的文化。舜是有虞氏部落中最著名的人物。當時，舜所在的有虞氏部落主要活動在今天王油坊類型遺址分布的地區。江淮地區發現的南蕩遺存可能就是有虞氏部落南遷的結果。廣富林文化與南蕩遺存、王油坊類型文化面貌相似，據此似乎可以勾連出早期先民長距離文化傳播的路徑。

文化因素的分析也得到了科技考古研究的支持。科技考古學者曾經對廣富林遺址周圍的現代植物和出土的動物骨骼進行了分析。透過對 M254 人骨微量元素的數據分析可知，他所代表的古代人類可能不是土著居民，因而顯示，在距今 4,000 年左右，一部分外來移民來到了上海及周圍地區。

有關廣富林文化的研究才處於起步階段，還有許多問題需要尋找答案。

遙遠的遠古時期到底發生了什麼，使這批先民千里迢迢地從黃河流域遷徙至此？

他們又是走了哪條路線，如何克服重重險阻，渡過天塹長江來到這裡的呢？

這一時期，上海本地的原住民去了哪裡？他們與遷徙人群之間發生了怎樣的故事？

還有，究竟是什麼原因導致了從良渚文化到廣富林文化的文明衰落呢？
是海侵、洪水或者氣候惡化等環境因素，還是某些社會內部原因？

 長江流域

遼河流域

遼河流域

牛河梁遺址

郭明

遼寧省文物考古研究院

　　牛河梁遺址位於遼寧省建平縣、凌源市和喀喇沁左翼蒙古族自治縣的交界處，遺址面積達 50 餘平方公里，是一處由不同地點、不同功能的多組遺跡構成的紅山文化晚期遺址群。遺存的主體年代距今 5,500 至 5,000 年。牛河梁紅山文化壇、廟、塚等遺跡和發現的珍貴玉器，證明了早在 5,000 多年前，這裡的社會形態已經發展到原始文明的古國階段。它對中國上古時代的社會發展史、傳統文化史、思想史、宗教史、建築史、美術史的研究都產生了重大影響。

　　1988 年，牛河梁遺址被中國國務院公布為第三批全國重點文物保護單位。

　　2003 年，牛梁河遺址第十六地點被評為「2002 年度全國十大考古新發現」。

　　「遼寧西部山區發現 5,000 年前大型祭壇、女神廟和積石塚群。考古學家根據已出土的大批文物初步判斷，5,000 年前，這裡存在過一個具有國家雛形的原始文明社會，這一重大發現使中華文明史提前了 1,000 多年」。

　　新華社 1987 年 7 月 24 日的報導，使「牛河梁」這個名字躍入了大眾的視野。以壇、廟、塚為象徵性遺跡的牛河梁遺址的考古發現，被稱為「中華五千年文明的曙光」。由此，牛河梁遺址一度成為眾多歷史、考古和藝術研究者爭相前往的「聖地」（圖 1）。

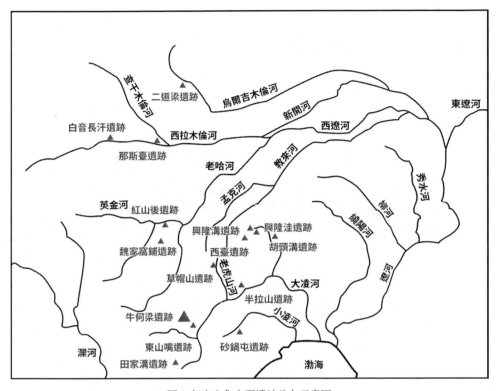

圖 1 紅山文化主要遺址分布示意圖

一、被考古發現重新定義的牛河梁

　　牛河梁遺址位於遼寧省西部努魯爾虎山東南側的山前丘陵地帶，北靠努魯爾虎山，南隔大凌河谷與松嶺相望。由於岩石風化嚴重，質地疏鬆，土壤蓄水能力較差，夏季爆發的山洪為區域內留下了大量沖溝。現代人群沿著地勢平緩的山間谷地分散居住，在村村通公路之前，坡度相對平緩的梁脊是不同溝谷間居民的重要通道。

　　雖然現代這一區域內的水系並不發達，且降雨量小，但對周邊區域的環境分析顯示，牛河梁遺址紅山文化人群活動的距今 5,500 至 5,000 年的時期，正處於全新世大暖期最適宜的階段。當時的氣候較現代暖溼，由落葉喬木、灌木和草地共同構成高低錯落的地表植被，常見樺樹、榛樹、橡樹、松樹、柳樹、榆樹、椴

樹等樹種。清澈平緩的河流中生長著環紋藻等水生藻類。適宜的環境為野生動物提供了豐富的食物，雞、豬、牛、羊、野兔、鹿等動物在此間生存，也為人類提供了必要的肉食資源。

　　無論是發掘者，還是來訪者，都注意到了牛河梁遺址西南側的一座造型獨特的山峰。兩側山峰直立，中間平緩，遠遠望去，恰似某種神獸從遠處穿越叢林而來，隱隱露出頭。雖然遺址點的分布位置有很大差異，但無論從哪個地點看，這座山峰所呈現出來的形象都是一致的，發掘者根據山的形狀，將其稱為豬首山或豬山（圖2）。

　　實際上，豬山是由廣山、木蘭山和龍首山三座山峰組成的，只有站在牛河梁遺址的位置，豬山的特徵才能顯現。豬山可能對各地點的選址產生過重要影響。有趣的是，在牛河梁遺址出土的較為重要的玉（豬）龍和單勾型的勾雲形玉器的造型（圖3），都能隱隱看出與此山相似的特徵。它們似乎顯示出，當時，豬山作為一座存在於人們生活環境中的大山，其影響力已經滲透到人們的社會生活中了。

圖2　遠望豬首山

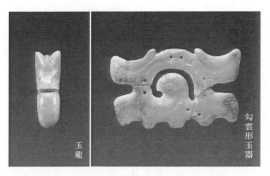

圖 3 牛河梁遺址出土的玉龍和勾雲形玉器

二、牛河梁遺址的追尋與探索

　　牛河梁原指連通建平縣（老建平）和凌源市的東北 —— 西南走向的山梁，因牤牛河發源於此山東麓而得名。牛河梁遺址最早被發現的第二地點就在這道山梁的南側（圖4），很快，在附近又發現了8個地點。而後，在外圍更廣泛的區域內發現了更多的遺址點。考慮到遺存性質和分布區域地貌的相似性，此區域被統稱為牛河梁遺址，區域內的遺跡也以地點來區分。因此，牛河梁也擴大成為這個區域範圍的代稱，成為不隸屬於特定行政區劃的「特區」。

圖 4 牛河梁遺址第二地點全景

考古發現有運氣的成分，但運氣總是偏愛有準備的人。牛河梁遺址的發現，既是考古學家的運氣，更是他們不斷探索的必然結果。

如果說運氣，就是這些重要的發現成功地避開了被破壞的命運，默默等待著重見天日、一鳴驚人的時機。一條沖溝自東北向西南貫穿了發現墓葬和出土玉器數量最多的第二地點一號積石塚（圖5），據說這是日本人修建第二地點下面的那條鐵路時挖出的排水溝。很多墓葬都被這條排水溝破壞，包括位於中央位置的M25。受到破壞最為嚴重的M22，其砌築石棺的石塊都已殘失，僅殘存最底部的幾塊，但人骨和隨葬玉器卻得以存留。此後，雖有零星的玉器被村民撿到，但並未引起大的轟動。

圖5 牛河梁遺址第二地點一號積石塚

20世紀中期，國際上出現了一股玉器收藏和研究的熱潮，造型新穎的勾雲形玉器、斜口筒形玉器進入收藏和研究者的視野中。因其成熟的風格和高超的工藝，這批玉器的時代被確定在商周之後。而幾乎在同一時期，文物部門也陸續徵集到一批造型相近的玉器，三星他拉的C形玉龍便是其中最為著名的一件（圖6）。有些研究者敏銳地注意到這類器物與中國傳統的龍文化之間可能存在的相似性，並開始探尋這類玉器的年代和來源。

圖 6 三星他拉的 C 形玉龍

這時，擺在遼寧省文物工作者面前的還有另外一個問題。自從文物工作重新步入正軌之後，各地的史前考古工作都取得了相當大的成果，各地區的考古學文化譜系都逐步建立起來。在遼寧，遼東地區的文化譜系也相對完善，而遼西地區卻仍然沒有什麼進展。作為傳統的紅山文化分布區，卻沒有發現紅山文化遺址，這也是激勵考古工作者去探尋的重要原因。探尋玉器的來源和建立遼西地區的考古學文化譜系成為遼寧的學者們迫切想要解決的問題，牛河梁遺址發掘的時機伴隨著解決學術問題的需求慢慢成熟了。

很快，關於玉器來源的線索就出現了。1972 年，在阜新胡頭溝遺址發現了一座石棺墓。因為牤牛河水的沖刷，石棺暴露在斷崖上，隨葬品被村民撿走。玉器被成功收回後，初步確認了勾雲形玉器、玉鳥、玉龜等 15 件玉器都出自該墓葬。這是遼西地區第一次明確地發現出土玉器的墓葬。這座出土玉器的墓葬被春秋時期的墓葬打破，可以確定此墓的年代較早。由於此前並未發掘過紅山文化時期的墓地，對紅山文化時期的墓葬形制和出土遺物的特徵並不了解，雖然地層中發現了紅山文化的彩陶片，但墓葬的年代是否可以早至紅山文化時期仍然存疑。對外公布訊息的時候，發掘者保守地將墓葬的年代定在了西周到春秋時期。與玉器墓相關的發現還有墓葬外圍的無底彩陶筒形器和石砌圍牆。這些此前未曾發現的多種現象，為未來牛河梁遺址的發現及年代的確定奠定了基礎。

此後，大甸子墓地出土了斜口筒形玉器（時稱馬蹄形玉箍）和勾雲形玉器，明確了這類玉器出現的時間可能不晚於夏家店下層文化時期。

在 1970 年代末開始的第二次全國文物普查工作中，遼西地區不斷有新的發現。喀左東山嘴遺址出土了與胡頭溝遺址玉鳥造型相似的松石鴞、與三星他拉玉龍的龍首造型相似的雙龍首玉璜。凌源三官甸子城子山（後來編號為牛河梁遺址第十六地點）發掘了三座墓葬，出土了勾雲形玉器等玉器 17 件。由於發掘區地層都較薄，且被夏家店下層文化遺跡打破，遺跡中混出夏家店下層文化時期的陶

片，無法對其年代進行準確判定。打破墓葬的夏家店下層文化的遺跡以及地層中發現的紅山文化陶片都顯示，這類玉器的年代早於夏家店下層文化，可能與紅山文化相關。雖然並未成為確證，但將這類玉器與紅山文化聯繫起來的朦朧想法，為接下來的發現提供了指引。尋找紅山文化遺址、確認這類玉器的出土地點及年代，這兩個問題漸漸合流，牛河梁遺址的發現，為這兩個學術問題提供了答案。

接下來的 1981 年，身為建平縣文物普查工作的業務指導，郭大順先生將對紅山文化遺存的調查作為此次建平縣文物普查工作的重點。在培訓會上，他特意提醒參與調查的工作人員要重點關注有關玉器的線索。當地文物主管告知工作人員，村民家裡收藏有玉筆筒（斜口筒形玉器）。隨後，根據當地村民提供的線索，在建平縣富山鄉馬家溝西北側建平和凌源交界的山崗上找到了玉器的出土地點。

這條東西向山梁的山脊上，在溝邊農民取石頭的地方發現了出露的人骨，清理出一座石板砌築的石棺墓葬，這是牛河梁遺址正式發掘的第一座墓葬（編號為N2Z1M1）。墓葬中出土了一件大玉環，因而確認了出土玉器的墓地，即如今所知的牛河梁遺址第二地點。地表散布著紅山文化的陶片，也發現了和東山嘴、胡頭溝遺址一樣的筒形器片，但未見其他時期的遺物，可能是一個性質較為單純的紅山文化遺址。1983 年，孫守道和郭大順兩位先生在中國考古學會第四次年會上發表了〈論遼河流域的原始文明與龍的起源〉一文，將遼西地區的考古發現向業內公布，正式提出了三星他拉玉龍等一批徵集玉器屬於紅山文化的觀點，引起了很大的迴響。

1984 年，牛河梁遺址第二地點 M4 出土了 2 件玉雕龍和 1 件斜口筒形玉器（圖7），這類玉器屬於紅山文化的觀點得到了考古資料的證實。紅山文化遺址和玉器的年代終於都得到了確認，一個發現同時解決了兩個問題。

牛河梁遺址在發現之初就得到廣泛關注，這與一直到現今都為考古界所關注的對文明起源的討論有關。中華文明五千年是我們的習慣認知，但我們的歷史記載所能追溯的歷史卻最多只有四千年，探尋中華五千年文明的證據，成了擺放在學者面前的重要任務。

對牛河梁遺址的關注也得益於此前東山嘴遺址的發掘工作。1982 年，東山嘴遺址發現了中心對稱的石砌建築群，包括北側的方形基址、南側的圓形祭壇以及

大大小小的女性陶塑像。日用生活陶器群的缺失，提示著考古工作者這是一處特殊的禮儀性建築群，可能是進行宗教祭祀的場所。碳 14 年代測定的結果表明，北側方形基址的年代為距今 5485±110 年，已經進入了紅山文化晚期。

圖 7 N2Z1M4 及遺物出土狀態

　　宗教被視作文明社會的產物。距今五千多年前的祭祀遺存的發現，很快引起了正尋找五千年文明證據的學術界的關注。1983 年，在著名考古學家蘇秉琦教授的倡導下，「燕山南北、長城地帶考古專題座談會」在朝陽召開，與會專家親到現場「座談東山嘴」。東山嘴遺址是當時發現的中國境內年代最早的宗教活動遺存，顯示遼西地區的紅山文化遺存可能是探討中華五千年文明發展史的關鍵，而規模更大的牛河梁遺址也很快成為關注的重點。

　　牛河梁遺址的考古發現，是遼寧的考古工作者思考和主動探尋的結果；牛河梁遺址的持續工作，則得益於學術界對文明起源這一重大問題的關注和討論。玉器成為發現牛河梁的重要線索，而牛河梁遺址名稱的最後確定，則是一系列考古發現的結果。考古發掘工作之初，牛河梁遺址就以探討中華文明起源和早期社會發展的特徵為目標。這不僅具有區域考古發展的意義，更是站在了探討中華文明起源的前沿。

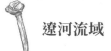
三、紅山文化廟、壇、塚 —— 牛河梁遺址的考古發現

廟（第一地點「女神廟」）、壇（祭壇 N2Z3）、塚（可能具有祭祀功能的墓地）是牛河梁遺址最受關注的三類遺跡。

廟

雖然出土玉器的墓葬是牛河梁遺址最早發現的遺跡，但最早發掘並引起關注的卻是一座特殊的建築，直到如今，這座建築的神祕面紗也未能完全揭開，這就是「女神廟」。

在第二地點北側山梁的沖溝中，考古工作者發現了大量紅燒土，從中可以分辨出一些表面磨光的人體塑像殘塊。沿著沖溝上行，塑像殘塊的原生地出現了，那是沖溝邊緣一處厚約 80 公分的紅燒土堆積。在這些紅燒土集中分布的區域裡，發現了兩個規模不大的半地穴式建築遺址（圖 8）。

圖 8 「女神廟」全景

北側的建築遺址規模略大，平面呈不規則形，多室，主體為長方形，東、西兩側有圓形側室，南側有一個長方形南室。南側的建築遺址規模較小，約與北側建築遺址的南室相當，發掘者選擇從這裡開始發掘。很快，更多人像的肩部、殘臂、斷手、乳房殘塊以及彩陶祭器、塌落的建築壁畫殘塊等被發現了。在發掘快要結束的時候，最激動人心的時刻出現了──一件與真人近乎等大的相對完整的泥塑人頭像出現在大家面前。這場穿越五千年的相遇，為發掘者和當地居民帶來了極大的震撼。

這件頭像由黃黏土摻草禾捏塑，臉部打磨光滑，施以紅彩，五官保存相對完好。頭像的頂部及左耳缺失。左耳殘存部分規整的圓孔痕跡，可能曾佩戴玦等裝飾品。頭像的雙眼內以鑲嵌的淡青色玉片為睛，口內殘存的蚌片可能是其牙齒（圖9）。

頭像的臉部特徵非常寫實，甚至連細微的表情都隱約可見。可能與著名的大衛雕像一樣，女神頭像也是根據一位真實存在的、有名有姓的女性雕塑出來的。這件女神頭像被著名的考古學家蘇秉琦先生稱為「紅山女祖」。

圖 9 女神頭像正面

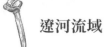

　　「女神頭像」和大量女性人體塑像殘件的發現，使「女神廟」代替了客觀的田野考古編號，成為這座建築遺址的名稱。雖然後來又清理、出土了動物塑像（圖10），如「豬龍」（熊）的頭、蹄，泥塑大禽（鷹）的腳趾殘塊，但「女神廟」的名稱卻未再改變。

　　「女神廟」的堆積以紅燒土為主，揭開表土，就可以看到大量燒燬的泥塑人像殘塊和建築構件，各類遺物以紅燒土塊的形式混雜堆積在一起。史前時期的雕像曾被認為是宗教出現的重要特徵，各類塑像集中出現的「女神廟」也被視作這一時期重要的宗教禮儀場所。除了保存相對完好的女神頭像之外，遺址內還出土了三種規格的人體塑像，分別為真人的三倍大、兩倍大及等大。多種規格的人像共存，是否顯示了這些人像之間存在著等級差異呢？

　　在「女神廟」的北側不遠處，一座更大的建築遺址露出了痕跡，那裡有石砌的邊界，臺地邊緣有石塊堆積的護坡。沿著地表可見的石牆痕跡，考古工作者找到三組面積不等、呈「品」字形排列的山臺。山臺的整體情況、山臺與女神廟的關係，仍然需要進一步探索。

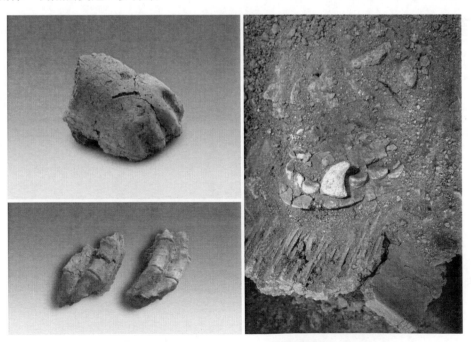

圖10　「女神廟」出土的動物塑像

‖ 壇

　　第二地點距第一地點「女神廟」最近。就在「女神廟」開始發掘的第二年，第二地點的發掘工作也開始了。與「女神廟」不同的是，這處遺跡最為明顯的特點就是大大小小的石塊。

　　在這個牛河梁遺址規模最大的積石塚群中，需要再細分的遺跡單元包括石板砌築的墓葬、石塊砌出的多組石牆和塚上封石三部分，因此，發掘者曾將「以石築牆、以石砌墓、墓上堆石」三種特徵作為判斷積石塚的依據。雖然有些積石塚也可見封土，但遺跡的主體是石頭的，主要透過石塊之間的關係對遺跡進行確認。

　　第二地點開始發掘的第一年，在西部發現 3 座積石塚，自西向東分別編為 1 號、2 號、3 號。每個區域內都發現了大量石塊，但隨著發掘工作的繼續進行，3 號積石塚漸漸顯示出了不同。

　　首先是形制的不同。西側 2 個積石塚的多道石牆都是直牆，由白色石灰岩石塊砌築；而 3 號積石塚的牆是圓形的，由埋在土中的紅色安山岩切成的多面體石柱組成。

　　其次是墓葬的不同。在清除掉表面雜亂的石塊之後，1 號和 2 號積石塚都開始發現墓葬，3 號積石塚卻不見墓葬。這種差別對剛剛形成的「以石築牆、以石砌墓、墓上堆石」的積石塚的概念產生了挑戰。雖然砌石邊界和積石的特徵與積石塚一致，但其中並未發現墓葬。這說明，它的功能可能與作為墓地的積石塚有所不同，所以發掘者將其區分出來，另稱為「壇」。在發現了堆滿偶像的「廟」之後，「壇」露出了形跡。

　　最早被認識的紅山文化的壇，是東山嘴遺址發現的圓形壇，由石塊砌成圓形的區域，內側填充鵝卵石。而牛河梁遺址的壇，形制更加規整，規模也明顯更大。牛河梁遺址的壇分為圓形與方形兩種形制。

　　圓壇 N2Z3 位於第二地點的中心位置。壇的建造過程是先平整地面，之後墊土，同時埋入由紅色安山岩製成的柱狀石樁。石樁排列成三重規整的圓環形，規格由外向內逐層縮小，但出露位置卻逐漸增高，形成了逐層高起的三層圓臺（圖 11）。

圖 11 牛河梁遺址圓壇（N2Z3）遺跡

　　在內圈界樁的內側，擺放著陶筒形器，大石塊堆積主要集中於內層界樁以內的壇頂中心位置。一個與石界樁弧度相同、擺放規整的殘存石塊，顯示這裡當年可能存在一個石砌的圓形臺面。

　　石界樁所圈定的三層圓環，直徑分別為 11 公尺、15.6 公尺和 22 公尺。馮時先生推斷其應該是 5,000 年前的「蓋天圖解」。三重圓環直徑的等倍關係也見於後世的天壇，因此，牛河梁遺址的三重圓壇是北京天壇的鼻祖，是目前發現的年代最早的祭天圓壇。

　　這些發現為當時的學術界帶來很大的震撼。壇、廟、塚被視為可以與北京的天壇、太廟和十三陵相類比的存在。後者是京城的標準配備，而在距今 5,000 多年前出現的這類遺存，是否暗示當時可能有類似國家的結構出現了呢？

　　1983 至 2003 年是牛河梁遺址考古工作的黃金時期。該階段的調查確認了牛河梁遺址的十六個地點，並對其中的第一地點、第十三地點進行了試掘，對第二、三、五、十六地點進行了系統發掘。

除了圓壇之外，第二地點、第五地點又發現了方形的，有砌石邊界和積石而不見墓葬的遺跡。根據此前對壇與塚的認知，這兩個方形的積石遺跡也應稱為壇。方壇規模相對較小，皆為長方形，有砌石邊界，表面積石。

方壇的特徵與後世的地壇差別較大，無法透過與後世相似建築的類比來確定其功能。

方壇僅發現於多個積石塚共存的地點，只有單一埋葬區的第三地點、第十六地點未見。雖然依據現有的資料無法判定其具體的功能，但似乎可以看出壇的規格和使用範圍出現了等級化的趨向。

‖ 塚

第一地點的「女神廟」、大平台，第十三地點的建築，都是在以往發掘中發現的與特殊行為有關的遺跡，但由於發掘和保護技術方法的限制，只獲得了少量的訊息。除此之外，發掘數量較多的積石塚雖然提供了社會分層的證據，卻也提出了新的問題。

積石塚是牛河梁遺址最早確認的遺跡，墓葬是其中最為核心的特徵。在牛河梁遺址的晚期階段，已經出現了明顯的社會垂直分化，墓葬的規模、隨葬品種類和數量等方面都出現了明顯的差異，呈現出層級化的變化趨向，這種個體間地位和等級的差異成為社會的普遍現象。其中，等級最高的中心大墓的出現，是判斷牛河梁遺址已經進入複雜化社會的依據。

以墓葬數量最少的第二地點 Z2 為例，其共有 4 座墓葬，位於石砌圍牆中心位置的 M1 規模最大。雖然因墓葬早期被盜，未見隨葬品，但可知修築過程為墓穴鑿入基岩，石板錯縫砌築石棺，而後在地面砌築方形二層臺，再墊土，砌築外側石牆，最後積石。N2Z2 的石砌圍牆是服務於中心位置的 M1 的，這意味著位於中心位置、另外興建地面二層臺和圍牆的 N2Z2M1 的墓葬等級明顯高於它南側的 3 座墓葬，3 座墓葬是鑿入基岩並且在南側留出階梯的臺階式大墓。與 N2Z2M1 規模相似，有圍牆等附屬設施的中心大墓還有 N2Z1M25、N2Z1M26、N5Z1M1、N16M4，除 N2Z2M1 未見隨葬品之外，其餘墓葬的隨葬品數量都相對較多。

雖然不是每個積石塚（埋葬區）都有此種規模的墓葬，但在牛河梁遺址晚期階段仍發現了 5 座規模、等級相似的墓葬。於是，新的問題來了：這些大墓的墓主是同時並存、彼此具有競爭關係的個體呢，還是不同時期前後相繼的最高權力的擁有者呢？如果他們同時並存，那麼哪一個的墓葬規模更大，哪一個就是牛河梁地區當之無愧的領袖嗎？如果他們作為領導者的時間不同，那他們的早晚關係又該如何確認？

‖ 玉器

玉器是牛河梁遺址最受關注的遺物，大多出土於墓葬中，少量出土於地層中。這些出土玉器的製作工藝非常成熟，玉工已經熟練掌握了管鑽、片切割、繩鋸切割等多種技法，並且可以根據器類和製作要求的不同，靈活地採用不同的加工技法。不同玉器的製作工藝是存在差異的，雖達不到良渚玉器的那種精細程度，但總體上器表打磨光滑，以器表的高低變化表現紋飾特徵，幾乎不見製作痕跡，粗獷中顯示著細膩。

隨葬玉器的種類和數量是判斷墓主人社會地位的重要依據。牛河梁隨葬品最多的墓葬（N2Z1M21）共出土玉器 20 件（圖 12），不僅數量明顯超過同一埋葬區中心位置的大墓，而且玉料的來源相當複雜，其中多件玉璧的原料可能產自貝加爾湖地區。

無論是墓主人跨越數千公里獲得這些器物，還是這些器物因著某種原因跨越廣闊的空間出現在牛河梁，都會是當時引人注目的事件。無論是哪種情況，我們都可以將這位墓主納入牛河梁遺址社會層級體系的最上層。在那個時候，貧富已經出現了分野。如果不是這種獲取遠方物品所彰顯的墓主的魅力和活動能力，那什麼才是進入牛河梁社會管理核心的必要條件呢？

雖然有這些疑問，但玉器的使用規範與墓葬規模之間的對應關係顯示，以玉作為載體的社會規範開始出現，並被當時的人群嚴格遵守。

玉器的使用，玉器的生產組織和再分配，都是了解牛河梁遺址的重要方面。這些問題促使我們不斷地去探索牛河梁遺址的奧祕。

隨著對牛河梁遺址和積石塚形成過程的認識不斷深入，我們發現，這是一個

相對統一的社會，在同一領袖的領導之下。雖然我們不清楚最高權威個體的產生方式，但社會職能、社會權威與個體之間差異的出現，顯示了縱向分化明顯的複雜化社會已經漸趨形成。

圖 12　牛河梁遺址 N2Z1N21 遺物出土狀態

四、中華文明的曙光 —— 牛河梁遺址與中華文明起源

　　距今 5,600 至 5,000 年的牛河梁遺址，是與傳說中「三皇五帝」年代相同的遺存。壇廟、陵寢和宮殿，是中國歷史上非常重要的三類建築，兼顧神靈、生死的多重需求，是帝王權威和統治的象徵，是統一帝國中心的標配。N2Z3 的三重圓環及三層圓直徑之間的等倍關係與天壇的結構相似，「女神廟」內的各類泥塑與宗教或禮儀行為相關，加之為特定個體修建的封土封石的積石塚，這些特徵似可與天壇、太廟和十三陵相類比。牛河梁遺址的這些發現，對後世產生了持續的影響，是不間斷文化傳統的重要證據，為五千年文明的討論提供了重要資料。這也是牛河梁遺址一經發現就引起關注的原因，也使得牛河梁遺址的發掘與研究從開始就站在了探討文明起源的前沿。

　　雖然牛河梁遺址的遺存性質相對單一，但牛河梁遺址的考古發現為我們展現了一個手工業生產發達，有著複雜的社會分工，出現了明顯的等級分化和相應的社會秩序，以統一的意識形態和社會公共禮儀行為作為協調社會行為方法的「神權」社會。

　　與禮儀活動有關的陶器和玉器的生產都顯示出複雜的分工和生產組織模式，同一個積石塚內筒形器的生產顯示著社會強大的生產組織能力，而出土玉器的特徵差異及玉料複雜的來源則表明人群控制和影響的範圍可能相當廣闊。

　　社會公共設施、複雜的社會群體構成、高度的等級分化以及玉器使用所表現出來的規範化的特徵，無一不在提示著這是一個高度複雜化的社會。如果我們將牛河梁遺址的每個墓葬區都作為一個社會群體的基本單位來看待的話，排除明確以社會公共設施為主的第一、第十三地點之外，牛河梁遺址所代表的社會可能是團結在一人之下，由 40 多個同等規模的社會單位組成的群體。而在這個社會中，出現了成員在墓葬規模和隨葬品數量上的差異，即我們通常所說的垂直分化。墓葬規模和隨葬品的規範開始出現，表明社會分化開始出現了制度化的特徵。

　　牛河梁遺址的玉器已經對裝飾用玉和禮儀用玉進行了明確的區分，前者是每個個體皆能獲取的資源，而後者則成為劃分擁有者社會地位的重要象徵。玉器的使用規則是社會行為規範的物質表現，玉器成為社會規範的載體。

　　雖然沒有城市、文字和金屬器，但以牛河梁遺址為代表的紅山文化所表現出

的社會等級的高度分化，禮制和社會規範的出現，大型社會公共設施的興建和使用，複雜的手工業生產專業化的分工，都顯示著複雜社會的形成。雖然在中華文明起源的龐大系統當中，牛河梁遺址只是滿天星斗中的一顆，但其自身的發展、成熟和衰落，文化的引進與輸出，與其他地域文明的交流和互動，都是中華文明起源的討論中不可或缺的一環。牛河梁遺址代表著遼西地區文明化進程的高峰，是多元一體文明的重要參與者和貢獻者。

五、古蹟新生

2008 年，牛河梁國家考古遺址公園開始建設。

對第一地點「女神廟」僅做了局部清理，回填後在地上做了簡單的遺跡復原展示。

第二地點的遺址面積最大，遺跡現象最為豐富，可以看到上下層積石塚在地層上的區分和多個遺跡單位的形成和使用過程。因此，為保護裸露在外的石灰岩石塊，減少雨水和空氣氧化對其造成的侵蝕，在發掘區域用搭建保護棚的辦法進行了全覆蓋，並在四周搭設了參觀通道。

對與第二地點遺存性質基本相同的第三、第五和第十六地點則進行了回填。

未來的考古發現，將會以不同的形態加以展示。漫步在牛河梁國家考古遺址公園，體驗 5,000 年前牛河梁先民所創造的輝煌文明，將是歷史給予今天的我們最偉大的饋贈！

未解之謎

1. 牛河梁遺址的這些大型社會公共設施的建造者和使用者是誰？他們從哪裡來，是如何生活的？與牛河梁遺址規模相匹配的大型居邑座落在何處？是何種原因導致了牛河梁遺址的衰落，甚至這一區域後繼者的埋葬習俗都發生了明顯的變化？

2. 這一時期的社會結構和組織方式是什麼樣的？從設施的規模上看，牛河梁遺址是紅山文化晚期重要的社會公共活動中心，這個中心所輻射的範圍有

多大？在胡頭溝遺址也發現了與牛河梁遺址類似的墓地布局，這兩地的人群之間有什麼關係？

3. 牛河梁遺址發現的玉器，有些雖然有修復的痕跡，但皆為成品。多年來的調查皆未發現玉器作坊的遺跡，而且玉料的來源複雜，不同器類的工藝傳統差別明顯。那麼，這些玉器從何而來，又是如何生產的？

4. 這些沒有防禦設施、沒有武器、愛好和平、沉迷宗教的人群賴以生存的方式是什麼樣的？

5. 「女神廟」形體巨大的偶像、第五地點發現的陶塑穿靴小人像、第三地點發現的陶塑人面、第十六地點發現的陶塑手部殘件，它們是否代表著不同小區域間祭祀方式的差別，抑或是反映了不同時期祭祀方式的變化？

考古隊長現場說，中華何以五千年？

四大流域 × 十八處遺址 × 近百道未解謎團，深度挖掘文物古蹟，透澈還原先民足跡

作　　者：高江濤，李平

發 行 人：黃振庭

出 版 者：崧燁文化事業有限公司

發 行 者：崧燁文化事業有限公司

E-mail：sonbookservice@gmail.com

粉 絲 頁：https://www.facebook.com/
　　　　　sonbookss/

網　　址：https://sonbook.net/

地　　址：台北市中正區重慶南路一段六十一號八
　　　　　樓 815 室

Rm. 815, 8F., No.61, Sec. 1, Chongqing S. Rd.,
Zhongzheng Dist., Taipei City 100, Taiwan

電　　話：(02)2370-3310

傳　　真：(02)2388-1990

印　　刷：京峯彩色印刷有限公司（京峰數位）

律師顧問：廣華律師事務所 張珮琦律師

國家圖書館出版品預行編目資料

考古隊長現場說，中華何以五千
年？四大流域 × 十八處遺址 × 近
百道未解謎團，深度挖掘文物古
蹟，透澈還原先民足跡 / 高江濤，
李平著 . -- 第一版 . -- 臺北市：崧
燁文化事業有限公司 , 2023.05
　面；　公分
POD 版
ISBN 978-626-357-348-2(平裝)
1.CST: 考 古 遺 址 2.CST: 文 物
3.CST: 中國
797.8　　112006350

定　　價：580 元

發行日期：2023 年 05 月第一版

◎本書以 POD 印製

電子書購買

臉書